Günther Bayerl · Florian Heine

DEUTSCHLANDS WERTVOLLSTE SCHÄTZE

Das deutsche UNESCO-Welterbe im Porträt

»Die Welterbeliste ist eine faszinierende Landkarte der Vielfalt der Kulturen, der Schöpferkraft des Menschen und der Schönheit und Einzigartigkeit dieses Planeten.«

Deutsche UNESCO-Kommission

DEUTSCHLANDS WERTVOLLSTE SCHÄTZE

Das deutsche UNESCO-Welterbe im Porträt

50

Kultur und Identität

DAS GEDÄCHTNIS DER VÖLKER

Als in Ägypten mit dem Bau des Assuan-Staudamms 1960 begonnen wurde, drohte die berühmte Tempelanlage von Abu Simbel im Stausee zu versinken. Man kam auf die außergewöhnliche Idee, sie mitsamt dem Felsen, in den sie geschlagen ist, zu versetzen. Zu diesem Zweck wurde ein internationales Konsortium gegründet und die Anlage in 1036 Blöcke zersägt und mit den originalen Felsstücken nordwestlich vom ursprünglichen Platz wieder zusammengesetzt. Die Prozedur dauerte bis 1968, kostete 80 Mio. US-Dollar und wurde von 50 Staaten finanziert. Dieses Projekt war eine der Initialzündungen für die Verabschiedung der UNESCO-Weltkulturerbekonvention von 1972. Es ist das »Übereinkommen zum Schutz des Kultur- und Naturerbes der Welt«, in der Stätten von »außergewöhnlichem, universellem Wert« aufgenommen und unter die Obhut der gesamten Menschheit gestellt werden.

Abu Simbel wurde damit nicht nur ein Zeugnis der Genialität der antiken Ägypter und der Ingenieurskunst des 20. Jahrhunderts, sondern auch ein Beweis dafür, was eine einige Weltgemeinschaft zuwege bringen kann. Bemerkenswerterweise schaffte es die Tempelanlage selbst erst 1979 auf die Welterbeliste. Im Herbst 2021 stehen 1154 Natur- und Kulturerbestätten aus 167 Ländern auf der Liste der UNESCO und sie wächst jährlich weiter. Die meisten befinden sich in Italien (58), China (56), Spanien (51) sowie in Frankreich (49) und Deutschland (51).

In Deutschland sind es ganze Städte wie Stralsund oder Bamberg, die sich über die Jahrhunderte ihren Charakter bewahrt haben, und es sind geradezu winzige Bauten, wie der Torbau des ehemaligen Klosters Lorsch, als die letzten Zeugen einer großen Tradition. Anhand der Weltkulturerbestätten kann man die Entwicklung unseres Landes durch die verschiedenen Epochen nachvollziehen. Von der ältesten Eiszeitkunst auf der Schwäbischen Alb, den prähistorischen Pfahlbausiedlungen am Bodensee über die Zeiten des Römischen Reiches, als Trier noch die (Verwaltungs-)Hauptstadt fast ganz Westeuropas war, bis zum Mittelalter, als sich das Land trotz aller Verschiedenheit der Stämme langsam herausschälte. Die Entwicklung geht über das Kaiserreich bis zur Weimarer Republik, als mit dem Bauhaus und der Architektur Le Corbusiers nicht nur architektonisch eine neue Zeit anbrach. Die Weltkulturerbestätten sind Ausdruck politischer Entwicklungen und kultureller sowie geistiger Strömungen – und haben diese zugleich mitbefördert. Luthers Aufbegehren gegen die Macht der Kirche, die Entstehung zahlreicher kleiner und größerer Herzogtümer und das Repräsentationsbedürfnis wechselnder politischer Herrscher beeinflussten und bestimmten im Laufe der Geschichte die architektonische und landschaftliche Gestaltung unseres Landes ebenso wie die Wohn- und Lebensbedürfnisse der wachsenden Industriegesellschaft.

Über die Jahrhunderte entwickelten sich Städte, schufen kleine und große, weltliche und geistliche Potentaten Kirchen, Paläste, Parks, Schlösser und Industrieanlagen, die alle gemeinsam zu unserer Kultur und zur Entwicklung unseres Landes beigetragen haben.

WENIG, ABER BEDEUTEND – DAS DEUTSCHE NATURERBE

Zu den Kulturerbestätten kommen die UNESCO-Weltnaturerbestätten, mit denen einzigartige Landschaften und natürliche Besonderheiten ausgezeichnet werden. Oft sind diese Naturerbestätten ihrem Wesen nach nicht an Staatsgrenzen gebunden, was seit dem Ende der Teilung Europas

DIE »HUFEISENSIEDLUNG« der Berliner Moderne ist ein Beispiel dafür, dass auch Alltagskultur für die Entwicklung einer Gesellschaft bedeutend ist und deshalb zum Welterbe gehören kann.

Auf der UNESCO-Welterbeliste zu stehen bedeutet keinen Schutz vor Zerstörung, aber die Mahnung, Unwiederbringliches zu bewahren.

deutlich einfacher zu handhaben ist und vielleicht auch zur besseren Verständigung über Grenzen hinweg geführt hat. Die wenigen deutschen UNESCO-Weltnaturerbestätten gewähren einen Einblick in eine Zeit, als Deutschland noch nicht oder nur dünn besiedelt war. Die Fossilienfunde im hessischen Messel reichen sogar 48 Millionen Jahre weit zurück, als der ganze Kontinent noch nicht da war, wo er heute ist – und das im wörtlichen Sinne. In den Alten Buchenwäldern kann man sich einen Eindruck davon verschaffen, wie es gewesen sein muss, als die Menschen sich in den Tiefen der Wälder Platz für ihre Dörfer und Städte schlugen und die Regionen langsam besiedelten. Noch zu Zeiten der Römer war das Land quasi ein riesiger Wald, was sie durchaus mit ängstlichem Respekt erfüllte.

GEFÄHRDUNGEN DER WELTERBESTÄTTEN

Manchmal werden Weltkulturerbestätten auch von der UNESCO-Liste gestrichen, etwa das Dresdner Elbtal. Obwohl erst 2004 mit dem Titel bedacht, wurde er dem Dresdner Elbtal schon 2009 wegen eines umstrittenen Brückenbaus wieder aberkannt. Bei allen berechtigten Einwänden gegen die Brücke und für und wider die Aberkennung bleibt die Frage, ob der Dresdner Zwinger, die Semperoper oder die Staatlichen Kunstsammlungen, die alle Teil des Weltkulturerbes waren, auf einmal ihre Qualität und Einzigartigkeit verloren haben? Wohl kaum – letztlich ist das in diesem Fall eher eine wirtschaftliche Frage.

Bei anderen UNESCO-Weltkultur- und -Weltnaturerbestätten ist es jedoch keine wirtschaftliche, sondern eine existenzielle Frage. Denn die Welterbestätten sind nicht unverwundbar, weder bei uns noch weltweit. Gerade bei den Naturerbestätten ist das offensichtlich: Mitten im Weltnaturerbe Wattenmeer wird nach Öl gebohrt; das länderübergreifende Naturerbe der Alten Buchenwälder ist in den rumänischen Karpaten durch illegalen Einschlag und skrupellosen Raubbau bedroht. Viele Naturerbestätten sind durch wirtschaftlichen Druck gefährdet. Dazu besteht für alle UNESCO-Welterbestätten die Gefahr der Zerstörung durch Krieg und Extremismus, wie man es in den letzten Jahren erleben musste. Dabei werden eben nicht nur Gebäude ausgelöscht, sondern auch das Gedächtnis und die Kultur eines Volkes vernichtet. 2015 kam zum ersten Mal ein Fall von Zerstörung eines Weltkulturerbes vor den Internationalen Strafgerichtshof in Den Haag. Die Chefanklägerin Fatou Bensuoda nannte die Vernichtung der Kulturgüter einen »feigen Angriff auf Würde und Identität ganzer Bevölkerungen«. Es ist ein Sterben der anderen Art. Und leider gibt es noch immer keine effektiven Möglichkeiten, die Kulturgüter, seien es Gebäude oder Natur, im Ernstfall wirkungsvoll zu schützen.

Wir in Europa und Deutschland haben das Glück, nach dem Zweiten Weltkrieg keine größeren Zerstörungen mehr erlitten zu haben. Dazu kommt noch ein vergleichbar hohes Maß an Wohlstand, der es ermöglicht, die Welterbestätten zu schützen und zu erhalten. Dadurch können wir auf ein reiches Erbe zurückblicken, in dem die Chronologie und die Identität unseres Landes stecken. Die deutschen UNESCO-Welterbestätten sind damit Zeugen des Weges, auf dem wir wurden, was wir sind.

DAS LE CORBUSIER HAUS in der Weissenhofsiedlung Stuttgart besticht in seiner funktionalen Schlichtheit mit klaren Formen und farblichen Kontrasten.

URZEIT

Einzigartige Naturdenkmäler

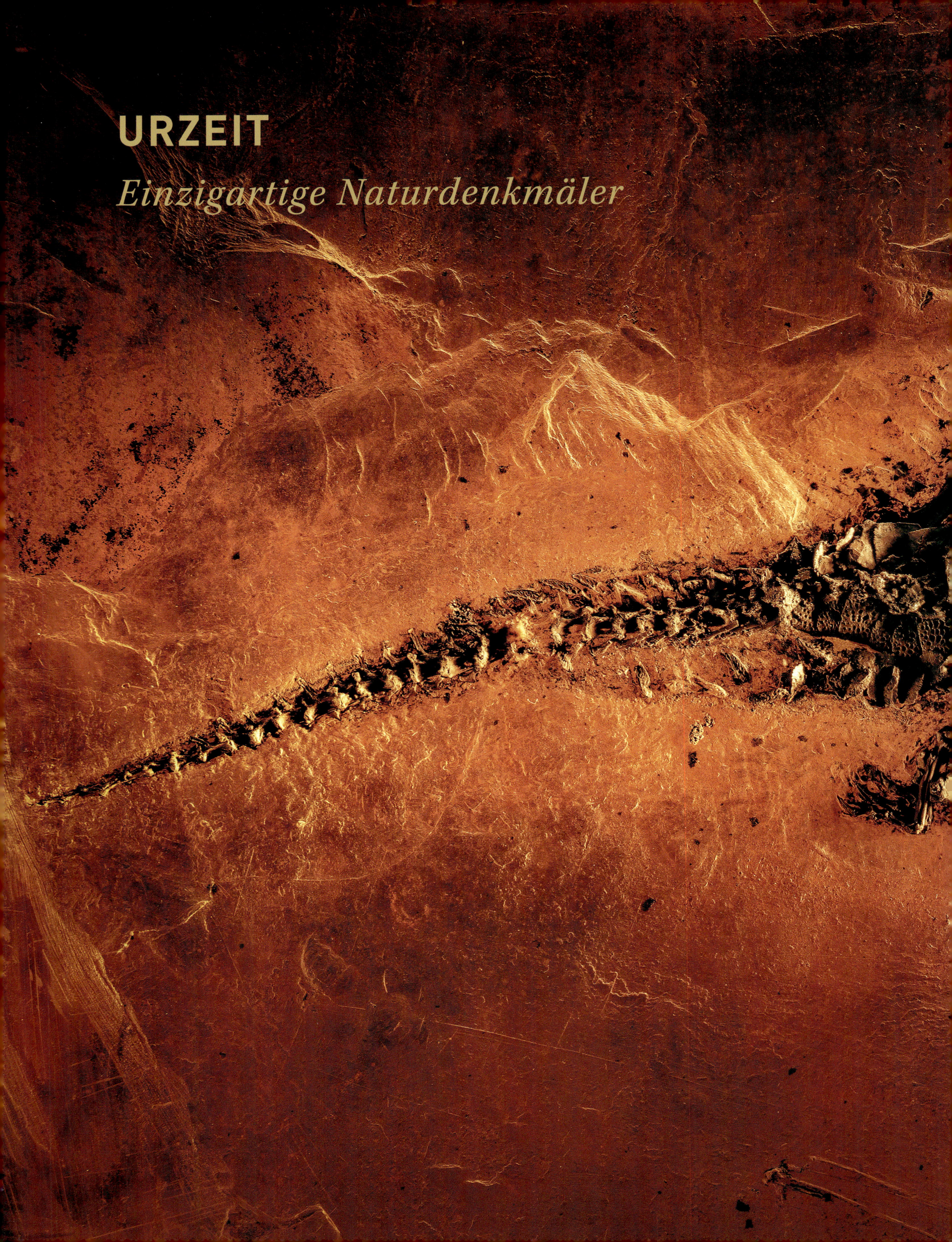

Die Zeit vor unserer Zeit

FOSSILIENLAGERSTÄTTE GRUBE MESSEL – VON ALLIGATOREN UND AFFEN

Es war einmal vor 48 Millionen Jahren im Hessischen, als Spannungen in der Erdkruste sich in mehreren gewaltigen Explosionen entluden. Es bildete sich ein steiler Krater, der durch Grund- und Regenwasser zu einem See inmitten eines subtropischen Waldes wurde. Subtropisch deshalb, weil das damalige Hessen sich wegen der Kontinentalplattenverschiebung noch auf der Höhe des heutigen Sizilien befand und es durchschnittlich zehn Grad wärmer war. Die Reste dieses Sees sind heute als Grube Messel bekannt.

Tief in diesem See, um den herum sich eine reiche und vielfältige Fauna und Flora entwickelt hatte, blieben Tiere und Pflanzen, die dort hineinfielen und zum Grund sanken, durch den Abschluss von Sauerstoff und den hohen Schwefelanteil über Millionen Jahre bestens konserviert. Gleichzeitig füllte sich der See mit Gesteinen und Sedimenten, vor allem bituminösem Tonstein, der heute als »Messeler Ölschiefer« bekannt ist. Bis man 1859, Hessen war inzwischen an den uns vertrauten Ort geschoben worden, mit dem Ölschieferabbau begann, war das alles unbekannt. 1876 wurde der erste Fossilienfund gemacht, ein Alligatorenskelett. Der Bergbau ging trotzdem ungehindert weiter, bis er 1971 wegen Unrentabilität eingestellt wurde.

In der offen gelassenen Grube machten Amateurpaläontologen weitere erstaunliche Funde. Gleichzeitig entstand die Idee, hier eine zentrale Mülldeponie für Südhessen einzurichten. Der Kampf zwischen Müll versus Fossilien dauerte über 20 Jahre. Nachdem privaten Sammlern immer wieder bedeutende Funde gelangen, schaltete sich auch das renommierte Senckenberg Museum in Frankfurt ein, beteiligte sich an den Grabungen und bestätigte die Außergewöhnlichkeit der Funde. Trotz allem sollte immer noch eine Mülldeponie entstehen. Erst nach mehreren Verfahren gelang der Messeler »Bürgerinitiative zur Verhinderung der Mülldeponie« eben dieses. Allerdings weniger wegen Einsehens der Deponiebefürworter, sondern aufgrund von Formfehlern. 1991 wurde die Grube schließlich den Betreibern vom Land Hessen abgekauft und der Betrieb der Senckenbergischen Naturforschenden Gesellschaft übertragen. Joschka Fischer, der damalige hessische Umwelt- und spätere deutsche Außenminister, unterschrieb den Vertrag, nachdem er sich zuvor schon für den Erhalt der Grube als Fossiliengrabungsstätte engagiert hatte. Zum Dank wurde 2004 eine fossile Schlange nach ihm benannt, der *Palaeopython fischeri.*

DIE VIELFALT DES LEBENS VOR MILLIONEN JAHREN

Die Grube Messel mit ihren rund 800 Metern Durchmesser und 130 Metern Tiefe hat sich als einzigartiger Fundort diverser urzeitlicher Tiere und Pflanzen erwiesen, wie es ihn auf der Welt kein zweites Mal gibt. Mehrere Tausend Funde wurden inzwischen gemacht. Über 200 Pflanzen- und 130 Tierarten, darunter 40 Säugetierarten konnten gefunden und zugeordnet werden. Der Erhaltungszustand ist teilweise so gut, dass sich sogar Haare, Federn, Farben der Käferpanzer, Reptilien mit Schuppen und Frösche mitsamt ihrer Haut erhalten haben. Dazu noch der Inhalt mancher Mägen, sodass man die Ernährungsgewohnheiten nicht nur anhand der Gebisse wie sonst üblich, sondern an der Nahrung direkt ablesen kann. In Messel fanden sich neben allerlei Pflanzen die fossilen Überreste von Alligatoren, Schlangen, Vögeln, Fledermäusen sowie der größten Ameisen überhaupt, *Titanomyrma gigantea*, deren Königin bis zu 16 Zentimeter Flügelspannweite hatte. Bislang wurden

DER PRIMOBUCCO ist eine ausgestorbene Vogelart, die vor 47 Millionen Jahren lebte und in der Grube Messel konserviert wurde. Bei diesem Exemplar im Senckenberg Institut in Frankfurt haben sich sogar noch Federn und Samen im Verdauungstrakt erhalten.

Vor rund 50 Millionen Jahren war die Grube Messel ein blühender Lebensraum. Heute bedeutet sie für die Paläontologie, was Pompeji für die Archäologie ist.

auch 63 Urweltpferde, die bis zu 70 Zentimeter Höhe erreichten, geborgen. Manche waren sogar trächtig, woraus man schließen kann, dass Pferde damals wie heute, so unterschiedlich sie auch sind, jeweils nur ein Junges bekamen. Saurier wurden nicht gefunden, denn die starben weitere 20 Millionen Jahre früher aus.

Der populärste Fund trägt den Namen Ida und ist ein 47 Millionen Jahre altes Halbaffenmädchen der Gattung *Darwinius masillae*, das bislang einzige Exemplar dieser Art. Ida wurde 1983 gefunden, als die Grube noch frei zugänglich war. Bekannt wurde Ida, als sie über einen Fossilienhändler für eine Million Dollar angeboten und 2007 von dem norwegischen Paläontologen Jørn Hurum für das Naturhistorische Museum in Oslo für 750 000 $ angekauft wurde. Hurum ahnte eine Sensation. Schon der Zustand ist sensationell, das Fossil fast komplett erhalten, inklusive des Magen-Darm-Inhalts. Mittels aller möglichen Techniken wie Röntgen und Computertomografie konnte ein Team von Wissenschaftlern einiges über Ida in Erfahrung bringen: Ida war noch nicht mal ein Jahr alt, was man aus den noch vorhandenen Milchzähnen und den noch im Kieferknochen befindlichen Backenzähnen schließen konnte. Das entsprach der Entwicklung eines heute etwa fünfjährigen Kindes. Daher auch der Name: Der Eozän-Halbaffe wurde damals nach Hurums kleiner Tochter Ida benannt. Das 24 Zentimeter lange Tier mit dem doppelt so langen Greifschwanz war sehr wahrscheinlich ein nachtaktiver Baumbewohner und ernährte sich von Blättern, Früchten und Samen. Man konnte feststellen, dass der Halbaffe eine verletzte Hand hatte, wahrscheinlich dem See, der giftige Gase ausströmte, zu nahe gekommen war, betäubt wurde, starb und ins Wasser fiel.

Das Besondere an Ida ist aber nicht nur der Erhaltungszustand – einer der vollständigsten fossilen Primatenfunde überhaupt –, sondern auch ihre taxonomische Einordnung. Sie hat Merkmale von Lemuren, aber auch von Affen, wie das Fußgelenk, ähnlich wie beim Menschen, woraus sich tatsächlich eine gewisse verwandtschaftliche Beziehung zwischen der 47 Millionen Jahre alten Ida und uns ableiten lässt: Ida ist, wie es Jens Franzen, einer der beteiligten Wissenschaftler formulierte, zwar keine Ururgroßmutter, sondern »eher eine Ururgroßtante. Mit vielen Millionen Urs …«.

AUS DER VERGANGENHEIT LERNEN

Aufgrund der vielen unterschiedlichen und gut erhaltenen Funde in der Grube Messel kann man sich trotz des enormen zeitlichen Abstands ein ungefähres Bild der Lebensumstände machen, die der Forschung bis dahin verborgen geblieben war. Das Klima und die Umgebung müssen ähnlich wie in manchen tropischen Gefilden der heutigen Erde gewesen sein, wie beispielsweise in den Urwäldern Sumatras oder Boliviens. Allerdings war die Region von ein paar Tierarten bevölkert, die heute nicht mehr existieren, und ohne eine, die es heute gibt: den Menschen.

Die Funde von Messel erlauben uns einen Einblick in eine tiefe Vergangenheit, deren Lebenswelt sich so sehr von unserer heutigen unterscheiden dürfte, dass ein Vergleich letztlich eine Sache der Fantasie bleiben muss. Trotz allem können wir anhand der wissenschaftlichen Erkenntnisse viele Schlüsse aus dieser Vergangenheit ziehen, die für unsere Zukunft wichtig sind – und sei es nur, dass man das Deponieren von Müll besser bedenkt.

DIE GRUBE MESSEL hat eine Ausdehnung von etwa 800 Metern bei einer Tiefe von etwa 130 Metern (oben). **ÜBER 60 EXEMPLARE** der kleinen Urpferde *(Eurohippus messelensis)* wurden bei den Ausgrabungen gefunden und präpariert (unten).

Der deutsche Urwald

ALTE BUCHENWÄLDER – ZEITZEUGEN DER NATUR

Wenn man sich eine Vorstellung davon machen will, wie es in Deutschland vor Millionen Jahren einmal ausgesehen haben mag, empfiehlt es sich, die letzten Reste der Alten Buchenwälder in Hessen, Brandenburg, Thüringen und Mecklenburg-Vorpommern zu durchstreifen. Sie bilden mit weiteren, unter Schutz gestellten Buchenwäldern in der Ukraine und der Slowakei ein transnationales Weltnaturerbe.

Einst waren 80 Prozent der Fläche Deutschlands von Buchenwäldern bedeckt. Die Buche hat wie kein anderer Baum das Land und fast ganz Mitteleuropa erobert. Die Kälte der Eiszeit hatte die Buchen aus dem Zentrum des Kontinents verdrängt. Sie überlebte im Mittelmeerraum und begann vor rund 10 000 Jahren mit der »Rückeroberung« von Sizilien bis nach Süd-Schweden und vom Atlantik bis in die Karpaten. Nach ein paar Tausend Jahren waren die Buchen schon in der Mitte Deutschlands angekommen, wie Pollen beweisen, die man in Sedimenten eines verlandeten Sees bei Göttingen gefunden hat. Sie haben ein Alter von 4800 Jahren.

Es sind diese Wälder, die den Römern während der Eroberungen nördlich der Alpen Kopfzerbrechen bereiteten – und das nicht nur im übertragenen Sinn. Nicht umsonst haben sie, noch bevor sie begannen, den Limes zu errichten, breite Schneisen in die Wälder geschlagen, um angreifenden germanischen Stämmen wenigstens etwas die Deckung zu nehmen. Das wohl bekannteste Beispiel für die römischen Waldprobleme liefert die Schlacht im Teutoburger Wald im Jahre 9 n. Chr., als der Wald den Germanen das geeignete und vertraute Umfeld lieferte, die Römer in einen Hinterhalt zu locken und vernichtend zu schlagen. Es war die Varusschlacht, die den Römern eine Art »Waldtrauma« bescherte und den Historiker Tacitus veranlasste, den germanischen Wald als düster, unheimlich und gefährlich zu beschreiben.

Im Mittelalter änderte sich das Landschaftsbild. Mit der zunehmenden Bevölkerung und dem Aufstieg der Städte wuchs der Holzverbrauch. Es wurde sorglos abgeholzt, der Bedarf an Brenn- und Bauholz sowie Rodungen für den Ackerbau dezimierten die Wälder. Im 19. Jahrhundert hatte der Wald seine Gefährlichkeit weitgehend eingebüßt, von einigen Räuberbanden einmal abgesehen. Die Zuschreibungen von Düsternis und Unheimlichkeit aber, befördert durch die Romantiker, blieben und mit ihr die Ein- bzw. Unterordnung des Menschen in die Natur und damit letztlich die schlichte Erkenntnis, dass die Natur auch ohne uns Bestand haben wird. Denn gerade im Bezug auf den Wald sollte man bedenken, dass der Mensch ihn dringend braucht – umgekehrt ist das nicht der Fall.

SEHNSUCHT NACH URSPRÜNGLICHKEIT

Mit der Industrialisierung lösten Braun- und Steinkohle Holz als Energieträger ab und die großflächige Abholzung verlangsamte sich. Es wurde wieder aufgeforstet. Der europäische Wald war also schon seit den ersten Besiedlungen immer auch entsprechend (aus-)genutzter Wirtschaftsraum. Und so gibt es kaum einen Wald, der nicht von Menschenhand geformt und beeinflusst wäre. Und trotz des Eingreifens des Menschen gilt der Wald bei uns oft als Sinnbild naturbelassener Urwüchsigkeit. In den UNESCO-geschützten Waldgebieten der slowakischen und ukrainischen Karpaten kann man die Wälder noch weitestgehend unberührt vom Menschen erleben. Doch auch in Deutschland gibt es noch einige urwüchsige Reste.

IM NORDOSTEN DER INSEL RÜGEN liegt der Nationalpark Jasmund. Hier wächst auf etwa 500 Hektar einer der wertvollsten alten Buchenwälder Deutschlands. Schon 1586 wurde eine »Holzordnung« erlassen, die eine nachhaltige Nutzung gewährleisten sollte. Um weitere Zerstörungen durch den Kreideabbau zu verhindern, wurde 1929 das »Naturschutzgebiet Jasmund« ausgewiesen.

ÜBER EINEN HALBEN KILOMETER schlängelt sich der Baumkronenpfad im Nationalpark Hainich bis hinauf in die Baumwipfel. Eine Perspektive, die sonst nur Vögeln vorbehalten ist.

In Deutschland steht der Grumsiner Forst im Biosphärenreservat Schorfheide-Chorin in Brandenburg. Von seinen rund 60 Quadratkilometern Fläche gehören 590 Hektar zum Weltnaturerbe. Es sind die ältesten Teile des Waldes, der in der DDR partiell als Staatsjagdgebiet durch ein weitgehendes Betretungsverbot geschützt war. Davon profitierten nicht nur der Wald, sondern auch seltene Tierarten wie der Schwarzstorch und der Schreiadler. Durch eine Fülle von Tümpeln, Teichen und kleinen Seen ist der Grumsiner Forst ein Hort vieler, auch seltener Pflanzenarten wie des Sonnentaus. Im Nationalpark Hainich in Thüringen erstreckt sich über 50 Quadratkilometer die größte nutzungsfreie Laubwaldfläche Deutschlands. Der Hainich war zu DDR-Zeiten militärisches Sperrgebiet, in dem der Wald ohne menschliche Eingriffe gedeihen konnte. Im innersten Kern des Nationalparks wird der Wald seit gut 50 Jahren nicht mehr genutzt. Wie alle Wälder, die sich selbst überlassen bleiben, schafft er sich seine eigene Umwelt. Neben den alles bestimmenden Buchen wachsen hier über 30 weitere Laubbaumarten. Der Höhenrücken Hainich ist auch Lebensraum für seltene Vogelarten wie den Wendehals, den Neuntöter sowie für Wildkatzen und viele Käfer, die vom Totholz profitieren und in einem solchen Wald geradezu als »Mutterschiffe der Biodiversität« (Peter Wohlleben) fungieren.

Der Hessische Nationalpark Kellerwald-Edersee verdankt seine noch bestehende Existenz zum großen Teil seiner bergig-steilen Landschaft, die eine land- bzw. forstwirtschaftliche Nutzung weitgehend ausschloss. Hier befinden sich einige der ältesten Buchenbestände Deutschlands. Die Senioren erreichen ein Alter von 260 Jahren und über zwei Drittel des gesamten, 5700 Hektar großen Bestandes zählen über 120 Jahre.

DIE BUCHEN AM MEER

Die Buche hat sich seit der Eiszeit durchsetzen können, weil sie relativ genügsam ist und gerade in der Jugendzeit, im Gegensatz zu vielen anderen Baumarten, mit wenig Sonnenlicht auskommt. Das ermöglicht ihr, im Schutz der älteren Bäume zu gedeihen und sich den Platz zu erobern, den sie benötigt. Da ihre Samen nicht durch den Wind, sondern durch Tiere weitergetragen werden, vermehrt sie sich

DER WALDTEIL SERRAHN des Müritz-Nationalparks bietet einen artenreichen Lebensraum.
DIE BUCHENWÄLDER im Nationalpark Jasmund auf Rügen sind durch die stetige Erosion der Kreidefelsen gefährdet. ▽

zwar nicht schnell, aber stetig. Und die Buchenwälder breiteten sich nahezu unaufhörlich aus, wie man es im Nationalpark Jasmund auf der Insel Rügen sehen kann. Bis an den Rand der Küste stehen die Buchen dicht an dicht, und man hat den Eindruck, sie warten nur darauf, den Sprung über die Ostsee zu wagen. Tatsächl ch brauchen die Bäume hier auch nicht allzu lange zu warten, denn das Meer nagt an der Kreideküste. Jedes Jahr verliert die Insel durch Abbruch der ausgewaschenen Klippen 30 Zentimeter Substanz. Und da die Buchen hier, wie übrigens nirgends sonst auf der Welt, so nah am Meer wurzeln, sind sie die ersten Opfer der Erosion.

KOSTBARER BESTAND

Die Alten Buchenwälder in den Nationalparks sind die letzten Urwälder in Deutschland. Unter den Schutz der UNESCO wurden aber nicht die gesamten Parks gestellt, sondern nur die Zonen, die am längsten vom Menschen unberührt und ungenutzt sind, die also den stärksten »Urwald-Charakter« haben. Tatsächlich gilt dies nur für zwei Prozent des deutschen Waldes. Gerade Laubwälder sind wegen ihrer Klimabilanz in hohem Maße schützenswert, nicht nur in den Tropen, sondern auch in unseren Breiten. Die Forderung an Staaten wie Brasilien und Indonesien, den Regenwald zu schonen, ist richtig und notwendig, wirkt aber bisweilen etwas scheinheilig. Denn warum verlangt man von anderen Staaten etwas, was man im eigenen Land nur in geringem Maße tut? Warum sollte es also nicht möglich sein, mehr und größere Flächen unter Schutz zu stellen, um damit die eigene Klimabilanz ein wenig aufzubessern?

»Der Wald ist mehr als nur ein schöner erholsamer Ort zum Spazierengehen: Er lebt und die Bäume kommunizieren auch miteinander.«

Peter Wohlleben

Land und Meer

WATTENMEER – IM WANDEL DER GEZEITEN

Zwischen dem niederländischen Den Helder und dem dänischen Esbjerg erstreckt sich über 450 Kilometer das größte zusammenhängende Ökosystem seiner Art, das Wattenmeer. Es ist neben den Hochregionen der Alpen das letzte große Wildnisgebiet Europas. Der Begriff Watt kommt vom Altfriesischen »wad«, was seicht, untief bedeutet. Und das ist genau das Wesen dieses größten Wattgebiets der Welt: Flächen an der Nordseeküste, die bei Ebbe trockenfallen und bei Flut wieder überschwemmt werden.

Der Tidenhub fällt mit zwei bis drei Metern zwar nicht so hoch aus wie beispielsweise in der Bretagne, wo er bis zu zwölf Metern betragen kann, aber die Nordsee ist hier sehr flach, woraus diese enorme Verwandlung zweimal am Tag resultiert. Bei Ebbe wirkt es auf den ersten Blick nicht so, aber das Wattenmeer ist eines der am dichtesten bevölkerten Biotope in Europa. Die meisten Lebewesen sieht man allerdings kaum, denn Muscheln, Schnecken, Würmer, Mikroorganismen und Krebse sind entweder überflutet oder sie stecken in Sand und Schlick. Durch den regelmäßigen Wechsel von Überflutung und Trockenfallen werden immer wieder neue Nährstoffe angespült, was zu einem stetigen Kreislauf des Fressens und Gefressenwerdens führt: Die Mikroorganismen betreiben Fotosynthese und dienen den Algen als Nahrung. Diese werden von Schne-

cken, Muscheln, Krebsen und Würmern verzehrt, die wiederum von Fischen und von Vögeln gefressen werden, die hier brüten oder auf ihren Wanderungen um die halbe Welt Station machen. Beispielsweise knackt allein der Austernfischer mehrere Schalentiere pro Tag, was er auch muss, sonst würde sein Schnabel bis zu zwei Millimeter pro Tag wachsen. Für viele Fischarten wie die Scholle ist das Wattenmeer Lebensraum und Kinderstube. Das gilt auch für Kegelrobben, die in dieser Gegend lange Zeit als ausgestorben galten, Seehunde und Schweinswale, die sich von den größeren Kleintieren ernähren.

SCHLARAFFENLAND FÜR ZUGVÖGEL

Das gesamte Wattenmeer ist ein riesiges Biotop, das durch diesen Kreislauf des Lebens nicht nur für seine direkte Umwelt, sondern auch für die Biodiversität der ganzen Erde Bedeutung hat. Auf diesem wichtigen Rastplatz für die großen Vogelzüge fressen sich zehn bis zwölf Millionen Vögel wie Säbelschnäbler, Knutts, Alpenstrandläufer, Austernfischer und Regenpfeifer satt, um ihre langen Flüge durchzustehen, die sie bis nach Nordsibirien, Nordostalaska, aber auch bis nach Afrika und in die Antarktis führen. Watt und Uferzone dienen aber selbstverständlich auch als Brutplatz für heimische Vögel, die das ganze Jahr über hier bleiben, wie Brachvögel, Heringsmöwen oder Meerstrandläufer.

Das Wattenmeer besteht aus verschiedenen Zonen: Hinter den Deichen liegen die Salzwiesen, die in unregelmäßigen Abständen überschwemmt werden. Es gibt nur wenige Pflanzen, die in den hier vorherrschenden Verhältnissen gedeihen können wie der Queller mit seinen flei-

DAS WATTENMEER bei Westerhever. Der Ort an der nordwestlichen Spitze der Halbinsel Eiderstedt war früher eine Insel und ist seit dem 12. Jahrhundert besiedelt.
DER 1906 ERRICHTETE LEUCHTTURM Westerheversand ist das Wahrzeichen der Gegend. Sein Leuchtfeuer ist fast 40 Kilometer weit zu sehen. Die ehemaligen Wärterhäuser dienen heute als Naturschutzstation des Nationalparks Wattenmeer. ▽

Trotz des Status als Nationalpark und UNESCO-Weltnaturerbe ist das Wattenmeer auch weiterhin gefährdet: etwa durch den steigenden Meeresspiegel, den Verkehr riesiger Containerschiffe, die Vertiefung der Flussmündungen, die Überfischung und die Ölförderung.

schigen, blattlosen Stängeln, die Strandaster und das Schlickgras. Danach kommen Schlick und Sand, die das eigentliche Watt bilden. Das Schlickwatt besteht aus Tonsedimenten und zermahlenen Überresten organischen Materials. Darauf folgen das Sandwatt und schließlich das offene Meer. Das UNESCO-Weltnaturerbe Wattenmeer erstreckt sich 40 Kilometer in die offene See hinein. Die verschiedenen Zonen sind ein extremer Lebensraum mit den unterschiedlichsten Bedingungen, ein steter Wechsel von Überschwemmung und Trockenheit, von Hitze zu Kälte, an die sich mehrere Tausend Tier- und Pflanzenarten perfekt angepasst haben.

DER WATTWURM – DAS EIGENTLICHE WAPPENTIER DES WATTENMEERS

Man sagt, Seehunde seien die heimlichen Wappentiere des Wattenmeers. Die sind possierlich und daher für den Tourismus sehr geeignet. Aber das eigentliche Wappentier müsste vielmehr der Wurm sein. Denn Würmer sind, obwohl man sie kaum sieht, wohl mit die wichtigsten und häufigsten Bewohner des Wattenmeers. Rund-, Band-, Spul-, Faden-, Platt- und Ringelwürmer bevölkern in schier unendlicher Zahl den Schlick und den Sand des Meeresbodens. Der größte Wurm im Watt ist der Grüne Meerringelwurm, der bis zu 200 Paddelfußpaare an seinem bis zu 40 Zentimeter langen Körper hat. Zudem hat er einen ausstülpbaren Rüssel mit kräftigen Kieferzangen, mit denen er Pflanzen, aber auch Aas und kleine Tiere verzehrt. Außer ihm gibt es noch rund hundert andere Arten von Borstenwürmern, wie den Bäumchenröhrenwurm und den Kotpillenwurm, der wegen seines dehnbaren Körpers vorzugsweise auch Gummibandwurm genannt wird. Allein von dieser rund acht Zentimeter langen, rötlichen Wurmart findet man auf einem Quadratmeter Schlick bis zu 1000 Stück. Aber der wahre Held der Wurmwelt ist der Wattwurm, von dem man bei Ebbe hauptsächlich sandige und spaghettihafte Häufchen wahrnimmt. Wattwürmer, die durchschnittlich 20 Zentimeter lang werden, fressen und verdauen jährlich 25 Kilo Sand pro Wurm und damit ein bis zehn Prozent der organischen Reste des Wattbodens. Mit ihrer Anzahl von etwa 20 Exemplaren pro Quadratmeter schaffen sie es, den gesamten Boden jährlich bis zu 25 Zentimeter Tiefe durchzuarbeiten. Alle 45 Minuten kriecht dieser Held des Watts dabei rückwärts seine Röhre hinauf und scheidet seine wenige Zentimeter lange Kotschnur aus. Das ist der Moment, auf den die Vögel lauern. Falls der Wattwurm dabei erwischt wird, bedeutet das aber noch nicht sein Ende, denn er kann sein eigenes Ende abreißen lassen und so wieder in seine Röhre entwischen. Das Wurmende wächst rasch wieder nach, und so schafft es der Wattwurm zu einem immerhin bis zu sechs Jahre langen Leben im Schlick.

Trotz des Status als Nationalpark und UNESCO-Weltnaturerbe ist das Wattenmeer auch weiterhin gefährdet: etwa durch den steigenden Meeresspiegel, den Verkehr riesiger Containerschiffe, die Vertiefung der Flussmündungen, die Überfischung und die Ölförderung. Denn absurderweise befindet sich mitten im Weltnaturerbe, nördlich von Cuxhaven, die Ölförderplattform Mittelplate. Sie wurde quasi in den Bestandschutz übernommen und das Areal zur Exklave erklärt. In Spitzenzeiten wurden hier bis zu zwei Millionen Tonnen Öl gefördert, was weniger als zwei Prozent des jährlichen Ölbedarfs Deutschlands entspricht. Derzeit kreist die Diskussion um neue Probebohrungen, denn es werden weitere Ölvorkommen im Wattenmeer vermutet.

SCHLICKWATT BEI WREMEN Typisch für das Watt sind die Priele, Wasserläufe, die oft auch bei Ebbe noch Wasser führen und so Tieren Schutz bis zur nächsten Flut bieten. Allein in einem Quadratmeter Schlick tummeln sich Tausende von Kleinstlebewesen.

VORZEIT UND ANTIKE

Steinzeitkultur und römisches Erbe

Der Beginn unserer Kultur

HÖHLEN UND EISZEITKUNST DER SCHWÄBISCHEN ALB

Vor 40 000 Jahren sah unser Land vollkommen anders aus. In der letzten, der sogenannten Würmeiszeit, die von 115 000 bis 11 000 Jahre vor unserer Zeit dauerte, reichten die Eismassen der Alpen noch bis über den Bodensee. Die kahle Tundra- und Steppenlandschaft war von Mammuts, Löwen, Höhlenbären, Wölfen, Hyänen, Wollnashörnern und Rentieren bevölkert. Die Menschen lebten in kleinen Gruppen und bewohnten auch die Höhlen auf der Schwäbischen Alb. Hier schufen sie die frühesten Kunstwerke und Musikinstrumente der Menschheit und damit auch die moderne Kultur.

Ab 1860 begannen auf der Schwäbischen Alb erste paläontologische Forschungen. Die ersten Elfenbeinschnitzereien entdeckte man in den 1930er-Jahren in der Vogelherdhöhle und am Hohlenstein. Es handelte sich um Funde von herausragender Bedeutung, die in die Zeit des Aurignacien zu datieren waren, also vor ca. 43 000 bis 34 000 Jahren. In den insgesamt sechs Höhlen des Achtals und Lonetals fand man bis heute über 50 Figuren, Dutzende Schmuckperlen, acht Flöten und einige Figurenfragmente, die alle zu den ältesten mobilen Kunstwerken gehören, die man bisher weltweit entdeckt hat. Die berühmtesten Figuren dürften die Venus vom Hohlen Fels, das Mammut aus der Vogelherdhöhle und die kleine Skulptur eines Löwenmenschen sein. Die nur sechs Zentimeter kleine Venus, die 2008 gefunden wurde, ist die älteste Darstellung eines Menschen überhaupt. Es handelt sich dabei eindeutig um eine symbolische Darstellung, denn die Anatomie hat sich auch in den letzten Jahrtausenden nicht so wesentlich verändert. Die Übersteigerung der weiblichen Proportionen und die Tatsache, dass eine Öse den Kopf ersetzt, legt die Vermutung nahe, dass die Venus als eine Art Amulett diente. Das Spannende an all diesen Funden sind die Fragestellungen, die sich daraus ergeben. Wozu wurde diese Figur geschaffen, wer hat sie getragen und was war ihre Bedeutung? Interessanterweise gibt es aus dieser Zeit keine rein männlichen Darstellungen. Wurden Frauen also mehr verehrt, ihnen mehr Bedeutung beigemessen, oder waren es Frauen, die diese Artefakte anfertigten?

Die meisten Figuren der Eiszeitkunst fand man in Fragmenten und setzte sie wieder zusammen. Die einzige Figur, die die letzten 40 000 Jahre komplett überstanden hat, ist ein 3,7 Zentimeter winziges Mammut, dessen Darstellung fasziniert. Dass die Menschen damals genug Zeit und Möglichkeiten hatten, Mammuts zu studieren, erstaunt nicht unbedingt. Was jedoch überrascht, ist die Übertragung in ein dreidimensionales Bildwerk mit einer verblüffenden Detailgenauigkeit im Millimeterbereich. Die Merkmale eines Mammuts sind perfekt getroffen: die Form des Körpers als Ganzes, die Ohren, die Augen und der Rüssel, der leicht geschwungen ausgeführt ist. Damit kommt sogar Bewegung in die Figur. Interessant sind auch die Verdickung der Fußsohlen und die eingeritzten Falten auf der Lauffläche des gewichtigen Tieres – all dies setzt einen genauen Plan des Künstlers voraus. Und von Künstlern oder zumindest Spezialisten muss man hier sprechen.

DER MENSCH LEBT NICHT VOM MAMMUT ALLEIN …

Und die Menschen kamen auf die Idee zu musizieren. Auch das dürfte erst einmal nichts Außergewöhnliches gewesen sein. Man kann davon ausgehen, dass Menschen auch vorher schon gesungen und getrommelt haben, wovon allerdings keine Artefakte die Zeit überdauert haben. Überdauert haben jedoch die geschnitzten Flöten, die man in den

DIE VENUS VON HOHLE FELS, ausgestellt im Urgeschichtlichen Museum Blaubeuren, wurde erst 2008 im Achtal gefunden und ist die älteste bekannte Darstellung eines Menschen. Wer der Künstler oder die Künstlerin war, der/die sie aus Mammutelfenbein schnitzte, wird man nie erfahren.

DER EINGANG zur Hohlenstein-Höhle im Lonetal – im Hohlenstein-Stadel wurde der sogenannte »Löwenmensch« gefunden, der wahrscheinlich die älteste Tier-Mensch-Figur der Welt ist.

Höhlen der Schwäbischen Alb gefunden hat. Sie wurden aus den Röhrenknochen von Gänsegeiern und Singschwänen und sogar aus Mammutelfenbein gefertigt. Acht solche Flöten bzw. Teile davon sind bisher bekannt. Die Schwäbische Alb ist also nicht nur eine Wiege der Bildenden Kunst, sondern auch der melodiösen Musik. Damit steht eines fest: Die damaligen Menschen hatten Muße, Dinge zu erschaffen, die über die tägliche Notwendigkeit hinausgehen. Und ganz offensichtlich hatten sie auch ein Bedürfnis, der realen Welt etwas entgegenzusetzen.

KUNST UND KULT?

Vielleicht ist hier auch der Ursprung von Religion oder einer Art spirituellen Denkens zu erkennen. Betrachtet man den »Löwenmenschen«, der ab 1939 im Hohlenstein-Stadel gefunden wurde, liegt diese Annahme nahe. Es ist mit 31 Zentimetern die bislang größte Figur und eine der wenigen, die ein Mischwesen darstellen. Über die Bedeutung kann nur spekuliert werden. Bestimmt flößte der Löwe den Menschen Angst und Respekt ein, faszinierte wohl aber auch. Löwen lebten in ähnlichen Gruppen wie die Menschen, und beide standen an der Spitze der Nahrungskette. Die Verbindung der beiden in einer Figur kann also auf eine wie auch immer mächtige Gestalt im Denken der Menschen schließen lassen, über die man jedoch keine Kenntnisse hat. Aber sie erlaubt Rückschlüsse auf den Erschaffer der Figur. Fantasiebegabt, über die reine Natur hinausdenkend und offensichtlich in einer Stellung innerhalb der Gruppe, die es ihm ermöglichte, viel Zeit damit zu verbringen, ein solches Werk zu schaffen.

Wie Versuche gezeigt haben, dauert es mit den damaligen Werkzeugen wie Feuersteinmessern Monate, aus Mammutelfenbein eine solche Figur herauszuarbeiten. War es also ein besonderes Mitglied der Gemeinschaft oder gab es mehrere, die sich mit ähnlichen Dingen beschäftigten? Gab es eine frühe Form der Arbeitsteilung? Jagen, Sammeln, Schmuckherstellung, Kunst, Musik? Entstand die Figur für den Privatgebrauch oder für die Gruppe? Diejenigen, die solche Figuren schufen, müssen einen Grund gehabt haben, einen derartigen Aufwand zu treiben. Ein enormer Aufwand war es auch, die Figur so zusammenzusetzen, wie wir sie heute sehen. Denn der Löwenmensch besteht aus rund

DIE SIRGENSTEINHÖHLE im Achtal wurde im 15. Jahrhundert von einem Mönch als Wohnstätte eines »ungeheuerlichen Zyklopen« angesehen.

800 Einzelteilen, die seit 1939 gefunden wurden. In mühevoller Kleinarbeit wurde dieses 40 000 Jahre alte 3-D-Puzzle zusammengesetzt. Auch das nötigt dem Betrachter gehörigen Respekt ab.

MEISTERWERKE VON ANFANG AN

Erstaunlicherweise sind von der Kunst des Aurignaciens kaum misslungene Werke bekannt, weder in der Höhlenmalerei Frankreichs, etwa in der Grotte Chauvet, noch in der figürlichen Kunst der Schwäbischen Alb. In beiden Genres beginnt die Kunst quasi mit einem Paukenschlag. Wie kamen die Menschen zu dieser frühen Perfektion? Andererseits handelt es sich auch um einen Zeitraum von 10 000 Jahren, in denen Figuren und Malereien entstanden sind. Da kann sich eine Technik durchaus entwickeln. Aber wo sind die »Fehlschläge« geblieben? Natürlich werden im Mahlstrom der Jahrtausende auch »schlechte« Plastiken zerrieben oder einfach nicht entdeckt. Aber das macht die Werke, die gefunden wurden, umso erstaunlicher.

Man kann getrost sagen, dass auf der Schwäbischen Alb die Wiege unserer Kultur steht. Betrachtet man die Wanderbewegung des Menschen von Afrika über den Nahen Osten durch das Donautal bis hierher, scheint es durchaus möglich, dass woanders frühere Artefakte entstanden sind. Das ist aber bislang nicht bewiesen, was Professor Nicholas Conard, Mitentdecker der Venus und wissenschaftlicher Direktor des Urgeschichtlichen Museums Blaubeuren, zu folgendem Statement veranlasste: »Wissenschaftlich gesehen kann ich mir nicht vorstellen, dass die Musik, die figürliche Kunst, die Religion, die Modernität grundsätzlich nur von hier stammt. Ich versuche selbst diese Hypothese zu widerlegen, aber ich schaffe es nicht und niemand anderes schafft es – irgendwann denkt man also, dass es vielleicht wirklich so ist.«

Die versunkene Welt am Wasser

PRÄHISTORISCHE PFAHLBAUTEN IM ALPENRAUM – NACHRICHT VON DEN URAHNEN

Wo und wann fängt Geschichte an? Wie weit muss man zurückgehen, um zu klären, woher wir kommen? Wie viele Wurzeln gibt es, von denen wir stammen? Diese Fragen sind, wenn überhaupt, nur fragmentarisch zu klären. Eine der Wurzeln befindet sich aber sicher in den prähistorischen Pfahlbausiedlungen rund um einige Seen an den Rändern der Alpen. Sie sind die ältesten von Menschenhand geschaffenen Weltkulturerbestätten in Deutschland und reichen über 7000 Jahre in die Vergangenheit.

Die Pfahlbauten, das erste archäologische Weltkulturerbe, das sich unter Wasser befindet, liegen über sechs Länder rund um die Alpen verteilt: Italien, Slowenien, Österreich, Schweiz, Frankreich und Deutschland. Sie stammen aus dem Neolithikum, der Jungsteinzeit und der Bronzezeit, von ca. 5000–500 v. Chr. Geschaffen von Menschen aus einer längst vergangenen Zeit führen sie zum Ursprung unserer Kultur. Was kann man über diese Menschen und ihre Lebensweise sagen, wenn es keinerlei schriftliche oder mündliche Überlieferungen gibt? Wenn fast alles, was davon übrig ist, in Schlamm und Wasser steckt? Erstaunlich viel hat man über unsere Vorfahren in Erfahrung bringen können. Und bedenkt man die Höhlenzeichnungen in Südfrankreich und Nordspanien, die bis zu 30 000 Jahre alt sind, lässt sich bei den Pfahlbausiedlungen ja beinahe von zeitlicher Nachbarschaft sprechen.

Insgesamt gibt es in den erwähnten sechs Ländern über tausend Pfahlbaufunde, von denen inzwischen 111 den Status als Weltkulturerbe genießen. Die bekanntesten befinden sich im österreichischen Salzkammergut und rund um den Bodensee. In Deutschland finden sich 18 Fundstätten, drei davon in Bayern, u.a. nahe der Roseninsel im Starnberger See. Die dortige Siedlung konnte anhand von dendrochronologischen Untersuchungen auf das Jahr 3270 v. Chr. datiert werden. Die übrigen deutschen Fundstätten befinden sich in Baden-Württemberg am Federsee und hauptsächlich am Bodensee.

URSPRÜNGE EUROPÄISCHER KULTUR

Begonnen hat diese besondere Art der Altertumsforschung Mitte des 19. Jahrhunderts. Im Winter 1854/55 entdeckte man aufgrund eines ungewöhnlich niedrigen Wasserstands in einer Bucht am Zürichsee Reste einer Siedlung, wie Werkzeuge, Tonscherben und Holzpfähle, die im Seegrund steckten. Der Schweizer Archäologe und Altertumsforscher Ferdinand Keller erkannte als Erster die Bedeutung der seltsam herausstehenden Pfähle, an denen sich immer wieder Fischernetze verfingen. Er schloss aus den Funden, dass es sich um Fundamente prähistorischer Siedlungen handeln musste und entfachte mit seiner Theorie ein wahres Pfahlbautenfieber. Es war der Aufbruch in die Entdeckung und die Erforschung des Ursprungs der europäischen Kultur, die weit über die Römer und Griechen herausreicht. Dieses Fieber verbreitete sich in den anderen Ländern rund um die Alpen und natürlich auch in Deutschland, wo 1856 die ersten Funde im Bodensee gesammelt wurden. 1864 fanden sich Siedlungsreste in Unteruhldingen: Dort entstand 1922 ein Museum mit zwei Nachbauten der Häuser aus der Jungsteinzeit und Bronzezeit. Denn wie sonst könnte man derlei Funde und Erkenntnisse sichtbar machen, die sich nur unter Wasser befinden bzw. gar nicht mehr existieren? Im Museum in Unteruhldingen, wo inzwischen 23 Pfahlhäuser nach neuestem Wissensstand rekonstruiert wurden, bemühen sich Forscher um weitere Erkenntnisse.

DAS PFAHLBAUMUSEUM in Unteruhldingen am Bodensee. Über einen Steg geht es zum Bronzezeitdorf Buchau, in dem urzeitliche Werkstätten von Töpfern, Bronzegießern und das Haus des Dorfoberhauptes besichtigt werden können.

REKONSTRUIERTE ZEICHNUNGEN als Hausschmuck im Bronzezeitdorf Unteruhldingen (oben). In diesem Freilichtmuseum kann man sich einen guten Eindruck vom Leben auf dem Wasser verschaffen (rechts).

Die Kultur der Stein- und Bronzezeit wird in den rekonstruierten Pfahlbausiedlungen am Bodensee und am Federsee wieder lebendig.

Dabei kam ihnen der chemisch-physikalische Glücksfall zu Hilfe, dass die Gegenstände unter Luftabschluss ein außergewöhnlich guter Erhaltungszustand auszeichnet. Werkzeuge, Fischernetze, Textilien, Schuhe, Musikinstrumente, Schmuck und sogar Nahrungsmittel wurden quasi vorbildlich über die Jahrtausende konserviert und gewähren heute einen tiefen Einblick in eine im wahrsten Sinne des Wortes versunkene Welt.

PFAHLDÖRFER ALS FRÜHE HANDELSZENTREN

In Unteruhldingen wurde eine der größten Siedlungen der Bronzezeit entdeckt, die bis zu 7000 Jahre zurückreicht in eine Zeit, aus der auch die Gletschermumie »Ötzi« stammt, die 1991 gefunden wurde. Eine der wichtigsten Fragen ist, warum die Menschen ihre Häuser auf Pfählen ins Wasser gebaut haben. Es gab gute Gründe dafür, sich am und im Wasser anzusiedeln. Die Lage gewährte Sicherheit vor Raubtieren und bösen Nachbarn und bot Vorteile beim Fischfang, der Abfallentsorgung und für den Handel. Denn es hat sich herausgestellt, dass die meisten Pfahlbausiedlungen an damals viel frequentierten Handelswegen lagen. Sie verliefen von Nordeuropa, was man aus Bernsteinfunden schließen konnte, bis über den Bodensee nach Italien. Das bevorzugte Transportmittel am See waren bis zu zwölf Meter lange Einbäume, von denen mehrere Exemplare im Schlamm die Zeitläufte überdauerten. Für den Landweg gab es Karren oder Wagen, wie man vom Fund eines 7500 Jahre alten Rades im Laibacher Moor in Slowenien weiß. Ein anderes Motiv, im Wasser zu bauen, lieferte wohl die umgebende Landschaft, die von dichten Wäldern und Büschen überwuchert und von Mooren und Sümpfen durchsetzt war. Zudem boten Pfahlbauten auch Sicherheit vor stark schwankenden Pegelständen, die beispielsweise am Bodensee allein zwischen Winter und Sommer bis zu drei Meter betragen können.

Die Dörfer bestanden oft aus 20 bis 30 Häusern, manchmal bis zu 80, die untereinander und mit dem Ufer über Stege verbunden waren. In diesen Dörfern lebten bis zu 500 Menschen. Trotz der Lage am Wasser handelt es sich um eine Bauernkultur, in der Getreide als wichtigstes Nahrungsmittel galt. Dazu kamen natürlich Fleisch und Fisch durch Jagd und Angeln. Es wurden tatsächlich Brote und Getreidebrei vom Seegrund geborgen. Aus den Funden von Firstpfählen hat man errechnet, dass manche Häuser, die eine durchschnittliche Lebendauer von zehn bis 15, manchmal auch 30 Jahren hatten, eine Höhe von bis zu elf Metern erreichten. Damit konnte man sich vor Hochwasser ebenso gut schützen wie den Vorrat sicher und trocken lagern. Unsere Vorfahren sorgten sich aber nicht nur um ihr Überleben, sondern hatten offensichtlich noch die Zeit und das Bedürfnis, sich mit Kunst- und Kultgegenständen zu umgeben. So wurden unzählige Bronzen, Schmuckstücke und Tierfiguren gefunden, die viel über das Wissen vom Umgang mit Metall, seinen Abbau und seine Verarbeitung verraten.

LAND UNTER

Aber auch diese Kultur ging, wie viele vor und nach ihr, unter. Anhand vieler Untersuchungen an den Artefakten und Baumstämmen kann man das wahrscheinliche Ende der Pfahlbaubesiedlung am Bodensee datieren. Der Grund für das Ende liegt wohl an einem enormen Anstieg des Wasserspiegels um 850 v. Chr. Offensichtlich war das für diese Art der Besiedlung zu unsicher, und die Bewohner zogen sich wieder aufs Festland zurück.

DERARTIGE FISCHREUSEN, wie im Federseemuseum in Bad Buchau zu sehen, waren Teil der damaligen Fischerei (links).
DER VERGLEICH DES STEINZEITDORFS SIPPLINGEN (im Vordergrund) mit dem Bronzezeitdorf Unteruhldingen macht die architektonische Entwicklung der Pfahlbauten anschaulich. ▽

SPIELBANK

Rom an der Mosel

TRIER – RÖMISCHE HAUPTSTADT UND ÄLTESTE STADT DEUTSCHLANDS

S*ic transit gloria mundi* – »So vergeht der Ruhm der Welt« – wohl auf kaum eine andere Stadt trifft dieser Satz so zu wie auf Trier. Mit rund 80 000 Einwohnern war sie einst die größte Stadt nördlich der Alpen und der Regierungssitz eines römischen Kaisers, Ende des 17. Jahrhunderts lebten hier nur mehr 2677 Menschen, und erst im 20. Jahrhundert zählte sie wieder so viele Einwohner wie in ihrer antiken Glanzzeit.

Doch zum Anfang, der bei Trier auch etwas Besonderes ist, gilt sie doch als die älteste Stadt Deutschlands. Zwar haben sich die Treverer, wie die keltischen Bewohner zwischen Maas und Rhein hießen, lange gegen die römische Besatzung gewehrt, sich schließlich aber doch damit abgefunden. Nachdem 30 v. Chr. unter Julius Cäsar auf dem Petrisberg ein römisches Militärlager errichtet wurde und Kaiser Augustus schließlich Frieden in das Römische Reich brachte, gründete dieser 17 v. Chr. »seine« Stadt Augusta Treverorum mit einem Brückenschlag über die Mosel. Die heutige Brücke steht an der gleichen Stelle und wurde 144 bis 152 n. Chr. zum dritten Mal erneuert. Fünf der sieben Brückenpfeiler stammen im Kern noch aus der Zeit des antiken Baus. Damit ist sie die älteste römische Brücke nördlich der Alpen. Seinerzeit noch mit einer hölzernen Fahrbahn versehen, wurden die Bögen unter Kurfürst Balduin von Luxemburg (1285–1354) errichtet.

Augusta Treverorum scheint einen schnellen Aufstieg genommen zu haben, denn schon 44 n. Chr. nennt sie ein römischer Geograf *urbs opulentissima*, »sehr wohlhabende Stadt«, ein Attribut, das sich die nächsten drei Jahrhunderte immer wieder bestätigen sollte. Denn Trier, das nicht zu Germanien gehörte, sondern zur Provinz Gallia Belgica, wurde unter Kaiser Trajan zum Verwaltungssitz und erlebte einen wahren Bauboom: Die Barbarathermen mit einer Fläche von 172 mal 240 Metern waren nach den römischen Trajansthermen die größten des gesamten Reiches. Leider eigneten sie sich daher im Mittelalter hervorragend als Steinbruch. Das Amphitheater, das ab 180 n. Chr. entstand, fasste 18 000 Zuschauer, und der Circus, von dem leider nichts mehr zu sehen ist, sogar bis zu 50 000, fast die gesamte Stadtbevölkerung. Das alles wurde von einer knapp sechseinhalb Kilometer langen und bis zu sechs Meter hohen Stadtmauer umfasst, deren nördliches Stadttor das Wahrzeichen Triers wurde, die Porta Nigra.

BAUBOOM UNTER KAISER KONSTANTIN

Nach einigen reichsinternen Querelen und politischen Wirren um die oft wechselnden sogenannten Soldatenkaiser in Rom wurde 269 ein gallisches Sonderreich ausgerufen, dessen »Hauptstadt« Trier wurde, das zu dieser Zeit Treveris hieß. Treveris diente als Truppenstandort, Münzstätte und Amtssitz des Provinzstatthalters. Das klingt nach weniger als es tatsächlich war, denn von hier wurden das riesige Gebiet der römischen Provinzen Britannien, Gallien, Hispanien und Teile Nordafrikas regiert. Im Jahr 306 ernannte Konstantin, einer der vier Kaiser der Tetrarchie, Treveris zu seinem Herrschaftssitz. Welche Bedeutung Konstantin, der spätere »Große«, nicht nur für Trier auf lange Sicht hatte, ist wohl kaum zu überschätzen. War die Stadt vor ihm schon bedeutend, wuchs ihr Ansehen mit und nach ihm umso mehr. Nachdem er 312 Kaiser Maxentius an der Milvischen Brücke bei Rom unter dem Zeichen des christlichen Kreuzes besiegte, wurde Konstantin alleiniger Kaiser über den gesamten Westen des Römischen Reiches und gewährte 313 mit dem »Toleranzedikt von Mailand« Reli-

ZUR ZEIT DER RÖMER endete die Stadt an der Porta Nigra. Sie wurde um 180 n. Chr. aus etwa 7200 Quadern errichtet, aber nie endgültig fertiggestellt. Heute geht man davon aus, dass das Tor weniger der Verteidigung als vielmehr der Repräsentation diente und aus Geldmangel unvollendet blieb.

DIE KAISERTHERMEN waren als Geschenk des Kaisers an die Bevölkerung geplant. Noch vor 300 n. Chr. begonnen, stoppten die Arbeiten wohl um das Jahr 316. Ende des 4. Jahrhunderts wurde sie als Reitergarnison genutzt und ausgebaut (oben). **DIE KONSTANTINISCHE BASILIKA** entstand von 305 bis 379 n. Chr. und bildete mit den Kaiserthermen und dem Circus eine Einheit, ähnlich wie am römischen Palatin. Bis zum Bau der Aachener Pfalzkapelle war sie das höchste Gebäude des Landes (rechts).

ARCHÄOLOGISCHE FORSCHUNGEN im 19. Jahrhundert haben ergeben, dass der Dom von Trier auf den Mauern eines vornehmen römischen Wohnquartiers errichtet wurde. Reste davon sind im Museum am Dom zu besichtigen.

gionsfreiheit, was vor allem das Christentum für sich nutzen konnte. Für Treveris kam das einer weiteren Bedeutungssteigerung gleich, zumal es immer noch die Residenzstadt des römischen Kaisers war. Dieser ging erst im Jahr 316 nach Rom und 330 nach Byzanz, aus dem er die neue Hauptstadt des gesamten Römischen Reiches, Konstantinopel, machte, bevor er im Jahr 337, christlich getauft, starb.

Der Bauboom in Konstantins Treveris war immens: Die Kaiserthermen, in deren sechs riesigen Kesseln das Wasser für die Bäder und die Fußbodenheizung erhitzt wurde, gehörten zu den größten des Reiches, wurden aber leider nie ganz fertiggestellt. Der mächtige Audienzsaal Konstantins, die *basilika*, der Teil einer Palastanlage war, steht dagegen heute noch. Wobei der Begriff »Basilika«, der hierfür seit dem 19. Jahrhundert verwendet wird, irreführend ist, denn weder handelt es sich vom Bautypus noch von der Bedeutung her um eine Basilika. Nichtsdestotrotz wurde ihre Höhe von 33 Metern nördlich der Alpen erst wieder mit dem Bau der Pfalzkapelle in Aachen übertroffen. Der riesige Hallenraum, der eine Länge von 67 und eine Breite von über 27 Metern hat, war komplett mit Marmor, Stuck, Mosaiken und Statuen geschmückt und hatte überdies noch einen über die gesamte Fläche von ca. 1600 Quadratmetern beheizbaren Fußboden.

Die *aula palatina* demonstrierte nicht nur die technische Meisterschaft der damaligen Baumeister, sondern war auch eine schiere Demonstration imperialer Macht. Bedenkt man die anderen Bauten dieser Zeit, zumal die der »Barbaren«, muss einem die Macht des Reiches, das solch monumentale Gebäude zu errichten im Stande war, beim Durchschreiten des Saales auf den Kaiser zu durchaus weiche Knie gemacht haben. In den folgenden Jahrhunderten wurde die Basilika immer wieder in Teilen zerstört, an- und umgebaut und renoviert, um schließlich ab 1856 die erste evangelische Kirche Triers zu werden, was sie bis heute geblieben ist.

DIE ERSTE BISCHOFSSTADT DEUTSCHLANDS

In Trier gab es schon sehr früh eine christliche Gemeinde. Es ist die erste Bischofsstadt Deutschlands und die einzige, deren rund 100 Bischöfe seit Eucharius (um 250) bis heute

INNENANSICHT des Doms nach Westen. **DIE LIEBFRAUENKIRCHE** ist einer der ganz seltenen gotischen Zentralbauten Deutschlands – hier der Blick in das rosenförmig angeordnete Kreuzrippengewölbe. ▽

lückenlos dokumentiert sind. Konstantins Mutter Helena initiierte eine Doppelkirche auf dem Palastareal, die aus zwei nach Osten ausgerichteten Basiliken und einem Baptisterium bestand, dessen Grundriss heute im Pflaster des Domfreihofs zu sehen ist. Heute stehen auf dieser Anlage der Dom und die Liebfrauenkirche. Der Hohe Dom St. Peter, der nach Zerstörungen immer wieder neu errichtet wurde, nimmt die nördliche Seite ein. Zu seinen Reliquienschätzen gehören der Heilige Rock und die Heiligen Nägel vom Kreuz Christi. Die historische Echtheit der berühmten Reliquien ist jedoch umstritten.

Auf der südlichen Basilika wurde ab 1227 mit der Liebfrauenkirche einer der frühesten gotischen Zentralbauten errichtet. Die Baumeister stammten wohl aus der Champagne und der Île de France, wo die gotische Bauweise schon deutlich weiterentwickelt war.

ENDE UND NEUBEGINN

Am Ende des 4. Jahrhunderts wendete sich das Schicksal der glänzenden römischen Stadt Treveris. Der Sitz der gallischen Präfektur wurde nach Arles verlegt und die Überfälle der germanischen Stämme nahmen zu. Bis 435 wurde Trier viermal von fränkischen Heeren zerstört und nach dem Ende des Römischen Reiches in das Reich der Merowinger eingegliedert. In den folgenden Jahrhunderten sorgten die Bischöfe mit ihren guten Kontakten zu den jeweiligen Herrschern dafür, dass Trier weiterhin eine *civitas sancta*, eine heilige, und vor allem auch eine prosperierende Stadt blieb.

Begonnen hat Triers Wiederaufstieg mit dem Eintreffen des Mönchs Simeon, der 1030 beschloss, hier sein Eremitendasein zu fristen. Nachdem das Leben als Eremit in einer bewohnten Stadt aber eigentlich ein Paradoxon ist, ließ sich Simeon, der aus dem sizilianischen Syrakus stammte, 1030 im Ostturm der Porta Nigra einmauern. 1035 starb er dort und wurde umgehend heiliggesprochen. Nun war der neuerliche Aufstieg Triers mit dem ersten Christenkaiser Konstantin und dem neuen Heiligen nicht mehr aufzuhalten. Und die Porta Nigra wurde vor Zerstörung und Verfall gerettet, weil der heilige Eremit darin begraben wurde. So wurde aus dem ehemaligen Stadttor eine Kirche und schließlich ein Wahrzeichen.

Das Ende des unendlichen Reiches

DER LIMES – TEUFELSMAUERN UND HANDELSZONE

Als *Imperium sine fine*, ein »Reich ohne Ende«, so sahen die Römer nach einem Ratschluss der Götter ihre Welt. Der römische Dichter Vergil lässt Jupiter in der *Aeneis* über sein Volk sagen: »Diesen setze ich weder in Raum noch Zeit eine Grenze; ein grenzenloses Reich habe ich ihnen gegeben.« Und diese »Grenzenlosigkeit« war die Maxime der römischen Kaiser und Legionen. Sie brauchten auch keine Grenzen, weil sie sich die neu eroberten Gebiete und Völker gleich einverleibten und romanisierten. Dabei half den Römern ihre überlegene Kultur, die von den eroberten Völkern meist schnell übernommen wurde. Das galt allerdings nur so lange, bis die Römer über die Alpen und in den Norden Britanniens gekommen waren. Denn hier trafen sie auf Völker, die sich nicht so leicht erobern ließen und Widerstand leisteten: die späteren Schotten auf den Britischen Inseln und die Germanen, genauer gesagt die Vorfahren der heutigen Hessen, Schwaben und Bayern.

Nach der desaströsen Schlacht bei Kalkriese im Jahr 9 n. Chr., als Varus gegen die Germanen unter Arminius drei Legionen verlor, und vielen weiteren Kämpfen mit den widerständigen Germanen, begann in Rom ein Umdenken der expansiven Staatsdoktrin. Man zog es vor, das Erreichte zu sichern und zu bewahren, anstatt es durch weitere Expansionsbestrebungen in Gefahr zu bringen. Zu diesem Zweck erweiterten die Römer eine Technik, die sie schon während der Kämpfe in den dichten Wäldern Germaniens angewendet hatten: Um sich vor Überraschungsangriffen der germanischen Stämme aus den Tiefen der Wälder zu schützen, schlugen die Römer lange Schneisen. »Als die Germanen nach ihrer Gewohnheit aus Waldschluchten und dunklen Verstecken heraus die Römer immer wieder überfielen und dabei einen sicheren Rückzug in die Tiefen der Wälder hatten, ließ Kaiser Domitian mehrere breite Schneisen 120 Meilen in den Wald vortreiben. Er bewirkte dadurch nicht nur eine Veränderung in der Art der Kriegsführung, sondern auch, dass die Feinde, deren Schlupfwinkel er bloßgelegt hatte, sich ihm unterwarfen.« So der Militärschriftsteller Sextus Julius Frontinus in einem Bericht aus dem Jahre 83 n. Chr. über die Chatten, einen Germanenstamm im heutigen Hessen. Die erwähnten Schneisen hatten den lateinischen Begriff *limites*, was schließlich zu »Limes« wurde.

DIE ERSTE GERMANISCHE GRENZE

Damit begannen die Römer das zu errichten, was zum größten Bodendenkmal Europas werden sollte: den Limes. Er erstreckt sich über 5000 Kilometer durch zwei Dutzend Staaten, vom Norden Englands quer durch Europa, bis in den Nahen Osten und nach Nordafrika. Große Teile davon gehören inzwischen zum Weltkulturerbe: Neben dem Hadrianswall an der englisch-schottischen Grenze und dem Antoninuswall noch etwas nördlicher, sind der Obergermanisch-Raetische Limes und der Niedergermanische Limes, der über 400 Kilometer – von Katwijk an der niederländischen Nordseeküste über Xanten bis ins Vinxbachtal in Rheinland-Pfalz – reicht, Teil dieser schier grenzenlosen Grenzanlage. Ebenso der Donaulimes, der vom bayerischen Bad Gögging über Regensburg bis nach Passau und dann weiter über Österreich in die Slowakei führt.

Über insgesamt 550 Kilometer erstreckte sich der Obergermanisch-Raetische Limes vom heutigen Rheinbrohl bei Bad Hönnigen bis knapp vor Regensburg. Kaiser Trajan (98–117) begann den Bau einer Kastellkette mit Wachtürmen da-

DER HAUPTEINGANG des rekonstruierten Kastell Saalburg bei Bad Homburg. Mitte des 2. Jahrhunderts wurde das ehemals hölzerne Kastell in Steinbauweise inklusive Badeanlage erweitert.

Der Limes verläuft quer durch Europa und darüber hinaus. Mit über 5000 Kilometern erstreckt er sich durch zwei Dutzend Staaten, vom Norden Englands bis ans Schwarze Meer, in den Nahen Osten und durch Nordafrika.

zwischen. Hadrian (117–138), der 97/98 als Militärtribun in Mainz stationiert war und den nach ihm benannten Wall an der englisch-schottischen Grenze errichten ließ, ließ einen Palisadenzaun bauen, der die Grenzlinie in Germanien erstmals fixierte. Unter Antonius Pius (138–161) erreichte der Limes nach mehreren Verschiebungen Richtung Norden und Osten seine äußerste Grenze. Hier war das legendäre *imperium sine fine* also doch an ein Ende gekommen. Und dieses Ende perfektionierten die Römer zu einem einzigartigen Grenzsystem und gleichzeitig zum größten Bauprojekt, das jemals in Europa verwirklicht wurde.

Begonnen hatten die Römer mit Palisaden und Gräben, die im Laufe der nächsten 250 Jahre meistenteils durch Steinmauern ersetzt wurden, von bis zu drei Metern Höhe und mehr. Es muss ein einschüchternder Anblick für die Germanen gewesen sein, wenn sie vor einer solchen Mauer standen, zumal die Germanen selber des Steinbaus nicht sonderlich mächtig waren. Noch im Mittelalter, als die Besatzung durch die Römer längst im Dunkel der Geschichte lag, konnte man sich nicht erklären, wie diese langen Schneisen und Steinmauern in die Wälder gekommen waren und schrieb sie dem Teufel zu, wodurch der Begriff Teufelsmauer entstand.

TEUFELSMAUER UND »NASSER LIMES«

Hinter den Palisaden hoben die Römer Gräben aus und häuften Wälle auf, um eine Überwindung der Grenze noch schwieriger zu machen. Dazu errichteten sie quadratische Türme, circa acht bis zehn Meter hoch, die in Sichtabstand zueinander nicht nur der Überwachung der Grenze, sondern auch der schnellen Nachrichtenübermittlung durch Licht- oder Hornsignale dienten. Insgesamt gab es am Obergermanisch-Raetischen Limes über 900 solcher Wachtürme. Sie wurden jeweils von fünf bis zehn Soldaten besetzt, rekrutiert aus etwa 120 größeren und kleineren Kastellen (lat. *auxilia*), die einen Teil der gesamten Grenzanlage bildeten. Zusätzlich gab es die größten Kastelle, in denen bis zu 1000 Mann Kavallerie (lat. *ala*) untergebracht waren. Im heutigen Aalen sind noch die Grundmauern eines solchen Lagers zu sehen. *Ala secunda flavia milliaria* war das größte Reiterlager nördlich der Alpen, mit einer Fläche von 277 mal 214 Metern und über 1000 Reitern mit jeweils zwei Pferden. Bei Bedarf konnten die Reiter bis zu 100 Kilometer am Tag zurücklegen und als »schnelle Eingreiftruppe« rasch an die diversen Einsatzorte kommandiert werden. Insgesamt waren rund 35 000 römische Soldaten entlang des Limes stationiert.

Einen großen Teil des Limes machen die Ströme Rhein und Donau als natürliche Grenzen aus, weswegen diese Teile auch »Nasser Limes« genannt werden. Wie auch am restlichen Limes wurden diese »nassen« Grenzen zusätzlich durch Kastelle, verbindende Straßen und Legionslager gesichert. Im Archäologischen Park Xanten, der als Vetera Castra drittgrößten Stadt des Römischen Reiches nördlich der Alpen, lässt sich die römische Vergangenheit beeindruckend nachvollziehen. Denn nicht nur Soldaten lebten hier; zu ihnen gesellten sich in den *vici* genannten Lagerdörfern Familienangehörige, Handwerker, Händler, Prostituierte und allerlei sonstiges Volk, das sich in den neu eroberten Gebieten ansiedelte. Die Dörfer um die jeweiligen Kastelle prosperierten, da durch die meist gut besoldeten Soldaten ein sicherer Absatz garantiert war.

MAUERRESTE AM BUCHER STAUSEE Zum Kastell Buch bei Buch im Ostalbkreis gehörte diese Therme, die auch von der Zivilbevölkerung genutzt wurde (oben).
DAS LIMESTOR DALKINGEN wurde zunächst als Grenzdurchgang genutzt und unter Caracalla zum Triumphtor ausgebaut. Mit über neun Metern Höhe und über zwölf Metern Breite dürfte es Eindruck gemacht haben (unten).

DAS LIMESMUSEUM AALEN ist das größte Museum am Obergermanisch-Raetischen Limes. Es steht auf dem Gelände des größten römischen Reiterkastells nördlich der Alpen (oben).
DAS OSTKASTELL bestand von 160 bis um 220 n. Chr. und bot auf 1,6 Hektar bis zu 400 Soldaten Platz. Neben den Gebäuden des Kommandeurs und seines Stabes, gab es Holzbaracken für die Soldaten sowie Bade- und Speicherhäuser aus Stein (rechts).

BLÜHENDER HANDEL

Dazu gab es an den torbewehrten Übergängen Märkte, an denen sich auch die »Barbaren« jenseits des Limes beteiligen konnten. Wie man aus Funden auf der germanischen Seite weiß, haben diese auch reichlich römische Waren bezogen. Der Limes war also keine undurchlässige Grenze, sondern auch ein Ort der Begegnung und des kulturellen Austauschs, was besonders auch für den »Nassen Limes« galt, der zwar Grenze, doch gleichzeitig auch Handelsweg war. Die Grenzanlagen selbst dienten wohl mehr der Zuzugskontrolle und der Überwachung des Warenverkehrs. Denn natürlich siedelten sich auch auf der germanischen Seite immer mehr Menschen an, die von dem regen Handel profitieren wollten. Die Germanen, die hauptsächlich in verstreuten Weilern wohnten und kaum befestigte Wege oder gar Straßen kannten, dürften einigermaßen beeindruckt von den römischen Siedlungen gewesen sein. Zum Römischen Reich

zu gehören, schien vielen durchaus ein Anreiz zu sein, in den Römern nicht nur feindliche Besatzer zu sehen, sondern auch die Möglichkeit, ihr eigenes Leben und das ihrer Familien und Sippen deutlich zu verbessern.

Gegen Mitte des 3. Jahrhunderts begann der Anfang vom Ende des Limes, wobei es sich wohl eher um einen langwierigeren Prozess der allmählichen Veränderung handelte. Das Römische Reich war durch Bürgerkriege und innere Machtkämpfe geschwächt. Gegen Mitte des 3. Jahrhunderts begann der Anfang vom Ende des Limes, wobei es sich hierbei wohl eher um einen langwierigen Prozess der allmählichen Veränderung handelte. Das Römische Reich war durch Bürgerkriege und innere Machtkämpfe geschwächt. Die Angriffe verschiedener Völkergruppen aus dem Norden und Osten nahmen zu, genauso wie die Vermischungen der unterschiedlichen Kulturen, die in diesem Siedlungsgebiet aufeinandertrafen. Ein großer Teil der römischen Soldaten der Donauprovinzen wurde abgezogen, weil sie an anderen Brennpunkten des Reiches nötiger schienen. Das nutzten wiederum die Germanen für Plünderungen und Zerstörungen. Der Wiederaufbau stagnierte; auch durch die fehlende Kaufkraft der Soldaten und deren Tross, was wiederum zum wirtschaftlichen Niedergang der betroffenen Provinzen am Limes führte. Die Mauern und die Kastelle verfielen im Laufe der Jahrhunderte. Erst Mitte des 19. Jahrhunderts begann man mit Ausgrabungen und Forschungen. Einer der bekanntesten Förderer dieser archäologischen Untersuchungen war Kaiser Wilhelm II., der schon als Junge von der Antike begeistert war.

Der Limes als durchlässige Grenze des Reiches war nicht nur für die Römer wichtig, sondern auch für die Entwicklung des späteren Deutschlands prägend, da sowohl einige Gemarkungs- und Stadtgrenzen als auch wichtige Verkehrsrouten immer noch seinem Lauf folgen.

Wikinger-Metropole im Grenzgebiet

HAITHABU UND DANEWERK –
DIE ANDERE SEITE DER WILDEN NORDMÄNNER

Als die Normannen 1066 England eroberten, endeten in Jütland, an den Ufern der Ostseeförde Schlei, das blühende Leben der Stadt Haithabu und damit die rund 300 Jahre, die man heute Wikingerzeit nennt. Haithabu, von dessen Existenz man lange nur aus schriftlichen Quellen wusste, wurde erst um 1900 wiederentdeckt, als der dänische Prähistoriker Sophus Müller es innerhalb des halbkreisförmigen Walls wähnte, der noch erkennbar war. Erste Grabungen bestätigten seine Vermutung und gleichzeitig den ungewöhnlich glücklichen Umstand, dass das Gelände der seit rund 900 Jahren verschwundenen Stadt nie überbaut wurde. Zudem bleiben in den feuchten, sauerstoffarmen Böden nicht nur anorganische, sondern auch vergängliche Materialen gut erhalten. Daher kann man heute hier die wohl erste und größte Stadt Nordeuropas zwischen dem 8. und 11. Jahrhundert erforschen. Die Erkenntnisse, die man aus den bisherigen Funden ziehen konnte, sind schon enorm. Bedenkt man, dass bislang lediglich rund fünf Prozent des ca. 25 Hektar großen Areals erforscht wurden, bleibt die Vorfreude auf viele weitere, denn, wie Claus von Carnap-Bornheim, der Direktor des Archäologischen Landesmuseums in Schleswig, es begeistert formulierte: »Haithabu ist archäologisch kontaminiert.«

KUNSTFERTIGE HANDWERKER UND HANDELSREISENDE

Haithabu wurde um 770 an einer strategisch idealen Stelle Jütlands gegründet. Am Ende der Schlei, einem Seitenarm der Ostsee, am Haddebyer Noor gelegen, verfügte es über ein sicheres Hafenbecken. An der schmalsten Stelle Jütlands war es nach Westen nur ein kurzer, mit Ochsenkarren zu befahrender Weg nach Hollingstedt, wo die Handelsgüter auf Schiffe umgeladen, über Treene und Eider in die Nordsee und von da, ohne die unwägbaren Skagerrak und Kattegat durchkreuzen zu müssen, in die damals bekannte Welt gebracht werden konnten – und umgekehrt. Und den Wikingern war, wie man aus Funden weiß, eine große Welt bekannt: Aus Afghanistan kam Quecksilber, aus dem Frankenreich Messing, und Walrosszähne kamen vom Weißen Meer. All diese Waren und eigenen Erzeugnisse wurden hier in Werkstätten kunstvoll verarbeitet.

Die Handelsbeziehungen der Wikinger inklusive Plünderungen, Raub, Sklaverei und Lösegeld durch Geiselnahmen erstreckten sich von Irland, den Britischen Inseln über Skandinavien bis nach Byzanz und Zentralasien. Haithabu wurde die kulturelle und wirtschaftliche Drehscheibe in einem riesigen internationalen Netzwerk und fand Erwähnung in diversen Chroniken wie 804 in der *Vita Karoli Magni* des Gelehrten Einhard und um 965 in einem Reisebericht des Gesandten des Kalifen von Cordoba, Ibrahim ibn Yaqub. Im 10. Jahrhundert erlebte die Stadt ihre Blütezeit und war zwischen den Dänen und dem Fränkischen Reich heftig umkämpft: 934 besiegte Heinrich I., König des Frankenreichs (siehe S. 98 f.), die Dänen, die seit dem Friedensvertrag mit Karl dem Großen von 811 die Vorherrschaft hatten. 945 eroberte Gorm der Alte die Stadt zurück und nur drei Jahre später wiederum Kaiser Otto I., der auch selbst kam und sie zum Bischofssitz erhob (die erste christliche Kirche, die erste Dänemarks, gab es hier schon seit 850).

983 fiel die Stadt unter Harald Blauzahn, dem »ersten König der Dänen« (und Namenspatron des Funkstandards »Bluetooth«), wieder den Dänen zu und wurde 1050 in einer Schlacht zwischen dem norwegischen und dänischen König zerstört, kaum wieder aufgebaut und 1066 schließlich von

IM WIKINGER-MUSEUM wurden verschiedene Häuser nach den neuesten originalen Funden errichtet und auch ausgestattet.

INSGESAMT WURDEN BISHER sieben Häuser rekonstruiert, deren Flechtwände mit Lehm verputzt wurden. Zwischen den Häusern lagen auch früher Bohlenwege, damit man mit halbwegs trockenen Füßen vorankam.

den Westslawen geplündert und gebrandschatzt. Die verbliebenen Einwohner siedelten ans andere Ufer der Schlei, nach Schleswig. Zusammen mit der Schlacht von Stamford Bridge markiert der Untergang Haithabus auch das Ende der Wikingerzeit.

Der Hafen bildete das Zentrum der mit 1500 bis 2000 Einwohnern größten Stadt des Nordens. Man baute Stege und Landungsbrücken, die stetig vergrößert wurden, weil der Hafen gleichzeitig auch als Marktplatz und Müllhalde diente und die Schiffe größer wurden. Bisher fand man im Hafenbecken 1600 Pfostenstandorte. Und man entdeckte mittels seismischer Untersuchungen mehrere Schiffe, vom Einbaum bis zu einem ca. 16 Meter langen Wrack, das sich in der Rekonstruktion als Teil eines 30 Meter langen Schiffes mit 24 bis 26 Ruderbänken entpuppte. Die »Haithabu 1« war bis zum Fund der »Roskilde 6« (1996 im Roskildefjord) das größte gefundene Wikingerschiff und ist im Wikinger Museum Haithabu zu besichtigen. Sie wurde nach 985 in nordischer Klinkerbauweise gebaut, wobei die Planken überlappend angebracht und mit in engen Abständen geschlagenen Eisennieten zusammengefügt und kalfatert wurden. Zwischen 990 und 1010 wurde sie offenbar mit Heu und Reisig gefüllt und in Brand gesetzt – sehr wahrscheinlich im Zusammenhang mit einem Angriff auf die Stadt selbst.

DANEWERK – DER LIMES DER WIKINGER

Im 10. Jahrhundert wurde Haithabu in das Verteidigungs- und Grenzsystem des Danewerks, einer Art nordischen Limes, eingebunden. Dieser insgesamt ca. 30 Kilometer lange Wall, das größte archäologische Bodendenkmal Nordeuropas, besteht aus mehreren Teilstücken und schützte – neben den natürlichen Gegebenheiten durch Flüsse und Moore – das dänische Königreich vor Eindringlingen aus dem Süden wie Franken, Sachsen und Slawen.

Die frühesten Teile des sogenannten Hauptwalls stammen aus dem 5. Jahrhundert und waren eine Kombination aus Gräben und bis zu vier Meter hohen und 15 Meter breiten Aufschüttungen, die mit Grassoden, Stämmen und Ästen verstärkt wurden. Zusammen mit dem Krummwall, der ab dem 8. Jahrhundert errichtet wurde, reichte die Grenzanlage von der Treene bei Hollingstedt entlang der

DER DÄNISCHE KÖNIG WALDEMAR I. (1131–1182) ließ die Mauer nach dem Friedensschluss mit Heinrich dem Löwen 1157 zur Sicherung seines Reiches errichten, um die ständige Bedrohung von Süden her abzuwenden.

Rheider Au zehn Kilometer weit nach Osten. Die Bedrohung, der sich die Dänen damals ausgesetzt sahen, lässt sich auch daran erkennen, dass sie die Wälle nach und nach mit Palisaden stabilisierten, wofür sie rund 30 000 Eichen fällten. Noch dazu wurde der Hauptwall im 9. Jahrhundert zusätzlich mit rund 20 Millionen Feldsteinen von der Ostseeküste verfestigt.

Natürlich brauchte man bei einer derartigen Grenzanlage, die sich über das ganze Land erstreckte, auch einen Durchlass. Das Wiglesdor, das schon in der *Vita Karoli Magni* Erwähnung fand, wurde erst 2010 entdeckt. Es bildete den einzigen offiziellen, landfesten Grenzübergang zwischen Mitteleuropa und Skandinavien und stammte wohl aus dem 6. Jahrhundert. Es handelt sich um einen ca. sechs Meter breiten Hohlweg, in dem Wagenspuren aus der Wikingerzeit gefunden wurden. In diesem Nadelöhr konnte alles, was von Süd nach Nord und umgekehrt transportiert wurde, kontrolliert und mit entsprechenden Gebühren versehen werden – und das über sieben Jahrhunderte lang. Dann wurde es zugeschüttet. Heute steht in unmittelbarer Nähe das Danevirke Museum.

Ab 930 erhielt Haithabu den bis zu neun Meter hohen, halbkreisförmigen Palisadenschutzwall, der im 19. Jahrhundert zur Wiederentdeckung der Stadt führte. Der letzte Höhepunkt des Grenzausbaus kam schließlich ab 1163 mit der nach ihrem Erbauer benannten Waldemarsmauer. Sie war seinerzeit ca. 3,7 Kilometer lang und ragte bis zu sieben Meter aus der Ebene, wofür 6,5 Millionen Ziegel vor Ort gebrannt wurden. Sie war das erste und größte Ziegelbauwerk in Nordeuropa und endete im Mittelalter, wie so viele Bauten, als Steinbruch. Heute sind noch 80 Meter davon zu besichtigen.

Viel Neues über die Wikinger wurde durch die archäologischen Ausgrabungen in Haithabu und am Danewerk entdeckt und erforscht, sodass eines als gesichert gilt: Sie waren nicht nur grandiose Seefahrer und blutrünstige Krieger, sondern auch geschickte Handwerker und gewiefte, gleichsam weltweit agierende Händler. Und bei alldem trugen sie keine Hörner auf ihren Helmen. Diese wurden ihnen erst von Richard Wagner bei der Uraufführung seines *Ring des Nibelungen* 1876 optisch angedichtet. Die Wikinger selbst nutzten weitaus praktikablere und sicherere Brillenhelme – und diese hornlos.

MITTELALTER

Von Klöstern, Kirchen und Kaisern

Ein Kloster als Mittler zwischen den Zeiten

LORSCH – KLEINOD MIT WIESE

Als der germanische Söldnerführer Odoaker im Jahr 476 den letzten weströmischen Kaiser, Romulus Augustulus, stürzte und sich selbst zum König ausrief, endete die Antike, so sagt man. Das Römische Reich existierte nur noch im Osten als Byzanz mit der Hauptstadt Konstantinopel, dem heutigen Istanbul. Aber wurde das auch damals so gesehen? Insofern scheint die Formulierung des Historikers Hagen Schulze passend: »Im Westen war das römische Kaisertum verschwunden, aber keiner der germanischen Könige zweifelte daran, dass das Römische Reich fortdauerte.«

Im 8. Jahrhundert beginnen die Karolinger mit ihrer Art des »neuen« Kaisertums. Karl Martell (um 690–741), Hausmeier des fränkischen Reiches, hat mit seinem Sieg über die Araber 732 bei Poitiers zwar nicht das Abendland gerettet, aber seinem Geschlecht einen nicht zu unterschätzenden Einfluss verschafft. Sein Sohn Pippin der Jüngere wurde schließlich 751 zum König der Franken gewählt. Dessen Sohn wiederum war der spätere Karl der Große.

In Rom selbst schickte sich die Kirche an, die Formen des römischen Kaisertums zu übernehmen. Das Christentum, das durch seine Beförderung zur alleinigen Staatsreligion zu einem bedeutenden Machtfaktor wurde, entwickelte sich zu einem verbindenden Element in Europa. Indem sich die Könige der Franken selbst durchaus als Nachfolger der römischen Imperatoren verstanden und über ein ähnlich großes Reich regierten, wurden die Könige nicht Könige des Frankenreichs, sondern des Römischen Reiches. Und weil sie sich als Könige nach Gottes Willen betrachteten, wurde es das Heilige Römische Reich genannt. Und so wie auch das antike Römische Reich fast tausend Jahre bestand, hatte auch das mittelalterliche Heilige Römische Reich eine etwa tausendjährige Geschichte, bis es 1806 zu Grabe getragen wurde.

Latein war die verbindende Sprache der Machtelite, der Religion und der Verwaltung. Und die christlichen Klöster waren mit ihren Bibliotheken wiederum Bewahrer dieser Tradition. Hier wurden die Schriften der römischen und griechischen Denker bewahrt und durch aufwendige Kopien weiterverbreitet.

ZWISCHEN ANTIKE UND RENAISSANCE

Eines der bedeutendsten Klöster nördlich der Alpen war das Kloster Lorsch, von dem nur mehr ein kleines Gebäude, die Torhalle, erhalten blieb, das dennoch seit 1991 zum UNESCO-Weltkulturerbe zählt. In diesem Fall kann man vielleicht sagen, dass weniger das Gebäude, so exquisit und selten es auch ist, im Mittelpunkt dieser Nominierung stand als vielmehr die historische Bedeutung des Klosters als Vermittler zwischen Antike und Karolingischer Renaissance einerseits und zu unserer Zeit andererseits.

Das Kloster Lorsch war eine Gründung des Grafen Cancor im Rheingau († 771) und dessen Mutter Williswinda im Jahr 764. Diese beiden übereigneten es dem Erzbischof Chrodegang von Metz, praktischerweise ein Verwandter, der es mit Mönchen seines Bistums bevölkerte. Die erste Kirche wurde auf einem Areal an der Weschnitz gebaut. Von ihr ist allerdings nur eine erhabene Wiese zu sehen, die sogenannte Kreuzwiese, die als Altenmünster auch zum UNESCO-Weltkulturerbe gehört.

Chrodegang unterhielt gute Beziehungen zu Rom und so schickte ihm Papst Paul I. schon ein Jahr nach der Gründung die Gebeine des ziemlich unbekannten Märtyrers Nazarius. Dieser war ein römischer Soldat, der zum Christen-

UNTER KURFÜRST FRANZ LOTHAR von Schönborn, Erzbischof von Mainz, wurde die Torhalle im 17. Jahrhundert als Kapelle seiner Jagdresidenz genutzt und erhielt den Dachreiter samt Glocke. Seitdem wird die Torhalle auch »Kapellche« genannt.

Eine heilige Reliquie legte für Kloster Lorsch, wie für viele Klöster des Mittelalters, den Grundstein für Ansehen und Reichtum.

tum übergetreten war und in Italien und Gallien wirkte, bis ihn 304 das Martyrium ereilte und er heiliggesprochen wurde. Für das Kloster war die Person des Heiligen weniger bedeutend als die Tatsache, dass die Reliquien ein Geschenk des Papstes waren. Allein dieser Umstand verlieh dem Kloster entsprechende Bedeutung und Ansehen. Der Reichtum des Klosters war wiederum eine Folge der heiligen Reliquien. Diese spielten im Mittelalter eine heute kaum noch nachvollziehbare Rolle. Viele Pilger kamen, um sie zu sehen und vor ihnen zu beten. Ein Kloster mit einem solchen Schatz durfte auf viele Schenkungen und Spenden hoffen, die neben Geld, Mühlen und Äckern auch ganze Dörfer sein konnten. In der Folge wurde das Kloster Lorsch zu einem der größten Grundbesitzer am Rhein, dessen Besitzungen von den Alpen bis zur Nordsee zu finden waren.

KOSTBARER REST

Das Kloster Lorsch war auch bekannt für seine Buchproduktion und seine Bibliothek, mit 600 Bänden eine der größten des Mittelalters. Für die Produktion war eine große, funktionierende Viehwirtschaft wichtig, weil die Bücher auf Pergament, bearbeiteter Tierhaut, meist Kalb oder Ziege, geschrieben wurden. So benötigte man für das berühmte *Lorscher Evangeliar*, das hier um 810 entstand, eine ganze Kälberhaut für ein Doppelblatt des kostbaren Buchs. Es wurde wahrscheinlich für die Ausstattung der Aachener Pfalzkapelle geschaffen und befindet sich heute in der Bibliothek des Vatikans und in der Nationalbibliothek in Bukarest. Wohl kurz zuvor entstand das *Lorscher Arzneibuch*, das das Erste war, das antike Medizin mit dem christlichen Glauben verband. Es befindet sich heute in der Bamberger Staatsbibliothek und gehört seit 2013 zum UNESCO-Weltdokumentenerbe.

Von all dem Ruhm und Reichtum ist nur noch die kleine Torhalle geblieben, die Mitte des 9. Jahrhunderts erbaut wurde. Dass es sich dabei um etwas Besonderes handeln musste, kann man an der Architektur und am Dekor erkennen. Die Torhalle stand schon immer frei in einem rechteckigen Vorplatz und bezog sich mit ihren drei Durchgängen auf die dahinterliegende Kirche. Dieser triumphbogenartige Torbau mit seiner antikischen Säulenordnung verweist auf Rom, den absoluten Bezugspunkt, was Macht, aber auch Architektur anging, im Speziellen auf den Konstantinbogen. Im Obergeschoss, das über die beiden schlichten, rekonstruierten Treppentürme an den Schmalseiten erreicht wird, befindet sich ein ursprünglich flach gedeckter Saal, den seit dem 14. Jahrhundert ein Tonnengewölbe überspannt. Sehr wahrscheinlich war dieser für den König bzw. Kaiser vorgesehen, wenn er denn hier weilte.

Insgesamt wirkt dieses wirklich kleine Kleinod mit seiner elaborierten rot-weißen Wandverkleidung und der aufwendigen Blendarkatur mit Dreiecksgiebeln im Obergeschoss wie ein kostbarer Schrein oder eine übergroße Schatztruhe. Das einzig vielleicht vergleichbare Bauwerk wäre in der spätantiken Anlage des konstantinischen Petersdoms in Rom zu finden gewesen, wo es ebenfalls eine derartige »Empfangsarchitektur« gab. Die genaue Bauzeit ist umstritten, sie fällt entweder in die Regierungszeit Karls des Großen oder in die Zeit danach. Unumstritten ist jedoch, dass es sich um einen außergewöhnlichen und außergewöhnlich qualitätsvollen Bau aus der Zeit des mittelalterlichen Römischen Reiches handelt.

Das Kloster selbst wurde im Zuge der Reformation 1564 aufgehoben und im Dreißigjährigen Krieg niedergebrannt und als Steinbruch ausgebeutet. Nur die Torhalle blieb als eines der ältesten Steinhäuser Deutschland bestehen.

DIE KÖNIGSHALLE im Obergeschoss der Torhalle zeigt Teile der originalen Wandmalerei und eine Rekonstruktion der Scheinarchitektur.

Ein Zentrum am Rande des Reiches

REICHENAU – KLOSTER, KIRCHEN UND GEMÜSE

Wenn man am Untersee des Bodensees über den 1838 aufgeschütteten Damm auf die kleine Insel Reichenau kommt, wähnt man sich in einem abgeschiedenen Stück Welt, das idyllischer wohl kaum gelegen sein kann. Schwer zu glauben, dass hier vor 1300 Jahren noch Urwald wucherte. Und auch kaum zu glauben, dass daraus in kurzer Zeit ein kulturelles und politisches Zentrum des ostfränkischen Reiches unter der Herrschaft der Karolinger und Ottonen wurde.

Die Benediktiner waren zu der Zeit noch ein verhältnismäßig junger Orden. Benedikt von Nursia (um 480–547) gründete auf dem italienischen Monte Cassino die erste christliche Ordensgemeinschaft und gab ihr die Regeln, die die nächsten Jahrhunderte für viele Orden verbindlich waren. Die berühmteste ist wohl das Diktum *ora et labora*, »bete und arbeite«, das die Grundlage der Benediktinermönche war. Nach der Zerstörung des Klosters auf dem Monte Cassino 577 durch die Langobarden wendeten sich die Mönche an Papst Gregor den Großen, der ihnen die Missionierung der Angelsachsen auftrug, womit sie besonders in Irland sehr erfolgreich waren. Die irischen Mönche machten sich ihrerseits auf, den Kontinent nach den Wirren der Völkerwanderung zu missionieren – gleichfalls mit Erfolg. Einer der irischen Mönche war Pirmin (um 670–753),

der von Karl Martell (688–741), Regierungschef der frühen Karolinger, den Auftrag erhielt, in der urwäldlichen Einöde der Bodenseeinsel Reichenau ein Kloster zu gründen. Pirmin tat wie ihm geheißen, gründete 724 das Kloster Mittelzell und errichtete die erste Kapelle, die noch aus Holz war.

DAS KLOSTER WÄCHST

Das Kloster entwickelte sich rasch, nicht zuletzt wegen der hervorragenden Verbindungen der jeweiligen Äbte zu den weltlichen Herrschern. Heute, in den Zeiten des zunehmenden Klostersterbens, kann man den enormen Einfluss und die Bedeutung der Klöster und ihrer Äbte nur mehr schwer nachvollziehen. Damals war das noch fundamental anders. Die Äbte Waldo (786–806) und Haito I. (806–823) waren engste Vertraute Karls des Großen, der mitsamt seiner Gattin und seinem Bruder das Kloster durch Schenkungen und Steuerfreiheit förderte, sodass schon 816 der steinerne Neubau errichtet werden konnte. Teile davon sind heute noch im Querhaus und der Vierung erhalten.

Die steten Erweiterungen der Kirche und des Klosters zeugen vom wirtschaftlichen Erfolg. Dass heute davon nur mehr so wenig zu sehen ist, liegt daran, dass die meisten Gebäude aus Holz die Zeiten nicht überstanden haben. Einen Eindruck von der Anlage kann man bekommen, wenn man den berühmten Klosterplan von St. Gallen betrachtet. Er entstand hier um 820 und war, wie der Name verrät, für den Klosterbau in St. Gallen gedacht. Der Plan zeigt den Aufbau eines Klosters inklusive aller geistlichen und weltlichen Gebäude. Es ist ein Idealplan, der das Kloster als einen Ort klarer Ordnung als Gegenentwurf zu den Wirren der äußeren Welt darstellt.

DIE KLOSTERINSEL REICHENAU im Bodensee von Allensbach aus gesehen. An der rechten Landspitze kann man Sankt Peter und Paul erkennen.
DAS MÜNSTER ST. MARIA UND MARKUS auf der Nordseite der Insel. In der Schatzkammer befindet sich der Markusschrein von 1305 mit Reliquien des Evangelisten. Weitere Reliquien des Heiligen sind im Markusdom in Venedig und in der Markuskathedrale in Kairo verwahrt. ▽

UM 1750/1760 wurde das Innere der romanischen Säulenbasilika St. Peter und Paul im Osten der Insel tief greifend im Stil des Rokoko umgestaltet.

Bis 990 erhielt das Langhaus der Klosterkirche St. Maria und St. Markus seine heutige Form; 1006 machte ein Brand eine Neugestaltung des Westbaus nötig, von dem noch der Turm über der Apsis erhalten blieb. Bei der Weihe 1048 wurde die Bedeutung des Klosters durch den Besuch des Kaisers Heinrich II. erneut bestätigt.

EIN REICHER GARTEN FÜR KUNST UND BOTANIK

Auf der nicht einmal fünf Quadratkilometer großen Insel im Bodensee wurden in relativ kurzer Zeit noch zwei weitere Kirchen errichtet: St. Georg im Osten und St. Peter und Paul in Niederzell. Währenddessen hatten sich die Machtverhältnisse im Reich geändert. Die Karolinger, deren Macht mit Karl dem Kahlen und Ludwig dem Kind zu Ende ging, wurden knapp hundert Jahre später vom nächsten starken Herrschergeschlecht abgelöst: 962 wird der Sachse Otto der Große in Rom zum Kaiser gekrönt. Von diesen Umwälzungen scheinen die Mönche auf der Reichenau nicht sonderlich erschüttert gewesen zu sein, ganz im Gegenteil: Hier entwickelte sich ein Zentrum der Buch- und Wandmalerei, das ganz besondere Voraussetzungen bot, was die Fähigkeit der Schreiber und Maler wie auch die wirtschaftliche Potenz des Klosters selbst anging. Denn gerade für die Buchmalerei benötigte man eine reiche Viehwirtschaft, wurden die Psalter, Codices und Bibeln ja auf Pergament, also bearbeiteten Tierhäuten von Kälbern, Schafen oder Ziegen geschrieben. Für kleinere Handschriften mit 150 bis 250 Blättern waren 30 bis 60, für große Bibeln bis zu 600 Tierhäute nötig. Dazu kamen die Farben, Tinten, Gold, Elfenbein und Edelsteine für die oft aufwendigen Buchdeckel. In der Reichenauer Schule entstanden eine Reihe der wichtigsten, schönsten und einflussreichsten Handschriften des Mittelalters, wie der Gero-Codex (um 970), der Codex Egberti (um 980) des Erzbischofs von Trier, das Evangeliar Ottos III. (um 990) und das berühmte Perikopenbuch Heinrichs II., das von 1007 bis 1012 hier geschaffen wurde. Die Reichenauer Bibliothek hatte mit ca. 500 Büchern fast ebenso viele wie das Kloster in Lorsch.

Doch nicht nur die Buch-, auch die Wandmalerei fand auf der Reichenau zu einem Höhepunkt. Noch in der Regierungszeit Karls des Großen stiftete der Veroneser Bischof Egidius die Kirche St. Peter und Paul im Westen der Insel,

DIE FRESKEN VON ST. GEORG zeigen Szenen aus dem Leben Jesu, in denen er Wunder gewirkt hat, wie die Heilung der Aussätzigen und die Auferweckung des Lazarus. **DER OFFENE DACHSTUHL** im Münster St. Maria und Markus. ▽

deren heutiges Erscheinungsbild aus dem ersten Jahrhundert des letzten Jahrtausends stammt. Bei Renovierungsarbeiten im 19. Jahrhundert wurden grandiose Wandmalereien aus dem 12. Jahrhundert entdeckt, die unter anderem den thronenden Christus als Weltenrichter zeigen.

DEM HEILIGEN GEORG SEI DANK

Es gibt nicht viele erhaltene Beispiele der Wandmalerei aus dieser Zeit in Deutschland, aber just hier auf der Insel entdeckte man in der dritten Kirche, St. Georg, eine weitere derartige Kostbarkeit. In St. Georg in Oberzell befindet sich der größte und vollständigste Wandzyklus des Mittelalters. Abt Hatto I. (888–913), in Personalunion Abt des Klosters in Lorsch, Erzbischof von Mainz und Erzkanzler König Arnulfs von Kärnten, war der wohl mächtigste Abt der Reichenau. Er erhielt 896 vom Papst einen Teil des Hauptes des hl. Georg. Heilige wurden im Mittelalter gern stückweise vergeben, damit mehrere Kirchen und Klöster von der Heilswirkung und dem entsprechenden Zulauf an Pilgern profitierten. Daraufhin wurde um 900 eine der ältesten Georgskirchen gegründet: eine dreischiffige Basilika mit Vierungsturm, Ostchor und einer Krypta, in der der heilige Schädel wohl präsentiert wurde. Die gesamte Kirche wurde bemalt: Kapitelle mit Palmetten, Mäanderbänder, Abtbildnisse zwischen den Arkadenbögen, Prophetengestalten zwischen den Fenstern und ein Zyklus mit den Heilstaten Christi, der in einer Majestas Domini im Ostchor gipfelt.

Die Reichenau war und ist aufgrund ihrer speziellen Lage, ihres milden Klimas, ihrer einflussreichen Äbte und fleißigen Mönche schon immer ein reicher Garten gewesen. Daher ist es wohl kein Zufall, dass hier auch *De cultura hortorum* entstand. Walahfried Strabo schuf damit ab 838 das erste Buch über die Kunst des Gartenbaus. Und seit Gründung des Klosters gab es auch Weinanbau, allerdings nur bis 1929. Denn in diesem strengen Winter erfroren die meisten Weinstöcke und man stieg komplett auf das robustere Gemüse um. Im Zuge der Flurbereinigung in den 1970er-Jahren wurde der Weinbau an den für Gemüse weniger geeigneten Hangflächen erfolgreich weitergeführt.

Das steinerne Herz des Heiligen Römischen Reiches

DIE PFALZKAPELLE VON AACHEN – ARCHITEKTUR DER MACHT

Architektur ist oft auch ein Symbol: Wenn man ein Bild für das Reich Karls des Großen erfinden wollte, käme man wohl schlussendlich auf ein Gebäude wie die Pfalzkapelle in Aachen. Sie ist geradezu ein Paradebeispiel für einen in Architektur gegossenen Machtanspruch, für die steingewordene Idee des Reichs.

Nach vielen Kämpfen und Feldzügen, Eroberungen und Friedenschlüssen in ganz Europa rückte das riesige Frankenreich weiter Richtung Osten. Um seiner geografischen Neugestaltung Rechnung zu tragen, entschloss sich Karl der Große (um 747–814), auch das ideelle Zentrum von St. Denis bei Paris und Metz, dem Stammland seines Geschlechts, nach Aachen zu verlegen.

Hier badeten schon die Römer in den *aquae granni*, den Thermalbädern. Hier lag der strategisch und ideell geeignete Platz zur Umsetzung von Karls großem Plan eines Reichs, das nicht weniger als die Wiedergeburt bzw. die Wiederauferstehung des Römischen Reichs in neuer Form sein sollte. Und hier in Aachen rief Karl die Geistesgrößen seiner Zeit zusammen, um das Römische Reich in neuem Glanz erstehen zu lassen. Das Leitwort lautete *renovatio imperii* und mit seiner Hofschule unternahm Karl alles Mögliche, die Idee mit neuem und altem Wissen und Leben zu füllen. Daher spricht man auch von der karolingischen Renaissance. Um nicht nur ideologisch, sondern auch architektonisch an das Römische Reich anzuschließen und es noch zu übertreffen, besannen sich Karl und sein Baumeister auf ein spätantikes Vorbild, die Kirche des Theoderich in Ravenna, San Vitale. Doch was Karls Baumeister, Odo von Metz, aus dem Vorbild machte, war genauso eigen wie das Reich, das Karl führte. Aber im Gegensatz zu diesem hat die Pfalzkapelle die Zeiten überdauert.

Das Zentrum dieses symbolischen Reichs bildet ein überwölbtes Oktogon, das sich zweistöckig in Pfeilerarkaden bis zum Gewölbe mit 32 Metern erhebt. Das Erdgeschoss bildet dabei eine Art Sockel, dessen Bögen sich mit geknickten Pfeilern abwechseln. Darauf erhebt sich das Hauptgeschoss, in dessen Arkaden je zwei übereinanderstehende Arkadenordnungen eingestellt sind. Darüber befindet sich das Kuppelgewölbe, das lange Zeit einzigartig war. Es war das erste nachantike Großgewölbe und mit seinen 32 Metern Höhe über 200 Jahre lang auch das höchste Gebäude nördlich der Alpen.

EINE KIRCHE MIT ZWEI EBENEN

Das Erdgeschoss mit seinen wuchtigen Arkaden erscheint im Zusammenhang wie eine Unterkirche, worüber sich die Oberkirche in doppelter Arkadenhöhe erhebt. Die dadurch entstandene Trennung in eine niedere, fast profan wirkende und eine sakrale Sphäre wird durch die Säulen, die aus Rom und Ravenna stammen, sogenannte Spolien, und die zeitgenössischen Gitter betont. Die Oberkirche ist so vom Kernraum getrennt und erscheint in ihrer herrschaftlichen Würde hervorgehoben.

Im Westen der Oberkirche steht der Thron vis-à-vis dem Altar. Mit dieser Position wird der weltliche Herrscher dem Salvator Mundi, dem Retter der Welt, dem die Kirche neben Maria geweiht ist, gegenübergestellt und in die gleiche Höhe erhoben.

Um den zentralen Kuppelraum läuft ein 16-eckiger Umgang, der nicht nur sakralen Bedürfnissen dient, sondern auch für die Statik dieses außergewöhnlichen Baus große Bedeutung hat. Denn die Lasten einer derartigen Kuppel und die damit verbundenen statischen Probleme

IN DEM UM 1350 GESCHAFFENEN RELIQUIAR ist Karl der Große auch körperlich präsent, denn darin befindet sich seine Schädeldecke. Es wird in der Domschatzkammer aufbewahrt. Bis 2016 wurde die Büste zur jährlichen Verleihung des Internationalen Karlspreises im Dom aufgestellt.

dürften für Odo von Metz die größte Herausforderung gewesen sein, die er mit Bravour meisterte. Um die Kräfte aufzunehmen, sind zum einen die Oktogonpfeiler direkt mit den fünf Meter tiefen Fundamenten verbunden und zum anderen führen Mauern strahlenförmig zu den Fundamenteckpfeilern, was das Schrägdach von außen verdeckt. Es ist im Grunde eine Vorwegnahme des gotischen Strebesystems, dessen Perfektion rund 450 Jahre später im Chor des Kölner Doms geschaffen wurde. Damit die Kuppel selbst stabil bleibt, fügte Odo von Metz Rundanker ein, die den Kuppeldruck ebenfalls in die Mauern ableiten.

Man weiß nicht genau, wann die Arbeiten an der Pfalzkapelle begonnen haben, wahrscheinlich um 790. Im Jahr 787 besuchte Karl der Große jedenfalls Ravenna, wo er und Odo von Metz die Kirche von San Vitale gesehen und studiert haben, die die »Inspiration« für Aachen wurde. Um 798 wurden die Spolien eingesetzt, der Rohbau war also schon fertig. Nachdem Karl am Weihnachtstag im Jahr 800 in Rom zum Kaiser gekrönt wurde, erfolgte 805 die Weihe in Aachen durch Papst Leo III. Auch das war natürlich ein symbolischer und politischer Akt, der die Stellung Aachens als Zentrum des Reichs deutlich betonte.

ZEICHEN DER »VOLLENDUNG«

Zur symbolträchtigen Architektur gehören jedoch auch die Dinge, die man nicht auf den ersten Blick erkennt, die aber dem damaligen »Publikum« sicherlich bewusst waren. Die Zahl acht, die im christlichen Zusammenhang Vollendung bedeutet, weil Christus am achten Tag nach dem Sabbat auferstanden ist, findet man an vielen Stellen wieder. So ist der große Radleuchter, den Kaiser Friedrich I. Barbarossa stiftete, dem Oktogon entsprechend mit acht großen und acht kleinen Türmen verziert. Am Schrein Karls, den Barbarossas Enkel Friedrich II. bis 1215 fertigen ließ und der jahrhundertelang im Zentrum des Oktogons stand, sind auf jeder Seite acht Könige und Kaiser des Reiches abgebildet, was wiederum die gottgegebene und heilige Macht Karls symbolisieren sollte. An der Stirnseite sitzt er selbst und

Gott darüber segnet ihn und bestätigt damit noch einmal den göttlichen Anspruch. Der Schrein steht heute in der 1355–1414 gebauten Chorhalle, die wegen der etwa 1000 Quadratmeter großen Fensterfläche auch das »Glashaus von Aachen« genannt wird; leider wurde im Zweiten Weltkrieg fast die gesamte originale Bleiverglasung zerstört. Neben dem Karlsschrein befindet sich hier auch der Marienschrein mit den vier Aachener Heiligtümern, der Windel und dem Lendenschurz Jesu, einem Kleid Mariens und dem Leichentuch Johannes des Täufers.

Von der restlichen Anlage der einstigen Kaiserpfalz ist leider nur wenig erhalten. Denn eigentlich bestand sie aus vier Baukomplexen, der *aula regia*, einem Atrium, einem langen Verbindungsgang mit Gerichtshalle und schließlich der Kirche. Die *aula regia*, auf deren Grundmauern ab 1330 das Rathaus Aachens errichtet wurde, war der riesige (53 x18 m) Thronsaal Karls des Großen. Natürlich stammt auch hier das Vorbild aus der Antike, in diesem Fall aus der näheren Umgebung, von der Basilika in Trier. Und auch hier legte Karl Wert auf die Verbindung zur Tradition der römischen Kaiser und baute auf die symbolische und – bei dieser Größe – tatsächliche Wirkmacht der Architektur.

Mit der Pfalzkapelle in Aachen verbindet Karl der Große nicht nur sein Reich mit der Antike, sondern auch die geistliche Macht mit der weltlichen und in seinen Gedanken letztlich auch die Erde mit dem Himmel.

Aachen bildete nicht nur für Karl den Großen das ideelle Zentrum des Reichs, sondern auch für seine Nachfolger. Die Pfalzkapelle war bis 1531 Krönungskirche, in der die jeweiligen Kaiser mit dem Verweis auf Karl den Großen die Kontinuität mit ihm, mit dem Römischen und dem christlichen Reich heraufbeschworen.

DIE GOTISCHE CHORHALLE, das sogenannte »Glashaus von Aachen« östlich des Oktogons, entstand zwischen 1355 und 1414. Mit einer Höhe von 25,5 Metern gehören die gotischen Fensterflächen zu den höchsten ihrer Zeit.

DER DACHSTUHL des Aachener Doms (oben). **DAS BEEINDRUCKENDE ADLERPULT** wurde um 1450 gegossen. Auf dem Rücken des Adlers befindet sich seit 1874 eine Fledermaus, als symbolische Warnung vor dem Bösen (rechts oben). **DIE VIER MARMORPLATTEN** des Aachener Königsthrons stammen wahrscheinlich aus der Grabeskirche in Jerusalem. Auf der rechten Platte kann man ein eingeritztes Mühlespiel erkennen (rechts unten).
DAS REICH AUSGESTATTETE KUPPELGEWÖLBE erinnert an byzantinische Vorbilder. Das Mosaik zeigt Christus als Weltenherrscher, die Symbole der vier Evangelisten und die 24 Ältesten der Apokalypse. Es ist eine Neufassung von 1880/81 nach den wahrscheinlich ursprünglichen Motiven. ▽

Die symbolische Anwesenheit des Kaisers

CORVEY – HERRSCHERSITZ IM WESTWERK

Das Frankenreich nach Karl dem Großen orientierte sich vor allem in Richtung Osten. Im Jahr 822 gründeten die Benediktinermönche des Klosters Corbie bei Amiens ein neues Kloster mit dem Namen *Corbeia nova*, das heutige Corvey bei Höxter im Weserbergland.

Als Reichsabtei finanziert von Ludwig dem Frommen (778–840) erlangte Corvey schnell große Bedeutung. Einerseits als Pilgerstätte, nachdem 836 die Reliquien des hl. Vitus aus St. Denis bei Paris hierher überführt wurden, aber vor allem auch als Missionskloster der Sachsen.

Bereits 844 wurde die Kirche eingeweiht, eine dreischiffige Basilika mit Rechteckchor und halbkreisförmiger Apsis. Sie musste allerdings 1667 dem barocken Neubau weichen. Erhalten, und das weitgehend im originalen Bauzustand, hat sich jedoch das sogenannte Westwerk der ehemaligen Kirche, das von 873–885 errichtet wurde.

Das Westwerk war ein neuer Bautypus an der, wie der Name schon verrät, Westseite eines meist bestehenden Baus und war nur bedeutenden Kirchen wie Domen und Reichskirchen vorbehalten. Das erste bekannte Westwerk entstand 799 an der Klosterkirche Centula in St. Riquier in Nordwestfrankreich. Weitere, wie beispielsweise am Dom von Halberstadt (859) oder Hildesheim (851–872), sind nur durch Ausgrabungen bekannt. Das Westwerk von Corvey hat als das Einzige seiner Art die Zeitläufe nahezu unbeschadet überstanden. Der originale Außenbau sah allerdings etwas anders aus. Statt der heutigen Fassade mit zwei Türmen muss man sich eine Art Dreiturmfassade vorstellen, bei der der mittlere Turm die beiden äußeren überragte. 1146 ließ Abt Wibald von Stablo den Mittelturm jedoch abtragen und die äußeren Türme erhöhen. Das Obergeschoss wurde umgebaut, allerdings nur wenig, sodass es bei einer Renovierung nach dem Zweiten Weltkrieg wieder so weit wie möglich in den Originalzustand versetzt werden konnte.

DER SITZ DES HERRSCHERS

Lange Zeit war man sich nicht im Klaren darüber, welchem Zweck das Westwerk diente, da ein solcher Bauteil in keinen Quellen erwähnt wurde. Wenn man sich die Architektur jedoch genauer ansieht, spricht sie für sich selbst. Die Leitidee des Westwerks ist der quadratische Kernbau, der sich als Unter- und Oberkirche doppelgeschossig vor dem westlichen Langhaus der Basilika erhebt und von rechteckigen Nebenräumen eingefasst wird. Die ebenerdige, quadratische Eingangshalle gleicht einer Krypta. Vor dem dreimal drei Joche großem Quadrum liegt ein dreiteiliger Narthex (Vorraum), die sich in drei Bögen nach außen, zum ehemaligen Atrium des Klosters, öffnet. Die Kreuzgratgewölbe werden von vier Säulen getragen, die mit ihren korinthischen Kapitellen an die klassische Säulenordnung erinnern, wenn auch in etwas gedrungener Proportion. Die Pfeilerarkaden, die den zentralen Raum zu den rechteckigen Nebenräumen und der Kirche öffnen, bilden gleichzeitig die Basis des Quadrums im Obergeschoss und des Mittelturms. Die Eingangshalle vermittelt als einer der besterhaltenen karolingischen Räume einen guten Eindruck der damaligen Architektur.

Das obere Quadrum zeigt sich heute als flach gedeckter Raum mit zweistöckigen Arkadenwänden wie im Erdgeschoss zu den Nebenräumen und der Kirche offen. In die Emporenöffnungen sind Doppelarkaden mit je einer Mittelsäule eingestellt. Dieses Architekturmotiv, Biforium genannt, bei dem ein Doppelbogen mit Mittelsäule von einem

DIE WESTFASSADE des Klosters Corvey bei Höxter. Daneben wurde ab 1699 der Neubau der Abtei als barocke Residenz errichtet.

DIE KAROLINGISCHEN FRESKEN aus dem 9. Jahrhundert zeigen – erstaunlich für eine christliche Kirche – Motive aus der griechischen Odysseussage (oben).
AUF DER LINKEN SEITE DES WESTWERKS, in der Achse zum Altar, ist deutlich die vergrößerte Nische zu erkennen, die für den Herrscher bestimmt war (rechts).

größeren Bogen überfangen wird, zieht sich wie ein Leitmotiv durch die romanische Architektur, beispielsweise auch am Kaiserdom in Speyer. Hier in Corvey ist ein sehr frühes Beispiel erhalten. Ist der obere Bereich eine Steigerung des unteren, so stellt die Westempore den Kulminationspunkt des gesamten Westwerks dar. Die beiden Biforien sind erhöht und die mittlere Öffnung breiter sowie höher und ohne die eingestellte Doppelarkade ausgeführt. Dazu werden diese drei Emporenöffnungen im Gegensatz zu den übrigen im Westwerk durch das abgesetzte Stirnprofil über den Bögen ausgezeichnet. Die Wände sind heute im Gegensatz zu früher kahl. Durch Farbreste weiß man von antikischen Architekturmotiven und männlichen und weiblichen Figuren, die friesartig über die Wände verteilt waren. Mangels erkennbarer Attribute konnte man sie jedoch bislang nicht deuten.

Was bleibt, sind die besondere Architektur und die verwendeten Details, die über Funktion und Bedeutung des Westwerks ausreichend Auskunft geben: Das Westwerk ist schlicht der Sitz des Herrschers. Auch andere Nutzungen erscheinen möglich, wie die einer Taufkirche oder eines Gerichtssaales, die der wichtigsten Funktion als Herrschersitz nicht widersprechen. Es ist also klar, dass der hervorgehobene Raum der Empore dem Thronsitz des Herrschers entspricht, zumal sich sogar Balkenlöcher für ein mögliches Thronpodest erhalten haben. Von diesem Raum lässt sich das gesamte Langhaus der Basilika bis zum Altar und dem Chor im Osten überblicken.

AUF AUGENHÖHE MIT GOTT

Wenn man die Empore und damit das Westwerk unter diesem Aspekt betrachtet, erkennt man Parallelen zur Pfalzkapelle in Aachen. Wie dort befindet sich hier eine Oberkirche mit doppelter Öffnung und wie dort ist der Sitz des weltlichen Gebieters gegenüber dem Sitz des himmlischen Herrschers – einer Klammer gleich, die das Geistliche und das Weltliche verbindet und zusammenhält. Das Westwerk in Corvey entspricht dem Thronsitz in Aachen, zumal in

einer Zeit, als Karl der Große noch immer als Bezugsgröße im Frankenreich gilt. Das Westwerk ist eine Herrscherkirche, auch wenn es in den Quellen nicht erwähnt wird.

SYMBOL DER HERRSCHAFT

Weil es dennoch so offensichtlich war, dass der Herrscher hier Präsenz zeigte, auch wenn er nicht körperlich anwesend war, steht das Westwerk auch für die von ihm ausgehende Staats- und Regierungsgewalt. Nicht umsonst gab es gerade im frisch unterworfenen Sachsen viele Westwerke an den entsprechenden Kirchen. Dazu passt das nach außen wehrhafte und trutzige Erscheinungsbild, das eher an eine Burg, denn an eine Kirche erinnert.

Westwerke erfüllen architekturhistorisch noch eine weitere Funktion, denn mit ihnen beginnt eine Neuformung, eine Umformulierung des westlichen Abschlusses von Kirchen, aus der sich die Doppelchoranlagen, wie etwa St. Michael in Hildesheim, wie auch insgesamt die klassische Zweiturmfassade entwickelte, die den Kirchenbau und speziell die Fassadenarchitektur in den nächsten Jahrhunderten bestimmen sollte.

Über die Jahrhunderte wurden in Corvey drei große Bibliotheken aufgebaut. Die Klosterbibliothek des Mittelalters mit ihrer bedeutenden Schreibschule wurde im Dreißigjährigen Krieg zerstört. Im 18. Jahrhundert entstand die barocke Bibliothek, deren Werke nach der Säkularisation in alle Winde zerstreut wurden. Nur die Fürstliche Bibliothek, die von Hoffmann von Fallersleben (1798–1874), dem Dichter des »Lied der Deutschen«, der späteren Nationalhymne, maßgeblich geprägt wurde, ist heute erhalten und auch virtuell nutzbar.

DER IM STIL DES BIEDERMEIER eingerichtete blaue Salon im Westflügel des Konventsgebäudes ist ein Teil der historischen Wohnräume des Schlosses Corvey (links).
DIE FÜRSTLICHE BIBLIOTHEK CORVEY ist mit rund 74 000 Bänden eine der kostbarsten Privatbibliotheken Deutschlands (oben).

Hier ruhet in Frieden
Frau Babette Asch,
geb. Goldschmidt,
Tief betrauert von ihrem
Gatten und ihren Kindern.

Jerusalem am Rhein

DIE SCHUMSTÄDTE – SPEYER, WORMS UND MAINZ

Das Jahr 2021 stellte ein bedeutendes Jubiläum dar. Kaiser Konstantin (272–337) hatte 321 ein Edikt erlassen, in dem er für die Stadt *Colonia Claudia Ara Agrippinensium,* das heutige Köln, Folgendes bestimmte: »Durch reichsweit gültiges Gesetz erlauben wir allen Stadträten, dass Juden in den Stadtrat berufen werden.« Seit mindestens 1700 Jahren leben Juden auf dem Gebiet des heutigen Deutschlands. Es ist nur logisch, dass sie schon lange vorher in Mittel- und Nordeuropa siedelten, aber dieser Erlass belegt ihre selbstverständliche Teilhabe am Gemeinwesen. Dieses Edikt, das sich heute in der Vatikanischen Bibliothek befindet, gilt als die erste schriftliche Erwähnung jüdischen Lebens auf dem Gebiet des heutigen Deutschlands und ist insofern bedeutend, als aus den ersten Jahrhunderten kaum sonst Nachweise über das jüdische Leben nördlich der Alpen erhalten sind.

In den Wirren der Völkerwanderungszeit haben sich die jüdischen Spuren verloren, sodass erst wieder ab dem 10. Jahrhundert von jüdischen Gemeinden berichtet wird. Hier speziell von denjenigen, die sich in Bischofsstädten ansiedelten, besonders am Rhein, namentlich in Mainz, Worms und Speyer. Dorthin zogen jüdische Händler und Gelehrte aus Italien und Frankreich. Besonders die Gelehrten Moses Ben Kalonymos (lebte um 980) in Mainz und Speyer, Gershom Ben Jehuda (um 960–1028 oder 1040), der eine Talmudschule in Mainz gründete, und Schlomo ben Jizchak, gen. Raschi, (um 1040–1105) in Worms prägten den Ruf der drei Städte, die sich 1146 zu einem Verband zusammentaten, der »SchUM« genannt wurde. »SchUM« ist ein Akronym aus den Anfangsbuchstaben der hebräischen Städtenamen: Schpira (Speyer), Warmaisa (Worms) und Magenza (Mainz).

Die Rheinstädte wurden zum kulturellen Zentrum des Judentums in der Diaspora. Von hier gingen wichtige Gebote, Gesetze und Verordnungen aus, die das kulturelle und religiöse Leben der aschkenasischen, also mittel- und osteuropäischen (im Gegensatz zu den sephardischen, auf der Iberischen Halbinsel lebenden) Juden bestimmten. Die Gelehrten passten das Judentum an die Verhältnisse in Europa an, was auch zu revolutionären Neuerungen führte, wie dem Verbot der Polygamie und der Abhängigkeit der Ehescheidung von der Zustimmung der Frau. »Von unseren Lehrern in Mainz, Worms und Speyer ist die Lehre ausgegangen für ganz Israel«, heißt es. Viele ihrer Schriften werden heute noch zitiert und gelehrt.

DIE TOLERANZ DER RELIGIONEN

Im Jahr 1074 legte König Heinrich IV. (siehe S. 96 f.) in Worms die Grundlagen des Zusammenlebens in einer Urkunde fest: »Juden und andere Wormser dürfen frei und ungestört Handel und Kaufmannschaften treiben, kaufen und verkaufen. Dafür darf ihnen niemand Zoll und andere Abgaben abverlangen.« Es schien also, als sei durch Handel und Wirtschaft die Stellung der Juden in der Gesellschaft nicht nur toleriert, sondern auch anerkannt und gesichert. Das Judentum war im Heiligen Römischen Reich als einzige nichtchristliche Konfession akzeptiert. Auch in Speyer bemühte man sich offenbar an oberster Stelle um ein von Toleranz und Achtung geprägtes Zusammenleben: »Ich Rüdiger, Bischof von Speyer [gest. 1090], will die Ehre unseres Ortes durch die Ansiedlung von Juden tausendfach erhöhen.« All die verbalen Ehrbezeugungen scheinen aber nicht ganz selbstlos gewesen zu sein, denn natürlich baute man auf den wirt-

DER MAINZER FRIEDHOF JUDENSAND wurde wahrscheinlich im 11. Jahrhundert vor den Stadtmauern angelegt. Viele Grabsteine wurden nach den Vertreibungen der Juden als Baumaterial verwendet.

EIN TREPPENHAUS führt in der Mikwe von Speyer zu dem zehn Meter tief gelegenen quadratischen Badeschacht. Hier nahmen Juden die kultische Reinigung durch Untertauchen in kaltes, »natürliches« Wasser vor.

schaftlichen Aufschwung vor allem auch durch die internationalen Handelsbeziehungen, die die Juden durch die Diaspora in ganz Europa pflegten.

Diese Toleranz und Anerkennung währte indes noch nicht einmal bis zum Ende des Jahrhunderts. 1095 rief Papst Urban II. zu einer Synode in Clermont-Ferrand, die die Welt und speziell die jüdische Welt nachhaltig beeinflussen sollte. Am 27. November 1095 rief der Papst unter dem unseligen Leitwort »Deus vult« (»Gott will es«) zum ersten Kreuzzug auf. Das Ziel war das Heilige Grab in Jerusalem, um dort die »Feinde des Christentums«, also Juden und Muslime, zu vertreiben.

Mit dem Vertreiben der Juden warteten die Christen allerdings nicht bis zu ihrer Ankunft in Jerusalem, sondern begannen gleich in ihrer näheren Umgebung. Mit und vor dem eigentlichen Kreuzzugsheer entbrannte der sogenannte Armen- bzw. Bauernkreuzzug, der sich, frisch aufgehetzt, von Clermont-Ferrand in Richtung Rheinland in Bewegung setzte. Am 3. Mai 1096 erreichten sie Speyer. Der dortige Bischof konnte viele Juden retten, was er sich aber auch von ihnen bezahlen ließ. Dem Bischof von Worms gelang Ähnliches nur zwei Wochen später nicht: Hier wüteten die Kreuzfahrer, töteten, plünderten und zerstörten die jüdischen Einrichtungen und zwangen die Juden zur christlichen Taufe. Wer sich weigerte, wurde getötet. Einige konnten sich in den Bischofspalast retten, der allerdings kurze Zeit später gestürmt wurde. Die Folge waren 800 Tote. Am 27. Mai 1096 wurde schließlich die jüdische Gemeinde in Mainz fast völlig ausgelöscht. Der Chronist Salomo bar Simeon berichtet von den schlimmen Massakern, die bis heute unter dem Begriff »Gezerot Tatnu« (Gedenken an die Massaker von 1096) Bestandteil der jüdischen Liturgie sind.

DIE JUDEN UNTER KÖNIGSSCHUTZ

Nach den Pogromen in der Folge des ersten Kreuzzugs war es die wichtigste Aufgabe, die jüdischen Gemeinden wiederzubeleben. Im Landfrieden von 1103 erlaubte Kaiser Heinrich IV. den Juden, Zwangstaufen rückgängig zu machen, und sorgte für die Rückgabe gestohlener Güter. Auch unter den Stauferkaisern Friedrich Barbarossa und Friedrich II. wurden die Juden im sogenannten »Königsschutz«

DER ÄLTESTE GRABSTEIN auf dem jüdischen Friedhof Heiliger Sand in Worms stammt aus dem Jahr 1058/59. Der neuere Teil des Friedhofs wurde ab 1689 angelegt und umfasst rund 1200 Grabsteine.

als der kaiserlichen Kammer zugehörig erklärt – als Schutz und als Lehre aus den Pogromen von 1096. Die Gemeinden blühten wieder auf und wurden, auch was die Architektur von Synagogen und Mikwen (rituellen Taufbädern) angeht, erneut zu prägenden Vorbildern in ganz Europa.

DAS ENDE DER TOLERANZ

Doch auch diese Ruhe währte nur kurz, denn das Vierte Laterankonzil (1213–1215) unter Papst Innozenz III. brachte den Juden im Heiligen Römischen Reich gravierende Einschnitte: Unter anderem mussten sie sich fortan von den Christen unterscheidbar kleiden, damit sich Männer und Frauen »nicht irrtümlich miteinander einlassen«. An Gründonnerstag und Karfreitag durften sie sich nicht in der Öffentlichkeit zeigen und öffentliche Ämter waren ihnen verwehrt.

Ab 1348 breitete sich die Pest in Europa aus und die Juden wurden zu Sündenböcken gemacht. Die Folge waren zahllose verheerende Pogrome, die durch die Gemeinden fegten und die Siedlungskontinuität der Juden in Deutschland über Jahrhunderte fast gänzlich zerstörten. Der Historiker Alfred Haverkamp (1937–2021) nannte die Pestpogrome die tiefgreifendsten Einschnitte in der Geschichte des deutschen Judentums von ihren Anfängen bis zur nationalsozialistischen »Endlösung«.

Nicht zuletzt aus diesen Gründen ist auch in den bedeutenden Gemeinden der SchUM-Vereinigung von Mainz, Speyer und Worms nicht viel Originales erhalten. In Mainz ist es der Friedhof auf dem »Judensand« ebenso wie in Worms; der dortige »Heilige Sand« mit 1300 Grabsteinen ist der älteste jüdische Friedhof Europas. Die Synagoge zu Worms wurde nach mittelalterlichen Plänen 1961 wieder aufgebaut. Von der Speyerer Synagoge blieben die westliche Giebelwand erhalten sowie die Mikwe, das rituelle Taufbad. Der »in den Boden gebaute Turm« ist das älteste erhaltene seiner Art und das besterhaltene Zeugnis des jüdischen Mittelalters nördlich der Alpen. Diese Stätten stehen heute als äußere Zeichen der großen Bedeutung der SchUM-Städte für das europäische Judentum.

Die Einheit des Reiches im Fachwerkparadies

QUEDLINBURG – IM ZEICHEN DER HEILIGEN LANZE

Die Geschichte Quedlinburgs beginnt schon lange, bevor sie zu einer richtigen Stadt wurde. König Heinrich I. bestimmte 922 die damals noch Quitilingaburg genannte Festung zu seiner Osterpfalz und Grablege. Seine Witwe, Königin Mathilde, gründete hier ein Damenstift, und Kaiser Otto III. verlieh dem Ort im Harz 994 schließlich das Markt-, Münz- und Zollrecht, womit der Aufstieg zur Stadt geebnet war.

»Herr Heinrich saß am Vogelherd/recht froh und wohlgemut ...« – da kamen Abgesandte des Reichs und trugen dem jungen Sachsenfürsten Heinrich, der gerade mit der Vogeljagd beschäftigt war, weswegen er auch Heinrich der Vogler genannt wurde, die Königswürde an. Das geschah 919. Das Gedicht von Johann Nepomuk Vogl, das diesen Moment besingt, stammt aus dem Jahr 1835. Denn im 19. Jahrhundert waren die Wurzeln des Deutschen Reiches ein wichtiges Thema und König Heinrich I. galt vielen als sein Gründer.

Heinrich nahm die Königswürde an, verzichtete jedoch auf die eigentliche Krönung und die Salbung. Schon in jungen Jahren geschickt in politischer Diplomatie und mit einem feinen Gespür für die Befindlichkeiten der diversen Reichsfürsten ausgestattet, sieht er sich mit diesem »Verzicht« als *primus inter pares* und signalisiert, dass er nicht über, sondern mit den Fürsten regieren will. Der Hintergrund dazu liegt im Osten des Fränkischen Reiches und damit sozusagen vor Heinrichs Haustür – es sind die ungarischen Reiterstämme, die im 10. Jahrhundert die größte Bedrohung darstellen. Heinrich war klar, dass nur aus der Einheit seiner Stämme eine wirksame Macht gegen die Ungarn erwachsen würde. Dem jungen König gelingt es im Laufe der kommenden Jahre und unter dem Druck dieser Bedrohung, die Sachsen, Thüringer, Bayern, Schwaben, Lothringer und Franken zu vereinigen. Soweit der politische Teil. Der militärische betrifft den Aufbau einer kampfstarken, professionellen Kriegstruppe, die sich mit Kettenhemden und Rüstungen gegen die Wunderwaffe der Ungarn, ihren Reflexbogen, wappnet.

Als dritte und wichtigste Stütze gilt die Religion, die für König Heinrich und sein Reich eine wesentliche Verbindung unter den Stämmen darstellt und wie eine Klammer funktioniert. Das religiöse Zentrum seiner Regentschaft wird Quedlinburg. Und das Symbol, unter dem er die Stämme gegen die Ungarn sammeln und das ihnen den christlichen Beistand liefern konnte, war die Heilige Lanze mit einem der Nägel von Golgatha. Er erwarb die Reliquie von Rudolf II., dem König von Burgund, für ein paar Teile Schwabens. Die Lanze, die der Legende nach der römische Soldat Longinus bei der Kreuzigung in Christi Seite steckte, bildete Heinrichs göttliches Siegeszeichen gegen den heidnischen Feind. Sie wurde zum bedeutendsten Stück der Reichsinsignien und befindet sich heute in der Schatzkammer der Wiener Hofburg.

EIN VERSCHWUNDENER SCHATZ

In seiner Lieblingspfalz Quedlinburg verbringen Heinrich I. und seine Nachfolger meist die Ostertage, weswegen Quedlinburg auch die »Osterpfalz« genannt wird. Bis 1207 sind 69 derartige Besuche von Kaisern und Königen dokumentiert. Die Feierlichkeiten fanden wohl in St. Servatius statt, dessen heutiger Bau von 1070 bis 1129 errichtet wurde. Die hochromanische Kirche entstand auf den Fundamenten der drei Vorgängerbauten. Geprägt von den wuchtigen Pfeilern im sächsischen Stützenwechsel mit ihren aufwendigen Kapitel-

DER SAGE NACH erfuhr Herzog Heinrich an dieser Stelle, dass er zum König gewählt wurde. Das Haus selbst entstand um 1530. **DER SCHLOSSBERG** mit der romanischen Stiftskirche St. Servatius, von Westen aus gesehen. ▽

GUT 2000 FACHWERKHÄUSER aus acht Jahrhunderten bestimmen den Charakter von Quedlinburgs Altstadt.

len, besitzt diese flach gedeckte, dreischiffige Basilika eine Kaiserloge im Westen, die an das Westwerk in Corvey erinnert. Die Türme stammen aus einer großen Restaurierungskampagne im späten 19. Jahrhundert und wurden nach dem Zweiten Weltkrieg mit stilfremden Zeltdächern versehen. Die Krypta ist die Grablege von König Heinrich und seiner Gattin Mathilde.

Der prächtige Domschatz von St. Servatius hat eine wahre Nachkriegs-Odyssee hinter sich: Ein amerikanischer Soldat, der zur Überwachung des unter die Altenburg ausgelagerten Domschatzes zuständig war, erkannte seinen außergewöhnlichen Wert und schickte zwölf Teile, darunter Evangeliare, Reliquienkreuze und den Heinrichsschrein, schlicht per Feldpost nach Texas. Erst in den 1980er-Jahren tauchten die Kostbarkeiten wieder auf, als die Erben sie veräußern wollten. Dem Kunstforscher Willi Korte ist es zu verdanken, dass der Schatz seit 1993 fast vollständig in Quedlinburg gezeigt werden kann. Da es keine Beutekunst, sondern schlichter Diebstahl war, wobei der Unterschied eher theoretischer Natur ist, erwies sich die Rückholung als ein längerer juristischer Akt.

Gegenüber dem Schlossberg erhebt sich der Münzenberg mit der ehemaligen Marienkirche. Sie wurde 986 als Memorialkirche für Kaiser Otto II. von dessen Schwester Mathilde, Enkelin Heinrichs I. und Äbtissin des dazugehörigen Benediktinerinnenklosters, gegründet. Infolge der Zerstörungen während des Bauernkrieges zu Beginn des 16. Jahrhunderts wurde das Kloster verlassen. Nach und nach siedelten sich einfache Bürger und Handwerker innerhalb der Klostermauern an und errichteten mehrere kleine Häuser auch in der Marienkirche selbst, ohne das Ensemble als Ganzes zu zerstören.

FACHWERKKUNST UND EIN »BÜRGERKLOSTER«

Das Besondere der Stadt Quedlinburg ist, neben ihrer bedeutenden ersten Jahrzehnte unter der Regentschaft der Ottonen, die immense Vielzahl und Vielfalt an Fachwerkhäusern, die die Altstadt prägen wie kaum eine andere. Die Stadt ist damit auch eines der größten Flächendenkmäler des Landes. In dem mittelalterlichen Gassengewirr kann man eine Geschichte des Fachwerkbaus sozusagen am lebenden Objekt studieren. Das älteste der rund 1300 denk-

TYPISCHE ALTSTADTGASSE mit Fachwerkhäusern, die alle sorgsam restauriert wurden. Im Hintergrund ist ein Turm der Stiftskirche St. Servatius zu sehen.

malgeschützten Fachwerkhäuser aus sechs Jahrhunderten steht in der Wordgasse, stammt von 1346 und beherbergt sinnigerweise das Fachwerkmuseum.

Der Niedergang der historischen Altstadt im 20. Jahrhundert vollzog sich langsam und stetig durch natürlichen Verfall und konnte durch die DDR-Regierung kaum aufgehalten werden. Stattdessen erwog man in den 1960er-Jahren, die Altstadt komplett niederzulegen und durch Plattenbauten zu ersetzen. Aber hier war die wirtschaftliche Schwäche der DDR ein guter Denkmalschützer, denn aus Geldmangel wurde der Plan glücklicherweise nicht umgesetzt.

Die historische Bedeutung Quedlinburgs hängt eng mit König Heinrich I. zusammen. Trotz der Unterschiede zwischen den damaligen Herzogtümern, das Recht und auch die Sprache betreffend, gelang es Heinrich, sie zu einer gewissen Einheit zu führen. Das war wohl die wesentliche Errungenschaft seiner Regierung. Der wichtige gemeinsame Sieg über die Ungarn 933 im Zeichen der hl. Lanze tat ein Übriges. Die Einheit hielt über Heinrichs Tod hinaus: Mit seiner »Hausordnung« von 929 setzte er der bisherigen Praxis der Reichsteilung unter den Erben ein Ende und bestimmte seinen Sohn Otto zu seinem Nachfolger. Die so geschaffene Einheit des Frankenreiches bildete eine Grundlage für das spätere Deutschland. Heinrich und die nachfolgenden Ottonen standen dabei am Beginn eines Jahrhunderte dauernden Prozesses. Vieles davon hat in Quedlinburg begonnen, wo die Kirchen heute steinerne Zeugen einer letztlich heute für uns nur mehr schwer nachzuvollziehenden Gesellschaft sind. Die Altstadt und das Schloss von Quedlinburg dokumentieren das gesellschaftliche und herrschaftliche Leben zur Zeit der Ottonen.

»Da schwenken sie die Fähnlein bunt
Und jauchzen: Unsern Herrn!
Hoch lebe Kaiser Heinrich, hoch!
Des Sachsenlandes Stern!«

aus: *Heinrich der Vogler*
von Johann *Nepomuk* Vogl, 1835

MITTELALTERLICHE ZUNFTZEICHEN aus Schmiedeeisen haben sogar die Cafés in Quedlinburg; hier in verspielter Variante mit Tassen im Käfig im Café am Finkenherd (oben). **BLICK AUF DEN MÜHLGRABEN**. Im Mittelalter standen entlang des Grabens zehn Wassermühlen (rechts).

Bunter Hof am Ständerbau
Eis

Ein Abt als Architekt

HILDESHEIM – WEGWEISEND IN ARCHITEKTUR UND SKULPTUR

Der künstlerische und wissenschaftliche Aufbruch in der karolingischen Renaissance kam durch die Teilung des Reiches und die vielen Kämpfe bald zum Erliegen. Nachdem Otto I., genannt der Große, 955 die Ungarn auf dem Lechfeld besiegte, und sich das Reich Richtung Osten ausdehnte, setzte ein Bauboom ein. Eine seiner schönsten Ausprägungen fand er im Hildesheimer Dom und der Kirche St. Michael.

Natürlich brauchte es für derlei Aufgaben auch die Menschen, die die entsprechenden Ideen zu entwickeln und umzusetzen imstande sind: Bischof Bernward von Hildesheim (um 960–1022) stammte aus dem sächsischen Adel, wurde an der Hildesheimer Domschule erzogen und erhielt von seinem Onkel, dem früheren Kanzler Ottos II., eine Ausbildung zum Notar. Im Jahr 987 wurde er Schreiber der Kaiserin Theophanu (um 960–991), der Witwe Ottos II. und Erzieher Ottos III. (980–1002), der schon im Alter von drei Jahren zum König gewählt wurde. Neben seinen administrativen Fähigkeiten verfügte Bernward auch über einige künstlerische Begabungen: 993 wurde er zum Bischof von Hildesheim berufen und entwickelte sofort eine große Tatkraft. Er ließ den Dombezirk mit einer zwölftürmigen Mauer zum Schutz gegen feindliche Slawenstämme zu einer wahren Domburg ausbauen. Die Zahl zwölf sollte natürlich an das himmlische Jerusalem in der Johannesoffenbarung gemahnen. Der Dom selbst entstand nach einem schweren Brand ab 1046 neu, allerdings weitgehend auf den Fundamenten des Vorgängerbaus von 872. Es war eine dreischiffige Basilika mit Westwerk. Im Laufe der Zeit kamen die gotischen Seitenkapellen dazu, wie auch der barocke Vierungsturm. Nach der Zerstörung kurz vor Ende des Zweiten Weltkrieges wurde der Dom wieder im romanischen Kleid rekonstruiert.

Im Jahr 1000 gründete Bernward das Benediktinerkloster, zu dessen Michaeliskirche er 1010 den Grundstein legte. Diese Kirche wurde zu etwas ganz Besonderem. Sehr wahrscheinlich war Bernward dabei nicht nur Auftraggeber, sondern auch maßgeblich an der Konzeption beteiligt.

Dachten die ottonischen Kaiser an Rom, wenn es um ihr Reich ging, so hatte Bernward Rom im Sinn, was die Architektur und die künstlerische Ausstattung St. Michaels betraf. Als ausführender Architekt unterstützte ihn wahrscheinlich Goderam, der erste Abt des Klosters, war dieser doch schon am Bau von St. Pantaleon in Köln beteiligt und im Besitz eines der wichtigsten Lehrwerke der Antike, der *Zehn Bücher zur Architektur* des Vitruv. Goderams persönliches Exemplar, das wahrscheinlich in der Hofschule Karls des Großen angefertigt wurde, befindet sich heute in der British Library in London.

VORLÄUFER ROMANISCHER BAUKUNST

Was also zeichnet St. Michael aus? Es ist gleichsam ein neuer Anlauf, eine neue Formulierung des klassischen Basilika-Bautyps. Zunächst handelt es sich um eine normale, dreischiffige Basilika mit einer Flachdecke, zwei Chören und zwei Querhäusern, über deren Vierungen sich je ein quadratischer Vierungsturm erhebt. Neu dabei war vor allem die Grundkonzeption, bei der sich die Raumverhältnisse aus der Größe der quadratischen Vierungen ergeben. Sie sind das Maß, aus dem heraus sich der Bau entwickelt: Das Langhaus hat die dreifache Länge eines Vierungsquadrats. Eine solche konzeptuelle Systematik klingt eher schlicht, war aber bisher nicht üblich. Die gesamte Struktur der Kirche folgt diesem quadratischen Schematismus, und St. Michael ist der erste erhaltene Kirchenbau, an dem die-

DIE NÖRDLICHEN SEITENKAPELLEN und das mächtige zweistufige Westwerk der »Hohen Domkirche St. Mariä Himmelfahrt«. Das Westwerk entstand bereits Ende des 9. Jahrhunderts.

Die sakrale bildnerische Kunst von St. Michael erzählt komplexe Geschichten aus dem Alten und Neuen Testament.

ser konsequent durchgeführt wurde. Dazu wechseln je zwei Säulen mit einem Pfeiler ab, was den sogenannten »sächsischen Stützenwechsel« ergibt, der sich in der Folgezeit durchsetzt. Hier in St. Michael liegt einer der Ursprünge für ein Architektursystem, das die gesamte nachfolgende romanische Baukunst prägen sollte.

MEISTERWERKE DER OTTONISCHEN KUNST

Dieses neue System betrifft in St. Michael allerdings nur das Mittelschiff und die Querhäuser, die Seitenschiffe sind davon ausgenommen. Sie sind breiter und wirken mit den eingestellten Arkaden als Abschluss zu den Querschiffen eher wie eigenständige Hallen. Im Mittelschiff erheben sich über den Säulen und Pfeilern die ungegliederten Wandflächen, deren kleine Obergadenfenster keinen axialen Bezug zu den Arkaden haben. Zusammen mit der bemalten Flachdecke wirkt das Mittelschiff wie ein eigenständiger Kastenraum, der, außer bei den Stützen, keinerlei Unterteilung aufweist. Die Decke ist ein um 1230 geschaffenes Meisterwerk, das die »Wurzel Jesse« darstellt, die Abstammung Jesu. Zusammen mit der bemalten Holzdecke der Martinskirche im schweizerischen Zillis ist sie die einzig erhaltene ihrer Art und Zeit. An den Stirnseiten der Querhäuser ragen dreigeschossige Arkadenwände auf, die von zwei großen und bis zu sechs kleineren Arkadenbögen strukturiert werden. Als Vorbild hierfür dienten die karolingischen Westwerke, die man von Corvey oder dem karolingischen Vorgängerbau des Hildesheimer Mariendoms kannte – auch das also wieder eine architektonische Erinnerung an Kaiser Karl.

Noch bekannter als die kunstvolle Decke dürften die Bronzetüren sein, die Bischof Bernward 1015 für St. Michael gießen ließ und die nach einem brandbedingten Umbau 1034 in den Westriegel des Doms überführt wurden. Sie sind je 4,72 mal 2,28 Meter groß und mit Reliefs versehen. Sie wurden jeweils in einem Stück gegossen, was eine extrem hohe Kunstfertigkeit des Gießers voraussetzt, der wahrscheinlich aus Italien stammte.

Die Darstellungen zeigen von links oben nach unten in acht Rechteckfeldern von der Erschaffung Adams, der Vertreibung aus dem Paradies, bis zum Gericht über den Brudermörder Kain Motive des Alten Testaments. Vor allem die gefühlsbetonte Gestik und Haltung der Figuren, etwa im Feld des Schuldspruchs Gottes, überzeugt. Wie Adam die Schuld auf Eva und diese sie auf die Schlange abwälzt, gehört zu den ergreifendsten Darstellungen christlicher Kunst. Auf dem zweiten Türblatt wird die Geschichte Jesu von Mariä Verkündigung bis zum *noli me tangere* der Auferstehung erzählt. Dabei sind die einzelnen Themenfelder typologisch gegenübergestellt, das heißt, die Geschichten des Neuen Testaments beziehen sich auf die des Alten Testaments und finden in ihnen Erfüllung.

Die Türen gehören sowohl technisch wie auch künstlerisch zu den beeindruckendsten Werken nicht nur der ottonischen Kunst. Ähnlich faszinierend ist die Bernwardsäule, die der Bischof nach dem Vorbild der römischen Säulen des Mark Aurel und des Trajan gießen ließ. Hier, wie mit der Tür und der Westausrichtung der Kirche, stellt Bernward den Bezug zu Rom her, wie ihn Otto III. in seiner Regierung anstrebte. Denn er war der Kaiser des Römischen Reiches – an Deutschland hat damals noch niemand gedacht.

DIE BERÜHMTE BERNWARDTÜR mit Motiven vom Paradies (links) und Szenen aus dem Leben Jesu auf dem rechten Türblatt ist ein Meisterwerk des Bronzegusses.
DIE OTTONISCHE, VORROMANISCHE KIRCHE ST. MICHAEL von Südosten aus gesehen ▽

AN·DOMINC·MXV·B·ERDIV·MEM·HAS·VALVAS·FVSILES
IN FACIE ANGELIC TEPLI·OB MONIMT SVI FEC SVSPENDI

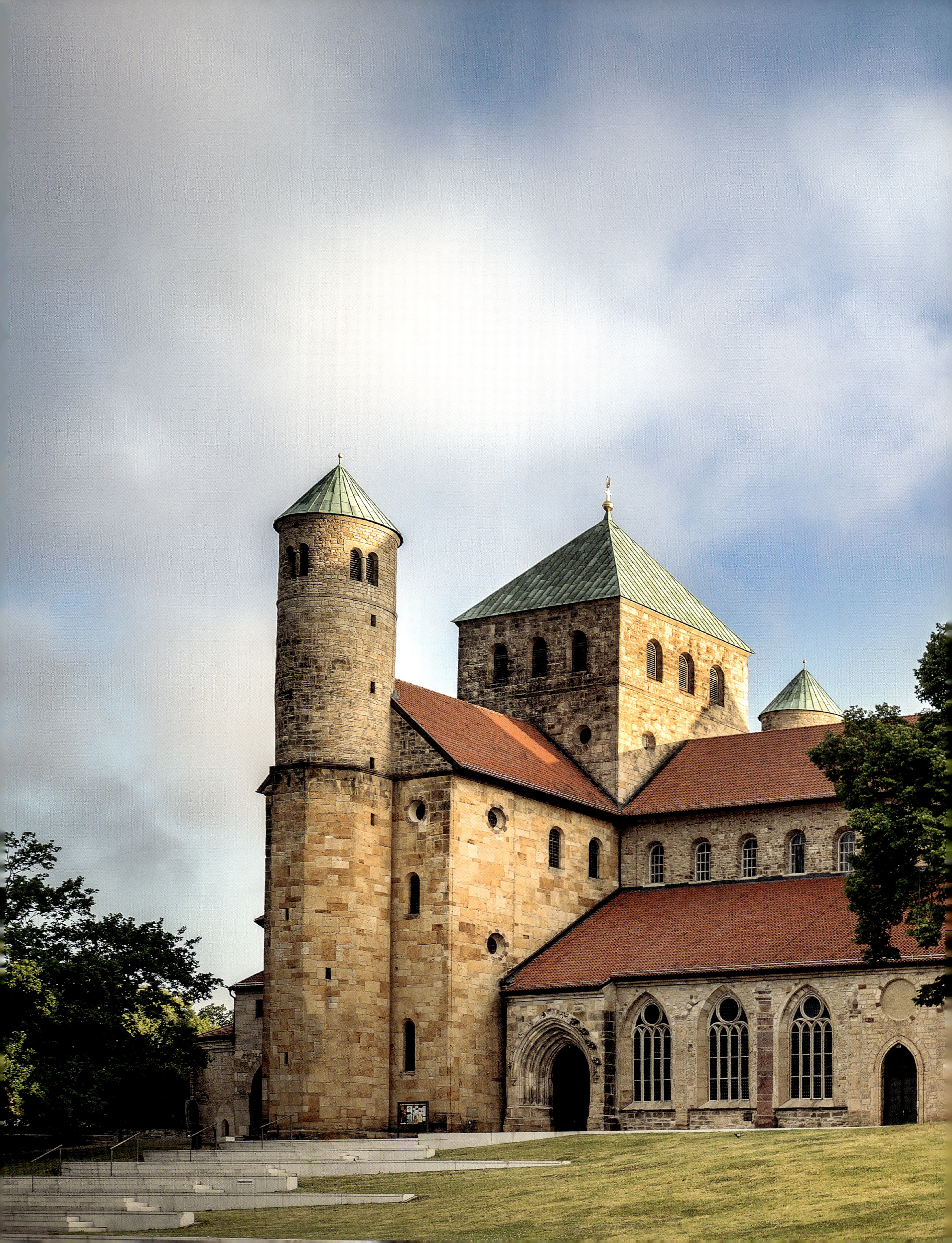

DIE GRABPLATTE aus dem 14. Jahrhundert im Hohen Chor zeigt Bischof Bernward mit dem Modell der Michaelskirche (oben).
DAS MITTELSCHIFF mit der bemalten Holzdecke: Für dieses Bild wurden die Sitzgelegenheiten im Kirchenraum entfernt. So war es früher in fast allen Kirchen üblich (rechts).

Die Wirkmacht kaiserlicher Architektur

DER DOM VON SPEYER – VON GRÖSSE UND DEMUT

Die Abfolge der Kaiser des Heiligen Römischen Reiches ist auch eine Abfolge verschiedener Geschlechter. Die Karolinger wie auch die Ottonen hatten jeweils ihr eigenes Stammland und ihre Lieblingspfalzen. Waren die Karolinger dem Rhein und damit ihrem Herkunftsland, dem heutigen Frankreich, eher verbunden, haben sich die Ottonen Richtung Osten orientiert, wo sie sich beispielsweise in Hildesheim und Goslar aufhielten. Die Salier wiederum, die die Ottonen ablösten, fanden im Südwesten ihr ideelles Zentrum in Speyer am Rhein.

Was die Kaiser über die Geschlechter und die Jahrhunderte allerdings einte, war die Reichsidee, die Legitimation des Kaisertums in der Tradition des römischen Kaiserreichs, die Karl der Große so erfolgreich wiederbelebt hatte. Demgemäß ließ sich auch Konrad II. (um 990–1039) 1026 in Rom zum Kaiser krönen. Und wie seine Vorgänger, versäumte es auch er nicht, seinen imperialen Anspruch möglichst wirkmächtig nach außen zu demonstrieren. Zu diesem Zweck ließ er schon ab 1025 in Speyer die Domkirche St. Maria und St. Stefan errichten. Dieser Dom sollte mehr sein als eine einfache Bischofskirche, er sollte sich eines Kaisergeschlechts würdig erweisen. Zu diesem Anspruch gehört zum einen die schlichte Größe: Konrad wollte die größte Kirche des Abendlandes errichten lassen. Eine klassische dreischiffige Basilika mit flacher Decke und einem mächtigen Westbau, der entfernt an Westwerke wie die von Corvey erinnert. In erstaunlich kurzer Zeit wurde der riesige Dom fertiggestellt und 1061 im Beisein von Konrads Enkel, Heinrich IV. (1050 bis 1106), geweiht.

Der imperiale Anspruch manifestierte sich allerdings nicht nur in der schieren Größe, sondern auch in einem neuen, richtungsweisenden Baukonzept: Statt der sonst üblichen Unterteilung des Mittelschiffs in Erdgeschossarkaden und flächige Obergadenwand, wie sie beispielsweise St. Michael in Hildesheim auszeichnet, fasste der Speyrer Dombaumeister die beiden Stockwerke optisch mit monumentalen Rundbogenblenden zusammen. Dadurch entstand ein ganz neuer Raumeindruck, ein vertikaler Zug, der sozusagen zum Leitmotiv des Baus wurde. Die Abfolge riesiger Arkaden wirkt wie ein Triumphweg durch das Mittelschiff. Doch nicht nur optisch war das eine Neuheit, sondern vor allem konstruktiv: Denn die hervorstehenden Arkadenpfeiler und -bögen waren nicht nur Schmuck, sondern ergaben sich aus der Konstruktion der Vierkantpfeiler. Anders als in früheren Kirchen treten die Wände zwischen den Pfeilern zurück und wirken dadurch wie eine Füllung zwischen einem Gerüst. Hier in Speyer beginnt das, was später den Kirchenbau der Gotik bestimmen wird, der Skelettbau.

EIN FOLGENSCHWERER STREIT

Ab 1082 begann Heinrich IV. mit dem Umbau des Kaiserdoms, in dem schon sein Vater, Heinrich III. (1017–1056) und sein Großvater Konrad II. nebst Gattin Gisela von Schwaben bestattet lagen. Die Forschung nennt Heinrichs Neuerungen Speyer II, in Abgrenzung zu Konrads Dom, Speyer I. Bevor Heinrich IV. allerdings damit beginnen konnte, hatte er noch eine schwere Prüfung zu bestehen, mit der er auch eine wichtige Spur in der deutschen Sprache hinterließ: Der Gang nach Canossa. Es ging dabei um den sogenannten Investiturstreit, also darum, ob Papst oder Kaiser Bischöfe und Äbte in ihre Ämter einsetzen durften. Auf dem Höhepunkt des Streits exkommunizierte Papst Gregor VII. Heinrich, was einen heftigen Machtver-

DER DOM ZU SPEYER mit der Zwerggalerie, die den gesamten Bau umschließt. Die begehbare Galerie liegt in 30 Metern Höhe.

Der Dom von Speyer gehört mit denjenigen von Worms und Mainz zu den sogenannten Kaiserdomen am Rhein.

lust zur Folge hatte. Um den Bann gegen ihn aufzuheben, machte sich Heinrich im Winter 1076, erst Mitte zwanzig, auf den Weg über die Alpen nach Canossa, wo der Papst auf ihn wartete. Angeblich vom 25. bis 28. Januar 1077 stand Heinrich barfuß und bar aller Herrscherinsignien vor den Toren, bevor ihn Gregor vom Bann freisprach. 1084 wurde schließlich Gregor exkommuniziert und sein Nachfolger Clemens III. krönte Heinrich zum Kaiser des Römischen Reiches.

Schon bald nach der Aufhebung des Kirchenbanns machte sich Heinrich daran, den Dom spektakulär umbauen zu lassen. Der Chor bekam eine neue halbkreisförmige Apsis, und um den gesamten Außenbau wurde eine Zwerggalerie errichtet und auf die Vierung eine große Kuppel gesetzt. Die wichtigste Neuerung kann man jedoch von außen nicht sehen. Bisher hatte das Mittelschiff eine flache Decke und nur die Seitenschiffe waren überwölbt. Das änderte sich nun. Heinrich ließ die Holzdecke abtragen und im Mittelschiff ein Kreuzgratgewölbe einbauen. Dazu wurde jedem zweiten Pfeiler ein Pilaster mit Halbsäule vorgelegt, wodurch ein rhythmisierender Stützenwechsel und quadratische Joche entstanden, die dem jeweiligen Gewölbe entsprachen. In dieser Größe hat es so etwas seit der Antike nicht mehr gegeben; das Wissen darum ist nach dem Niedergang des Römischen Reiches verloren gegangen. Durch die Wölbung ergab sich ein völlig neuer Raumeindruck, und auch das prägte die Architektur der Folgezeit. Der Bau erfüllte den kaiserlichen Anspruch – und diesmal nicht durch die Kopie eines römischen Vorbilds, sondern durch eine eigene Idee und einen eigenständigen Bau, der noch dazu in die Zukunft deutete. Und so wurde schließlich erreicht, was Konrad II. von Anfang an gewünscht hatte: den größten Kirchenbau seiner Zeit zu schaffen. Wohlbemerkt in einer Stadt, die damals ungefähr 500 Einwohner zählte. Im Jahr 1106 starb Heinrich IV. in Lüttich und wurde dort beerdigt. Sein Sohn ließ ihn nach Speyer bringen, wo er allerdings erst in einer Kapelle außerhalb des Doms beigesetzt wurde. Erst 1111 wurde er in die Krypta des Kaiserdoms überführt.

RESPEKTVOLLE RESTAURIERUNG

Aber natürlich geht die Zeit auch an einem Kaiserdom nicht spurlos vorüber, und so ist der Dom heute das Ergebnis immer neuer Bau- und Umbauarbeiten. Im Gegensatz zu vielen anderen Kirchen ist es allerdings in Speyer gelungen, den ursprünglichen Bau weitestgehend zu erhalten. Sogar in der Barockzeit, in der vieles in der Mode der Zeit umgebaut wurde, hatte man offensichtlich Respekt vor der Leistung der Vorgänger. Der Westteil des Doms wurde während des Pfälzischen Erbfolgekriegs 1689 durch französische Truppen zerstört. Erst gegen Ende des 18. Jahrhunderts hatte man wieder ausreichend Mittel, ihn aufzubauen. Von 1772 bis 1778 wurde die klaffende Lücke im Langhaus geschlossen, und so kann man die Renovierung, die Franz Ignaz Michael Neumann, der Sohn des Erbauers der Residenz in Würzburg, leitete, als eine frühe Form der wiederherstellenden Denkmalpflege ansehen. Der barocke Westbau, den er errichtete, wurde allerdings Mitte des 19. Jahrhunderts abgetragen und im neoromanischen Stil neu errichtet. Er ist sozusagen eine freie Interpretation des ursprünglichen Baus. Bleiben noch die Fresken, die König Ludwig I. von Bayern stiftete und von Johann von Schraudolph im Stil der Nazarener ausführen ließ. Mit originalen Malereien aus romanischer Zeit haben sie nichts zu tun.

DIE SKULPTUR aus dem 19. Jahrhundert zeigt den 1291 verstorbenen König Rudolf von Habsburg (*1218). Er war seit 1273 der erste deutsch-römische König aus dem Geschlecht der Habsburger. **DER INNENRAUM** mit Blick nach Osten: Die Fresken wurden 1846 bis 1853 von Johann Schraudolph geschaffen und vom bayerischen König Ludwig I. finanziert. ▽

ET TU
EN. III 15
N TE BENEDICENTUR UNIVERSAE
COGNATIONES TERRAE. GEN. XII 3.
XIT DOMINUS DOMINO MEO
DE A DEXTRIS MEIS PS. CIX. 1

Höhepunkt mittelalterlicher Bildhauerkunst

DER NAUMBURGER DOM – MEISTERWERKE EINES UNBEKANNTEN

Das Grenzland im Osten des Heiligen Römischen Reiches war gefährlich und hart umkämpft. Wegen der ständigen Bedrohung erbaute Markgraf Ekkehard I. von Meißen am Zusammenfluss von Saale und Unstrut um 1010 eine Schutzburg (»Neue Burg«) gegen die slawischen Völker, Naumburg. Ekkehard I. war einer der mächtigsten Fürsten seiner Zeit und nach dem Tod Kaiser Ottos III. im Jahr 1002 einer der aussichtsreichsten Anwärter auf die Königskrone. Allerdings wurde er noch im selben Jahr ermordet und Heinrich II. wurde Ottos Nachfolger auf dem Thron. Ekkehards Söhne Hermann und Ekkehard II. verlegten 1028 im Einvernehmen mit König Konrad II. das Bistum von Zeitz nach Naumburg und statteten es mit reichlich Stiftungsgeldern aus. Damit beginnt die Geschichte des Naumburger Doms St. Peter und Paul. Bis 1050 entstand der erste Bau, der wie der heutige auch schon doppelchörig war. Erhalten haben sich von diesem noch Teile der Krypta, die sich unter dem heutigen Ostchor befinden.

Fast zwei Jahrhunderte gingen ins Land, bis man ab 1210 einen neuen Dom errichtete. Es gab jedoch ein altes Problem, denn Zeitz beanspruchte den Bischofssitz immer noch für sich, was durch diverse Streitereien und Urkundenfälschungen zu Verzögerungen des Baufortschritts führte. 1228 machten sich daher die Domherren von Naumburg auf den Weg nach Rom und ließen sich von Papst Gregor IX. den Bischofssitz in Naumburg durch eine Urkunde bestätigen. Diese befindet sich heute im Domschatzgewölbe unter dem Kreuzgang der Kirche.

Der neue Dom wurde um den alten, der rund 50 Meter lang war, herumgebaut. Es handelt sich um eine dreischiffige Doppelchoranlage im Gebundenen System, dem gleichen Architektursystem wie beispielsweise in St. Michael in Hildesheim (siehe S. 107 f.). Insgesamt wirkt die gesamte Anlage eher konservativ, bedenkt man, dass im Westen des Reiches sich der gotische Stil bereits weitgehend durchgesetzt hatte. Auch scheint das Bistum Naumburg über die Zeiten hinweg immer wieder finanzielle Engpässe erlebt zu haben, worauf der stockende Turmbau schließen lässt. Der nördliche Turm der Westseite wurde nach und nach im 14. und 15. Jahrhundert fertiggestellt, und der südliche kam während der ersten Bauphase über den Sockelblock nicht hinaus; erst im 19. Jahrhundert wurde er vollendet. Die östlichen Turmhauben wirken seltsam fremd; sie mussten nach einem Brand 1532 erneuert werden und stammen tatsächlich aus dem 18. Jahrhundert.

Die Besonderheit des Naumburger Doms liegt aber ohnehin weniger in der Architektur an sich als vielmehr an seiner Ausstattung. Mit dem Erscheinen des sogenannten Naumburger Meisters um 1245, einem außergewöhnlich begabten Bildhauer und Architekten, änderte sich die Situation, und der Dom wurde, zumindest was den Westchor anbelangt, zu einem herausragenden Beispiel für die Verbindung von Architektur und Skulptur. Der unbekannte Künstler stammte sehr wahrscheinlich aus Nordfrankreich, wo die Gotik sich schon längst als bestimmender Baustil etabliert hatte. Anhand der einzigartigen Qualität seiner skulpturalen Arbeiten kann man seinen Werdegang von Frankreich über Mainz bis hierher nach Naumburg und später nach Meißen verfolgen.

Der Dom besitzt zwei Lettner. Der Naumburger Meister schuf als Gegenstück zum Ostlettner den berühmteren im Westen der Kirche. Außergewöhnlich genug ist die Tatsache, dass beide Lettner die Zeit überdauert haben. Das gibt es tatsächlich nur hier in Naumburg. Vor dem Hauptchor

DER NAUMBURGER MEISTER war auch für die Architektur des Westchors verantwortlich. Die Türme erinnern an jene der Kirchen in Laon und Bamberg, die der unbekannte Meister sicherlich kannte.

NEBEN DER PSYCHOLOGISCH PACKENDEN DARSTELLUNG der Figuren beeindruckt auch die naturalistische Blattornamentik der Kapitelle des Lettners, bei deren Gestaltung heimische Pflanzen wie Lerchensporn, Haselnuss, Weinlaub und Beifuß Vorbild waren.

im Osten steht der älteste erhaltene Hallenlettner und zeigt die Bildnisse der Kirchenpatrone Petrus und Paulus.

Im Westen allerdings befindet sich der ungewöhnlichere Lettner, der wie eine Portalfassade den gesamten, jetzt durchgängig gotischen Chor von der übrigen Kirche so trennt, dass dieser wie eine eigenständige Kirche erscheint. Das wiederum wäre historisch gut nachvollziehbar, stand doch genau hier die frühere Stiftskirche der Markgrafen.

Für den Westlettner schuf der Künstler einen Figurenzyklus in bisher nicht gekanntem Realismus, durch den die Passion zur erlebbaren Gegenwart wird. In sieben Szenen zeigt er die Leidensgeschichte Christi, der selbst in der Gewissheit seiner nahen Zukunft gelassene Würde ausstrahlt, die ihn von den anderen Figuren deutlich abhebt. Erzählt werden von links nach rechts die Szenen vom Abendmahl bis zur Kreuztragung. In den nur 30 Zentimetern Tiefe, die die Felder von der vorderen Kante bis zum Fond haben, erschafft der Künstler kleine Bühnen mit lebendigem Personal und erstaunlicher psychologischer Durchdringung.

Der Höhepunkt des Lettners ist die Kreuzigungsgruppe mit Johannes, Maria und Christus. Auch deren Interpretation war völlig neu: Christus auf derselben Ebene wie die Gläubigen, also Jesus als Mensch gewordener Sohn Gottes. Jeder, der unter seinen Armen den Chor betrat, wurde gleichsam von Christus selbst gesegnet. Das allerdings betraf nur die Domherren, denen der Zutritt vorbehalten war.

BEWAFFNETE ADLIGE EROBERN DEN CHOR

Im Naumburger Westchor geschieht bisher und seither nie Dagewesenes. Statt Heiliger bevölkern zwölf weltliche Adlige, teils unter Waffen, den Chor. Um dieses völlig außergewöhnliche Programm der Figuren und ihrer Aufstellung hier zu verstehen, muss man in die Entstehungszeit des ersten Doms um 1028 zurückgehen, denn sie stellen die Protagonisten dieser Zeit dar, allerdings in den Gewändern des 13. Jahrhunderts. Es handelt sich dabei zwar um die Stifter des Doms, aber auch um Sünder von hohen Graden. Die zentrale Figur scheint der sich mit gezücktem Schwert hinter seinem Schild verschanzende Dietmar zu sein, auf den die meisten Blicke gerichtet sind. Nicht ohne Grund,

DIE LEBENSGROSSEN SKULPTUREN stehen in etwa vier Meter Höhe und wurden mit dem jeweiligen Säulenteil als Einheit gehauen. Das Figurenkonzept wurde also gleichzeitig mit der Architektur erdacht.

denn Dietmar, auf dessen Schild »Ditmarus comes occisus« (Dietmar, der erschlagen wurde) geschrieben steht, hatte einen Anschlag auf den König verübt und musste sich als Gottesurteil einem Zweikampf stellen, bei dem er starb. Rechts neben ihm blickt ihn Sizzo an, der als Richter, erkennbar an dem Richtschwert, dieses Gottesurteil ausgesprochen hatte. Alle schauen auf Dietmar, mit Ausnahme von Timo. Der wiederum sieht hasserfüllt auf Ekkehard, der seinen Vater erschlagen hat. Ekkehards Gattin Uta von Ballenstedt ist unbestritten die bekannteste Figur des gesamten Zyklus. Ihre kühl distanzierte Schönheit hat viele Fantasien angeregt. Sie wurde, in reichlicher Unkenntnis ihres Lebens, vor allem im Nationalsozialismus als Ideal der deutschen Frau stilisiert und verehrt. Aber noch bekannter – und dazu international – dürfte sie durch Walt Disney geworden sein. Ihn inspirierte sie zu der bösen Königin in seinem 1937 entstandenen Zeichentrickfilm *Schneewittchen und die sieben Zwerge*.

Gegenüber von Ekkehard und Uta, die mit ihrem hochgestellten Kragen ein wenig Abstand von ihrem Gatten halten zu wollen scheint, betrachten sein zaghafter Bruder Hermann nebst lächelnder Gattin Reglindis die Szene. Alle Figuren stehen in Bezug zueinander, waren sie doch auch alle Stifter des ersten Doms. Und alle wurden als Individuen charakterisiert.

Der Sinn dieser Gestaltung könnte neben der Memoria die politische Rechtfertigung des damals aktuellen Markgrafen Heinrich von Meißen sein, eines Abkömmlings der Dargestellten, der das Bistum 1259 nach langen Kämpfen in seine Hand bekam und es damit wieder in den rechtlichen Status versetzte, den es zwei Jahrhunderte zuvor, zur Zeit seiner Gründung, besessen hatte. Die Figuren verweisen also auf den alten, ursprünglichen Zustand, womit der neue Zustand schon vorab bildlich legitimiert wird.

In Verbindung mit den Chorfenstern erscheint Schuld und Sühne als das übergeordnete Thema. »Der weltliche Adel unterwirft sich dem kirchlichen Gericht, der kirchliche Adel [dem] Schild und Schwert des weltlichen Regiments« (F. Moebius). Das alles liegt jedoch tief im Dunkel der Geschichte, auch schon zur Entstehungszeit. Was bleibt, ist die staunende Bewunderung für die Genialität des Naumburger Meisters.

Das fränkische Rom

BAMBERG –
LIEBLINGSSTADT EINES KAISERPAARES

Um als Stadt den Titel als Weltkulturerbestätte zu erhalten, empfiehlt es sich, zu den richtigen Zeiten reich und mächtig und sich zu anderen Zeiten eher unbedeutend in einer Randlage zu befinden. Beides hat Bamberg im Lauf der Geschichte sozusagen perfektioniert, und so steht es als größte unversehrt erhaltene Altstadt in Deutschland seit 1993 auf der UNESCO-Liste.

Die Stadt hat sich im Mittelalter aus einer Burg heraus zum Mittelpunkt eines riesigen Reiches, fast zu einem zweiten Rom gemausert, im Barock unter der Regentschaft einflussreicher Fürstbischöfe ihre größte Pracht erlebt und war am Ende des Zweiten Weltkrieges als Provinzstadt glücklicherweise wirtschaftlich so unbedeutend, dass der damalige Weihbischof die ansässigen Nationalsozialisten davon überzeugen konnte, dass eine Verteidigung gegen die heranziehenden Amerikaner mehr Schaden als Nutzen bringen würde.

Bamberg wurde 902 zum ersten Mal urkundlich erwähnt. Es trug den Namen Papinberg und befand sich auf dem heutigen Domberg. Kaiser Otto II. überließ es 973 seinem Vetter, Heinrich dem Zänker, dessen Sohn, der spätere Heinrich II., im Jahr 1002 in Frankfurt zum deutschen König gewählt wurde. Zwölf Jahre später erhielt er in Rom die Kaiserwürde, und als ob das der Ehre noch nicht genug gewesen wäre, sprach man ihn im Jahr 1024, 80 Jahre nach seinem Tod, heilig.

EINE GLÜCKLICHE VERBINDUNG

Im Jahr 997 heiratete Heinrich II. Kunigunde von Luxemburg. Selten in dieser Zeit der dynastischen Eheschließungen, waren Heinrich und Kunigunde offenbar tatsächlich inniglich verliebt. Gefühle hegten beide wohl auch für Bamberg, das sie zu ihrem Lieblingsaufenthalt erwählten. Um die Stellung Bambergs im Reich entsprechend zu stärken, gründete Heinrich 1007 das Bistum Bamberg und plante, die Stadt zur Hauptstadt des Reiches, eben zu einem zweiten Rom zu machen. Fünf Stifte bilden dabei ein Kreuz über die gesamte Stadt, dessen Mittelpunkt das Domstift über der alten Burg markiert. Der Dom, den Heinrich wohlweislich schon vor Gründung des Bistums bauen ließ, wurde bereits 1012 geweiht. Von diesem romanischen Dom hat sich nichts erhalten. Wenn man jedoch eine Ahnung bekommen will, wie er ausgesehen hat, empfiehlt sich ein Besuch in der Kirche St. Jakob, die 1072 geweiht wurde und weitgehend original erhalten ist. Sie stellt ein Abbild des Heinrichsdoms und die älteste erhaltene Kirche Bambergs dar.

In dieser Zeit erlebte Bamberg seine erste Blüte: »Hier ist das Haupt der Welt, die Wiege jeglichen Ruhms«, wie es der Benediktiner Gerhard von Seeon ausdrückte. Der erste Bischof, Eberhard, war zugleich Kanzler des Reiches. Zur Weihe des Doms besuchte sogar Papst Benedikt VIII. die Stadt. Heinrich II. starb jedoch schon 1024, und seine Gattin Kunigunde führte die Reichsgeschäfte bis zur Wahl Kaiser Konrads II. weiter. Auf dem Kaisergrab unterhalb des Ostchors, das Tilman Riemenschneider (1460–1531) von 1499 bis 1513 schuf, ist der Moment festgehalten, in dem Heinrich auf dem Sterbebett auf Kunigunde als seine Nachfolgerin verweist.

Der zweite Bischof Bambergs, Suitger, pflegte gleichfalls eine sehr innige Beziehung zu Bamberg, und auch hier liegt der Gedanke an ein zweites Rom nicht fern. Denn Suitger wurde 1046 in Rom zum Papst ernannt, einer der wenigen deutschen Vorgänger Benedikts XVI. Und da er Bam-

BAMBERG, das »Zweite Rom« an der Regnitz, erhebt sich zwischen Rathaus und Dom (oben). **DAS »SCHLENKERLA«** in der Bamberger Altstadt: Urkundlich erwähnt seit 1678, ist es eine der ältesten noch existierenden Brauereien Bambergs (unten).

Aecht
Schlenkerla
Rauchbier
Brauerei-
Ausschank
Seit 1405

DAS ALTE RATHAUS Bambergs wurde 1387 in der Regnitz zwischen der Bischofstadt und der bürgerlichen Innenstadt gebaut. Im 15. Jahrhundert erhielt es die heutige Gestalt und wurde Mitte des 18. Jahrhunderts barockisiert (links).
DIE HL. KUNIGUNDE wacht auf der Unteren Brücke über Bamberg (oben).

berg so sehr liebte, dass er es seine »Taube« und seine »geliebte Braut« nannte, bestimmte er, dort begraben zu werden. So kommt es, dass sich im Westchor des Bamberger Doms das einzige Papstgrab nördlich der Alpen befindet. Im Jahr 1185 brannte der Heinrichsdom komplett ab, und es wurde der Bau des heutigen Doms beschlossen, der wie sein Vorgängerbau dem hl. Petrus geweiht und nach Westen ausgerichtet ist, gleich dem römischen Petersdom. Der Neubau ging sehr schnell voran: 1200 begonnen, wurde er schon 1237 geweiht. Für diese Zeit, die Hochzeit der Gotik, erscheint der spätromanische Bau nicht auf dem neuesten Stand. Das wiederum hat seinen Grund in der Erinnerung an den unterdessen heiliggesprochenen Heinrich II. und dessen Dom. So konservativ die Architektur auch wirkt, setzt sich das Gotische am Ende doch stellenweise durch. Besonders in der Skulptur wird das deutlich. Am Nordportal sind offensichtlich Steinmetze aus dem französischen Reims am Werk gewesen. Ecclesia und Synagoge haben Figuren, die man auch für heutige Begriffe durchaus sexy nennen könnte. Und nirgendwo wird an Kathedralenportalen so viel gelacht und gegrinst und gejammert wie hier. Diese Lebendigkeit macht die Bamberger Domskulpturen zu etwas Einzigartigem.

Im Inneren ist neben vielen anderen Werken so bedeutender Künstler wie Tilman Riemenschneider oder Veit Stoß vor allem der sogenannte *Bamberger Reiter* aus der ersten Hälfte des 13. Jahrhunderts von besonderem Interesse. Das liegt nicht nur an der außergewöhnlichen Qualität der lebensgroßen Figur, sondern vor allem auch daran, dass man weder weiß, wer sie geschaffen hat, noch wen sie tatsächlich darstellt. Das lässt Raum für allerhand Spekulationen, die die Bekanntheit der Figur mit jeder neuen Interpretation steigerte.

BAMBERGS BAROCKE BLÜTE

Interessanterweise umgab Bamberg im Gegensatz zu den meisten halbwegs bedeutenden mittelalterlichen Städten nie eine Stadtmauer. Doch auch hier entwickelte sich

Neues aus der Spannung zwischen Kirche und Bürgerschaft, wobei die Klosterbezirke eine eigene Rechtsprechung hatten und von den städtischen Steuern befreit waren. Als Kaiser Friedrich Barbarossa 1164 Schutz und Zollfreiheit im ganzen Reich gewährte, stieg der Einfluss des Bürgertums. Als äußeres Zeichen dieser Macht entstand die Bürgerkirche Zu unserer lieben Frau am Kaulberg im 14. Jahrhundert und natürlich das berühmte Inselrathaus, das heute neben dem Dom als wichtigstes Wahrzeichen der Stadt gilt.

Nach den Schrecken des Dreißigjährigen Krieges erlebte Bamberg im 18. Jahrhundert einen neuen Aufschwung und blühte auf wie nie zuvor. Maßgeblich daran beteiligt waren die Fürstbischöfe der Schönborn, die auch in Würzburg einen Bauboom auslösten. Sie setzten auf eine stärkere Verbindung zwischen Kirche und Bürgertum und förderten Handwerk und Handel. Steuererleichterungen und die Bereitstellung von kostenlosem Baumaterial unterstützten ihren Eifer: Es wurden Klöster, Brücken, Brunnen und Bürgerhäuser neu errichtet oder wenigstens barockisiert. Aus dieser Zeit des barocken Überflusses stehen heute noch über 1000 Gebäude unter Denkmalschutz. Nach der Säkularisation zu Beginn des 19. Jahrhunderts verlor Bamberg seinen Rang als Regierungssitz eines geistlichen Staates, eines Fürstbistums, und versank als bayerische Provinzhauptstadt und kirchlicher Verwaltungssprengel in der Bedeutungslosigkeit. Aus heutiger Sicht ein Glücksfall, denn diese politische und wirtschaftliche Randlage ließ Bamberg am Ende des Zweiten Weltkrieges unbedeutend genug erscheinen, um nicht zerstört zu werden. Andererseits glaubten viele Bamberger daran, dass die hl. Kunigunde ihren Brautschleier zum Schutz gegen einen Luftangriff über die Stadt gebreitet habe. Auf den Radarschirmen der Alliierten hat sich dieser wohl als profaner Nebel gezeigt.

AM UFER DER REGNITZ befindet sich Bambergs »Klein-Venedig«, eine ehemalige Fischersiedlung mit Häusern aus dem 17. Jahrhundert.

DIE TÜRME DER KATHEDRALE im französischen Laon sind die Vorbilder für die Westtürme des Doms. Am vorderen Turm schauen die berühmten »Domkühe« durch die Ecktabernakel, als Anerkennung für ihre Mühen am Bau (links).
DER BAMBERGER REITER auf einer Konsole am Nordpfeiler des Georgenchors im Osten des Doms (oben).

Die deutscheste der deutschen Burgen

WARTBURG – SYMBOLBAU DER JAHRHUNDERTE

Die Wartburg, einer wahren Burg würdig, hoch oberhalb des thüringischen Eisenach gelegen, ist ein einzigartiger Hort deutscher Geschichte: von ihrer Zeit im feudalherrschaftlichen Mittelalter über die Reformation bis hin zur romantischen Verklärung des Mittelalters in der Romantik und zum Beginn der nationalen Einheit Deutschlands.

So viel Geschichte auf einem Fleck ist in Deutschland sonst selten zu finden. Daher ist es auch nicht so einfach zu entscheiden, wo man die Wartburg im Kontext der UNESCO-Weltkulturerbestätten einordnen soll. Wofür steht die Wartburg? Ist es der tatsächliche ehemalige Ludowinger-Burgbau? Oder verleiht ihr der Aufenthalt Martin Luthers besondere Bedeutung, obwohl sein Aufenthalt auf der Wartburg nur einen Bruchteil ihrer »Lebenszeit« ausmachte? Sind es die Studenten, die sich an diesem symbolträchtigen Ort zusammengefunden haben, um erstmals eine Einigung Deutschlands zu fordern? Oder ist es das romantische Wiederauflebenlassen – wenn auch in idealisierter Form – des Mittelalters, das Dichter, Maler, Komponisten und Architekten im 19. Jahrhundert zu neuen Werken inspiriert hat? Alles hat seine Berechtigung, aber am Beginn steht der Anfang, also die Gründungszeit der Burg.

Ludwig der Springer (1042–1123), der seinen Namen einer spektakulären Kerkerflucht zu verdanken hat oder schlicht einem Übersetzungsfehler seines lateinischen Beinamens Salicus, gehörte dem Geschlecht der Ludowinger an und gilt als Gründer der Burg. Die erste urkundliche Erwähnung stammt von 1080 und steht im Zusammenhang mit einem Überfall der Burgmannschaft auf Truppen Heinrichs IV. Da damals zumeist Holz verbaut wurde, ist von diesem erwähnten Ursprungsbau kaum mehr etwas vorhanden. Erst als der Landgraf Ludwig II., der bis 1177 regierte, sich der Burg annahm, fand dort Erstaunliches statt. Ludwig, auch »der Eiserne« genannt, hatte nicht nur seine ritterlichen Fehden im Kopf, sondern auch einen Sinn für Kunst und Architektur. So ließ er von ca. 1156 bis 1162 den Palas errichten; einen Prachtbau, der in damaligen Burgen seinesgleichen suchte – und nicht fand, es war der erste seiner Art. Denn diese architektonische Prachtentfaltung war eigentlich den Kaisern, respektive deren Pfalzen vorbehalten, nicht einer schlichten Landgrafenburg.

LANDGRAFEN MIT DEM SINN FÜRS SCHÖNE

Zum Innenhof der Burg öffnet sich der Bau mit drei Stockwerken und zahlreichen Arkadenfenstern, die mit Doppelsäulen und aufwendigem Kapitellschmuck verziert sind. Von den 130 Kapitellen stammen dreißig noch aus der Entstehungszeit, genauso wie der Südturm, der mit dem Palas der einzige erhaltene Bau des Mittelalters ist. Im Palas, auch Landgrafenhaus genannt, liegen der quadratische Rittersaal mit Kreuzgratgewölbe, der Speisesaal und die Kemenate der hl. Elisabeth von Thüringen (1207–1231), die sich für die Armen aufopferte. Im oberen Geschoss befindet sich der Sängersaal mit Moritz von Schwinds (1804–1871) Gemälde des berühmten Sängerkriegs auf der Wartburg. Denn auch der Nachfolger Ludwig des Eisernen, Hermann I. (1190 bis 1216) hatte einen Sinn fürs Schöne, in seinem Fall ging es jedoch nicht um Architektur, sondern um die Dichtkunst. Er schuf mit seinem legendären Sängerkrieg quasi ein erstes Zentrum der deutschen Dichtung. Dabei sollten die besten Dichter sich messen, darunter Walther von der Vogelweide, Heinrich von Ofterdingen und Wolfram von Eschenbach, der auf der Wartburg auch Teile seines *Parzival* schrieb. Dieser

DIE WARTBURG über Eisenach von Osten gesehen. Nach dem Wehrgang und dem Bergfried mit der Elisabeth-Kemenate schließt sich der Palas an.

IN NUR ELF WOCHEN übersetzte Junker Jörg alias Martin Luther hier das Neue Testament vom Griechischen ins Deutsche. Sein Porträt hing seinerzeit noch nicht dort.

Wettstreit, den sogar der berühmte *Codex Manesse*, eine Liedersammlung des frühen 14. Jahrhunderts, gerühmt hatte, inspirierte Richard Wagner zu seiner 1845 uraufgeführten Oper *Tannhäuser und der Sängerkrieg auf der Wartburg*. In Schwinds Gemälde von 1854/55 geben sich die bedeutenden Personen, die diese Burg besucht und bewohnt haben, ein Stelldichein: der Maler selbst, Goethe und Schiller, Luther und Melanchthon sowie Karl Alexander von Sachsen-Weimar-Eisenach (1818–1901), der Mäzen der Restaurierung der Wartburg.

Bevor mit dieser allerdings ab 1847 begonnen wurde, spielte die Wartburg noch bei weiteren bedeutenden Ereignissen eine wichtige Rolle. So wurde hier am 4. Mai 1521 ein gewisser Junker Jörg durch den Kurfürsten Friedrich den Weisen untergebracht, der, nicht mal ein Jahr später, als Martin Luther, die Burg wieder verließ. Der Kurfürst versteckte den Reformator, bis sich die Aufregungen über ihn und seine Thesen etwas beruhigt hatten. Der Sage nach warf der Mönch dem Teufel ein Tintenfass hinterher, was man wohl eher symbolisch verstehen sollte, vor allem aber übersetzte Luther hier das Neue Testament aus dem Griechischen und vollzog damit zwei entscheidende Schritte in einem: die Vereinheitlichung der deutschen Sprache und die Teilung der christlichen Kirche.

Mit Einheit hatte auch das nächste Großereignis auf der Wartburg zu tun: Studenten nutzten am 18. Oktober 1817, 300 Jahre nach Luthers Thesenanschlag und vier Jahre nach der Völkerschlacht in Leipzig, die Burg und ihre Symbolkraft bei dem ersten Wartburgfest als Plattform für ihre Forderung nach einem geeinten Staat mit einer demokratischen Verfassung, die die Kleinstaaterei und den Feudalismus beenden sollte.

ROMANTISCHES SEHNSUCHTSZIEL

Davon ahnte Johann Wolfgang von Goethe wohl noch nichts, als er verschiedentlich auf dieser Burg weilte – es hätte ihm wohl auch nicht gefallen. Er beschäftigte sich mit ihrer Geschichte sowie mit ihrer symbolischen Bedeutung und erwog ab 1815, hier ein Museum einzurichten. Sogar entsprechende Kunstgegenstände wurden schon angekauft. Das zeigt unter anderem, wie stark am Beginn des 19. Jahrhunderts die Sehnsucht oder zumindest der Hang zum

DIE GLASMOSAIKEN in der Elisabeth-Kemenate stammen aus den Jahren 1902 bis 1906. Sie zeigen Szenen aus dem Leben der heiligen Elisabeth.
IM FESTSAAL, Originalschauplatz des mittelalterlichen Sängerkrieges, werden heute immer wieder *Tannhäuser*-Aufführungen gezeigt. ▽

ruhmreichen Mittelalter gediehen war: »Bei der gegenwärtigen Liebe und Leidenschaft zu den Resten der alten deutschen Kunst ist diese Akquisition von Bedeutung, und die Wartburg wird künftig noch manche Pilger zählen«, prophezeite der Dichterfürst. Bedenkt man die heutigen Besucherzahlen, hat er recht behalten.

ECHTES UND NACHEMPFUNDENES MITTELALTER

Lange bevor der neuerliche Bau der Wartburg, so muss man die Restaurierung wohl fast nennen, begonnen wurde, erforschte der Architekt Hugo von Ritgen (1811–1889) den Stil des Mittelalters, um der historischen Wahrheit möglichst nahezukommen. Im Jahr 1847 publizierte er seine *Gedanken zur Restaurierung der Wartburg* und schuf viel Neues auf der Burg, von dem er meinte, es entspräche dem originalen Mittelalter: die Neue Kemenate, die Dirnitz (Gemeinschafts- und Speiseraum) mit der Torhalle, die den gesamten Burghof in Vor- und Hauptburg teilen, den Bergfried und manche weiteren Bauteile. Zuvor holte er auch einiges zutage, was verschlossen, verschüttet, vermauert oder vergessen war. Ritgen überzeugte mit seiner Interpretation einer mittelalterlichen Burg. Ludwig II. von Bayern war begeistert von der neuen Wartburg, die er 1867 besuchte. Sie entsprach vollkommen seiner romantischen Vorstellung einer mittelalterlichen Burg und so nahm er sie als Vorbild für sein Schloss Neuschwanstein.

Im Laufe ihrer Geschichte wurde die Wartburg von einer Burg zu einer Zuflucht, zu einem Symbol und romantischen Sehnsuchtsort und schließlich zu einer Touristenattraktion für die seit dem 1. Juli 1894 Tickets verkauft werden. Im Jahr 2009 wurde die 30-millionste Eintrittskarte verkauft. Heute kommen durchschnittlich 350 000 Besucher pro Jahr auf die Burg und träumen von Minnesängern, Rittern und Reformatoren.

*»So seltsam mirs vor 4 Wochen geklungen
hätte auf der Wartburg zu wohnen,
so natürlich ist mir's iezt, und ich bin schon
wieder so zu Hause wie im Nest.«*

Goethe an Ch. v. Stein, 13.–17. September 1777

IS·NON·ICVRRERET·INDENTES·DRACONIS·
NISI·VICISSET·LEO·DE·TRIBV·IVDA

Reichstag zwischen Wurstkuchl und Steinbrücke

REGENSBURG – ITALIENISCHES FLAIR IN DEUTSCHLAND

Man hört oft, München sei die nördlichste Stadt Italiens. Darüber lässt sich streiten und die Frage scheint berechtigt, ob dieser Rang nicht vielmehr Regensburg gebührt. Das könnte an seinem Ursprung als römisches Kastell liegen, das 175 n. Chr. auf Befehl des Kaisers Mark Aurel unter dem Namen Castra Regina errichtet wurde. Oder es wäre den mittelalterlichen Geschlechtertürmen geschuldet, die an entsprechende Bauten in Italien, speziell in San Gimignano, denken lassen.

Es könnte auch eine Folge der jahrhundertealten Handelsbeziehungen sein, die Regensburg mit Italien pflegte und die das südliche Flair gleichsam als Nebenprodukt mitlieferten. Definitiv nicht auf römische oder italienische Wurzeln zurückzuführen ist die historische »Wurstkuchl« am Ufer der Donau, die älteste Wurstbraterei ihrer Art. Während des Baus der Steinernen Brücke von 1135 bis 1146 diente das Gebäude als eine Art Baubüro. Danach wurde es zur »Garküche auf dem Kranchen«. »Kranchen« ist das alte Wort für Kran oder Kräne, die hier zum Be- und Entladen der Donauschiffe standen. Da viele mittelalterliche Häuser wegen der hohen Brandgefahr keine eigenen Küchen hatten, gab es entsprechend viele Garküchen in den Städten, die hauptsächlich gesottenes Fleisch und Kraut anboten. Bratwürste wurden hier erst seit Beginn des 19. Jahrhunderts gegrillt, und seitdem ist die Wurstkuchl in Familienbesitz. Vielleicht war es auch für manche Händler Tradition, nach einer langen Handelsreise in der Garküche, die direkt an der Steinernen Brücke liegt, einzukehren.

Die Steinerne Brücke ist die älteste Brücke Deutschlands und sie war für lange Zeit der einzige befestigte Übergang über die Donau auf den über 700 Kilometern zwischen Ulm und Wien. Über 16 Bögen spannt sich die Brücke auf 300 Metern Länge vom südlichen Ufer bis zum Ufer von Stadtamhof, das erst seit 1924 zur Stadt Regensburg gehört. Regensburg wurde mit dieser Brücke zu einem der wichtigsten Nadelöhre zwischen Nord und Süd. Die Bürgerschaft selbst hat die Brücke finanziert und vom Kaiser das Privileg erhalten, Maut für die Überfahrt zu kassieren. Selbstverständlich haben sich die Regensburger nicht mit der Brückenmaut begnügt, sondern selbst sehr erfolgreich Handel getrieben. Von Italien und Frankreich bis nach Russland und Byzanz verkauften sie ihre Waren und brachten entsprechende Güter aus fernen Ländern in die Stadt.

SITZ VON KÖNIGEN UND KAISERN

Schon früh war Regensburg eine Residenzstadt. Im Jahr 739 wurde das erste Bistum vom hl. Bonifatius gestiftet. Bis 788 war die Stadt der Hauptsitz der Herzöge von Bayern aus dem Geschlecht der Agilolfinger. Kaiser Karl der Große verbrachte 791 bis 793 in Regensburg, um die Eingliederung Bayerns in sein Fränkisches Reich zu regeln. Die beiden letzten Karolingerherrscher, Kaiser Arnulf von Kärnten († 898) und Ludwig das Kind († 911), haben in der Benediktinerabtei St. Emmeram ihre letzte Ruhe gefunden. Bereits zur Pfalzstadt des Fränkischen Reiches erhoben, kümmerte sich um die Jahrtausendwende der spätere Kaiser Heinrich II. mit seiner Gattin Kunigunde selbst um die Erhaltung der Alten Kapelle, des Stifts Zu Unserer Lieben Frau. Die Basilika wurde, als sich die Stadt schließlich protestantisch erklärte, gleichsam als Demonstration der katholischen Herrlichkeit barockisiert.

Im Jahr 1245 wurde Regensburg zu einer Freien Stadt, die dem Kaiser keine Steuern schuldig war und das Recht

OBWOHL DER DOMBAU in Regensburg schon 1260 begonnen wurde, wurde er erst 1872 mit dem Aufsetzen der Turmhelme vollendet.

DIE KLOSTERKIRCHE St. Emmeram ist karolingischen Ursprungs und wurde 1731 bis 1733 von den Brüdern Asam im barocken Stil neu gestaltet.

hatte, sich selbst zu verwalten. Damit brachen goldene Zeiten an, aus denen noch viele Gebäude stammen. Vor allem die 20 Geschlechtertürme, die von den rund 70, die es im Mittelalter gegeben hatte, übrig geblieben sind, erzählen vom Reichtum der Patrizierfamilien. Ihre Türme waren gleichzeitig auch ein Signal an die Kirche, dass sie nicht allein das Sagen in der Stadt habe. Der höchste, der sogenannte Goldene Turm, ragt 50 Meter in den Himmel. In Regensburg herrschte eine stete Konkurrenz zwischen der Bürgerschaft, dem Bischof und dem Herzogtum Bayern, das jenseits der Stadtmauern lag.

DOMSTADT DER PROTESTANTEN

Um 1260 wurde mit dem Dombau begonnen und es entstand eine Kirche nach der Mode der französischen Kathedralgotik, die östlich des Rheins nur selten zu bewundern ist. Auch dieser Dombau hat sich, wenn auch weniger spektakulär als in Köln, über Jahrhunderte hingezogen und wurde erst um 1520 zu einem vorläufigen Abschluss gebracht. Den Versuch der Barockisierung durch eine Vierungskuppel machte der bayerische König Ludwig I. rückgängig: Er ließ sie durch ein Kreuzrippengewölbe ersetzen und ordnete die Regotisierung des Doms an. In den Jahren 1859–1872 bekam das südliche Querhaus seinen Giebel und der Dom wurde schließlich mit dem Aufsetzen der Turmhelme vollendet.

Bis zum 16. Jahrhundert trieb Regensburg im behäbigen Strom der Geschichte. Es wurden Reichstage abgehalten, die der Stadt sowohl lieb als auch teuer waren. Im Jahr 1541 fand das »Regensburger Religionsgespräch« zwischen Johannes Eck und dem Reformator Philipp Melanchthon in der Neuen Waag statt, um die Differenzen zwischen den Religionen zu minimieren. Das gelang jedoch nicht und Regensburg entschied sich ab 1542 für den protestantischen Glauben. Im Dreißigjährigen Krieg suchten dadurch auch viele verfolgte Protestanten eine Zuflucht in der Stadt. Und das, obwohl Kaiser Karl V. während des Reichstags 1546 mit der Bürgerstochter Barbara Blomberg einen Sohn zeugte, der zum »katholischen Aushängeschild« wurde. Als Juan de Austria errang er 1571 bei der berühmten Schlacht von Lepanto den Sieg für die Heilige Liga gegen die Türken.

DIE STEINERNE BRÜCKE von Regensburg, deren Bau 1135 begonnen wurde, ist die älteste erhaltene Brücke Deutschlands und eines der Wahrzeichen der Stadt.

1519 wurden die Juden, die unter Kaiser Maximilian I. noch Schutz genossen, nach dessen Tod vertrieben und die Synagoge zerstört. Stattdessen baute man die Marienkirche, die 1542 dann als Neupfarrkirche als erste protestantische Kirche Regensburgs genutzt wurde.

DAS ENDE DES HEILIGEN RÖMISCHEN REICHES

In der Folgezeit verbrachte Regensburg wieder friedliche Jahrzehnte und blühte aber noch einmal auf, als der Immerwährende Reichstag von 1663 bis 1806 im Reichssaal des Alten Rathauses tagte. Der allerdings war ein Schatten seiner selbst, verglichen mit den Zeiten, als der Kaiser noch persönlich erschien. Der Reichstag verkam zu einem Handelsplatz der Krämer der internationalen Politik aus den 70 Staaten und Fürstentümern, die hier vertreten waren. Mit dem Ende des Heiligen Römischen Reiches 1806 wurde Regensburg zu einem Fürstentum, 1809 von Napoleon erstürmt und schließlich an Bayern übergeben.

Der politische Niedergang der Stadt hat dem architektonischen Reichtum und dem Flair Regensburgs nicht geschadet. Glücklicherweise konnte hier, wie auch in Bamberg, eine Zerstörung durch die Nazis am Ende des Zweiten Weltkriegs verhindert werden. Und so kann man immer noch am Ufer der Donau bei einer Brotzeit in der Wurstkuchl die ehemals als Achtes Weltwunder bezeichnete Steinerne Brücke betrachten, die das Geschick der Stadt so lange geprägt hat.

Aber eine der weitreichsten Entscheidungen dieses Reichstages fiel hier noch: Der Reichsdeputationshauptschluss von 1803, der auf dem Regensburger Reichstag beschlossen wurde, leitete noch das Ende des Heiligen Römischen Reiches ein. Eine Folge daraus war die Säkularisation und damit die Auflösung der Klöster und somit fast das Ende des Ordenslebens. Auf der allerletzten Sitzung des Reichstages erklärten die Rheinbundstaaten schließlich den Austritt aus dem Heiligen Römischen Reich Deutscher Nation und besiegelten damit dessen Ende.

TYPISCHE GASSE der Regensburger Altstadt nahe dem Dom (oben).
DAS GOLIATH-HAUS aus dem 13. Jahrhundert mit einem Fresko, das Melchior Bocksberger 1573 geschaffen hat (rechts).

PURE
PURE

Eine kleine Weltmacht

HANSESTADT LÜBECK – HANDEL UND WANDEL

Wer die Meere beherrscht, bestimmt den Handel und wer den Handel bestimmt, beherrscht die Welt« – das abgewandelte Sprichwort aus der Antike ist wie auf Lübeck zugeschnitten. Aus dem kleinen und wiederholt niedergebrannten Ort Liubice wird erst nach einer weiteren Neugründung 1143 durch Heinrich den Löwen (1129/20 bis 1195) die erste deutsche Stadt an der Ostsee, Lübeck.

Die neue Stadt entwickelte sich sehr schnell, denn die wirtschaftliche Grundlage war in greifbarer Nähe: Durch die kirchlichen Fastengebote zählte Fisch zu einer der wichtigsten Speisen im missionierten Europa, und die Lübecker konnten den Exportschlager dank der großen Heringsschwärme vor der Küste und des Salzes aus den Lüneburger Salinen liefern. Der Handel mit durch Salz haltbar gemachtem Hering entwickelte sich zu einem einträglichen Geschäft und die Stadt blühte auf. 1173 wurde mit dem Bau des romanischen Doms, des ersten großen Kirchenbaus dieser Gegend, begonnen. Lübecks Lage, gleichsam im Zentrum der Ostsee, erwies sich für den Handel als äußerst günstig. Gepaart mit dem Geschick und dem Mut seiner Kaufleute war sein Erfolg programmiert. Spätestens als Kaiser Friedrich II. (1194–1250) Lübeck 1226 die Reichsfreiheit zusicherte, war der Aufstieg nicht mehr aufzuhalten. Die Lübecker Kaufleute dehnten ihre Handelsbeziehungen aus und versprachen sich gegenseitigen Schutz ihrer Schiffe, etwa gegenüber Piratenüberfällen, wie es das Stadtsiegel Lübecks darstellt. Zu dem Schutz in der Gruppe begannen die Fernhandelskaufleute auch ihre Interessen an den Zielorten gemeinsam zu vertreten. Und diese lagen inzwischen im Osten bis nach Riga und dem russischen Nowgorod, im Norden bis Bergen und im Westen bis nach Brügge und London verstreut. Im Jahr 1259 gründeten Lübeck und Städte wie Hamburg, Wismar und Stralsund den Wendischen Bund, die Keimzelle der Deutschen Hanse.

Ein wichtiger Faktor für den durchschlagenden Erfolg der Hanse war neben dem Geschick der Kaufleute auch ein neuer Schiffstyp, sozusagen das Containerschiff des Mittelalters. Dank der Kogge ließen sich mehr, schneller und sicherer Waren transportieren. Mit einer Länge von bis zu 30 Metern und einer Breite von bis zu acht Metern war sie viel größer und stabiler als alle anderen Schiffe und konnte bis zu 200 Tonnen Ladung aufnehmen, wodurch sich die Handelsreisen auch in entfernte Städte noch mehr lohnten.

FRÜHER BÜRGERLICHER WOHLSTAND

Der erwirtschaftete Reichtum und die dadurch gestärkte Macht des Bürgertums zeigten sich bald in der Architektur Lübecks. Der Dom bekam mit der Kirche des Rates, der Marienkirche, mächtige Konkurrenz. Das Sagen in der Stadt hatte nicht die Kirche, sondern der Rat, also die Bürgerschaft und die Kaufleute. Die Marienkirche wurde ab 1251 zur gotischen Basilika umgebaut und erweitert. Als Vorbilder dienten die modernen französischen Kathedralen. Weil sich jedoch in der Umgebung Lübecks keine nennenswerten Steinbrüche befanden, musste man die Gotik in Backsteintechnik nachempfinden – und das gelang in äußerst beeindruckender Art und Weise. Mit 38,5 Metern Mittelschiffhöhe schufen die Lübecker das höchste Backsteingewölbe der Welt und mit der gesamten Marienkirche ein Modell für rund 70 weitere Kirchen wie beispielsweise die Nikolaikirchen in Wismar und Stralsund. Der Rat hatte das Bistum mit seinem romanischen Dom fast um das Doppelte an Größe übertroffen – was für ein Symbol! 1298 wird eine Besonderheit der Marienkirche das erste Mal erwähnt, die

DAS LÜBECKER HOLSTENTOR – hier von der Feldseite aus gesehen – ist das Wahrzeichen der Stadt. Dort steht seit 1871 die Inschrift *Concordia domi foris pax*, »Eintracht innen, draußen Friede«.

CONCORDIA DOMI FORIS PAX

DAS LANGE HAUS und das Neue Gemach des Lübecker Rathauses befinden sich an der Ostseite des Marktes. Die betürmte Schaufassade ist typisch für die Backsteingotik der Hansestadt.

Tresekammer, kurz die Trese. In dem mit sieben Schlössern gesicherten Raum über der Bürgermeisterkapelle wurden Wertgegenstände, städtische Urkunden und Verträge aufbewahrt. Es war die Schatzkammer der Bürgerschaft und der Tresor der Hanse. Unter anderem lagerten hier die zwei Exemplare des Reichsfreiheitsbriefes von 1226. Noch heute ist die Trese in städtischem Besitz, die Kirche genießt allerdings das Nießbrauchrecht.

Die wohlhabenden und einflussreichen Ratsherren kümmerten sich nicht nur um ihren Handel, sondern sorgten auch für die Mitbürger, und so stifteten zwölf von ihnen 1286 das Heilig-Geist-Hospital, ein Alten- und Pflegeheim, in dem 200 Menschen für das Seelenheil der Ratsherren beteten. Es ist eines der ältesten noch bestehenden Einrichtungen dieser Art weltweit.

AUFSTIEG DER HANSE

War die Hanse zu Beginn ein loser Zusammenschluss einiger Kaufleute zur gemeinsamen Sicherung ihrer Handelsrouten, entwickelte sie sich in den kommenden Jahrzehnten zu einem mächtigen Städtebündnis. So mächtig, dass dieser lockere Verband von Händlern und Städten sogar Königreichen die Stirn bieten konnte. Als der norwegische König Erik II. 1284 versuchte, ihre Handelsprivilegien zu beschneiden, sperrten die Hansemitglieder den Öresund, sodass kein Getreide mehr geliefert werden konnte. Um eine Hungersnot zu vermeiden, musste der König nachgeben und die Privilegien sogar noch erweitern. Obwohl es nie eine »Verfassung« der Hanse gab, hielten die Fernhändler und Städte zusammen und traten 1356 zum ersten Mal förmlich zu einem Hanse-Tag in Lübeck zusammen. Hier wurde in den nächsten Jahrhunderten die Wirtschafts-, Handels- und Machtpolitik im Ostseeraum und weit darüber hinaus geregelt. In der Hochzeit gehörten über 200 Städte mit großen Handelshäusern, sogenannten Kontoren, in London, Brügge, Bergen, Nowgorod und kleineren Faktoreien in Portugal, Frankreich und Italien zur Hanse.

Und die Vereinigung war auch militärisch mächtig. Der dänische König Waldemar IV. versuchte 1361 zunächst erfolgreich, die Macht der Hanse zu brechen, indem er die für die Handelswege wichtige Insel Gotland mit ihrer reichen Hauptstadt Visby eroberte. Der geschlagene Städtebund

DIE »SCHIFFERGESELLSCHAFT« in Lübeck bezeichnet einen alten Seefahrerverband und gleichzeitig ein historisches Gebäude, das heute eine Gaststätte beherbergt. **PANORAMABLICK** von Norden über die Trave, im Hintergrund die Marienkirche. ▽

rüstete 1367 auf und besiegte Waldemar. Der Sieg mündete 1370 in den Frieden von Stralsund, bei dem zum ersten Mal ein Vertrag zwischen einem Königreich und »einfachen« Bürgern geschlossen wurde. Die Hanse war damit auf dem Höhepunkt ihrer Macht und ihr Zentrum war Lübeck. Im 14. Jahrhundert galt die »Königin der Hanse« mit ihren 20 000 Einwohnern zudem als Großstadt.

»KÖNIGIN DER HANSE«

Neben dem Zentrum am Markt, dem Burgbezirk im Norden und dem Dombezirk im Süden, wurden im 13. und 14. Jahrhundert mit St. Petri, St. Jakobi und St. Aegidien noch drei weitere große Pfarrkirchen errichtet. In dieser Zeit entstand die parzellierte Stadtstruktur und die Straßenanlage mit den typischen Giebeldachhäusern. Dazu kam zu Beginn des 13. Jahrhunderts die Stadtmauer mit bis zu neun Metern Höhe, von deren Mächtigkeit das 1464–1478 entstandene Holstentor noch heute einen Eindruck vermittelt.

Die Zeiten änderten sich und die Entdeckung neuer Seewege und Kontinente schufen neue Märkte, auf die die Hanseaten nur noch geringen Zugriff hatten. Im Jahr 1669 fand der letzte Hanse-Tag in Lübeck statt. Es gab keine formelle Auflösung, aber die Tatsache, dass nur noch Delegierte aus neun Städten kamen, war auch so ein deutliches Zeichen des Endes.

In Italien und München schrieb Thomas Mann mit *Buddenbrooks* seinen ersten Roman, der 1901 erschien. Obwohl der Name der Stadt nicht genannt wird, war jedermann klar, dass es sich um Lübeck handelt. Viele prominente Lübecker, die sich im Roman erkannten, waren ob der Ironie nur wenig begeistert. 1929 erhielt Mann dafür den Literaturnobelreis.

»Wusstest du nicht, dass man auch in einer kleinen Stadt ein großer Mann sein kann? Dass man ein Cäsar sein kann an einem mäßigen Handelsplatz an der Ostsee?«

Aus: *Buddenbrooks*, Thomas Mann

EVENT HORIZON
EMD-R 9

Aufstieg und Fall der Zisterzienser

KLOSTER MAULBRONN – VERGANGENE WELT DER MÖNCHE

Zu Beginn des 12. Jahrhunderts machte ein neuer Orden in Europa Furore, der als eine Gegenreaktion zu den Auswüchsen der benediktinischen Klöster und deren Pracht- und Machtentfaltung entstand: die Zisterzienser. Besonders im Blickfeld stand dabei das Kloster im französischen Cluny, das sich vor lauter Reichtum die größte Kirche der Christenheit baute, die erst einige Jahrhunderte später der neue Petersdom in Rom an Größe übertraf. Ironischerweise gab dieser Anlass für eine noch größere Abspaltung, nämlich den Protestantismus.

Zurück zu den Zisterziensern: 1098 gründeten Robert von Molesme und der Engländer Stephan Harding mit 22 weiteren Mönchen in der Gegend von Cîteaux diese neue, radikalere Gemeinschaft, die Papst Calixtus II. 1119 als Orden bestätigte. Kurz darauf kam Bernhard von Clairvaux (1090–1153) dazu, der mit seinen mitreißenden Predigten zum bedeutenden Zugpferd wurde. Die jungen Zisterzienser waren sehr erfolgreich und breiteten sich in Windeseile über ganz Europa aus. Sie gründeten ihre Klöster quasi in der Wildnis und machten die Umgebung urbar. Hatten sie eine bestimmte Größe erreicht, wurden jeweils ein Abt und zwölf Mönche, analog zu Christus und seinen Jüngern, als Gründungsteam für ein neues Kloster entsandt. 1133 hatten sie es auf diese Weise schon auf 69 Klöster gebracht und in ihrer Hochzeit um 1300 waren es 742. Was die Zisterzienser gerade für junge Leute so anziehend machte, war der Radikalismus, der die Jugend bis heute bisweilen anzieht und reizt. Der hatte jedoch auch durchaus Nachteile. Denn durch die strenge Askese, das eintönige Essen, das hauptsächlich aus Getreide und Wein bestand, und die schwere Arbeit sank die Lebenserwartung der Mönche auf 28 Jahre.

Im Jahr 1146 schenkte der Bischof von Speyer dem Orden das Lehen zum Mulenbrunnen, wo ein Jahr später das Kloster Maulbronn gegründet wurde. Es war ein für zisterziensische Klostergründungen typischer Ort – die Abgeschiedenheit eines waldigen Tals. Die Legende besagt, dass ein Maultier während der Suche nach dem richtigen Ort hier mit den Hufen eine Wasserquelle hervorschlug. Ein Bild der namensstiftenden Legende ist an der Decke des Brunnenhauses im Kreuzgang zu finden. Dieses Brunnenhaus war denn auch, abgesehen von der Kirche, das eigentliche Zentrum des Klosters. In dieser neuneckigen Kapelle im Zentrum des Nordflügels des Kreuzgangs, der sich unüblicherweise auf der Nordseite der Kirche befindet, kamen die Mönche zusammen, um sich zu waschen und sich mit Frischwasser zu versorgen. Anfangs nur bis zur Brüstungshöhe gemauert, wurde das Brunnenhaus um 1350 um die fünf Maßwerkfenster und die gewölbte Decke erweitert und bekam 1611 den Fachwerkaufsatz. Die beiden oberen Brunnenschalen stammen aus dem 19. Jahrhundert, die untere noch aus dem Mittelalter.

EIFRIGE PIONIERE

Die Gründungslegende hat eine symbolische Bedeutung, spielt doch das Wasser gerade bei den Zisterziensern eine wichtige Rolle. Zum einen gilt es als Symbol der Unsterblichkeit. Zum anderen bildete das ausgeklügelte Wasserwirtschaftssystem sozusagen einen Teil der (weltlichen) Geschäftsgrundlage des Ordens.

Aus dem Mittelalter, und zwar genau aus dem Weihejahr der Klosterkirche 1178, stammt das zweiflüglige Hauptportal. Es ist somit, zusammen mit dem Südportal, die älteste datierbare Tür Deutschlands. Es sind sogar

DER MEISTER DER SCHNITZKUNST des Chorgestühls aus dem 15. Jahrhundert ist nicht namentlich bekannt. Wahrscheinlich stammt er aus dem Umfeld des Ulmer Bildhauers Hans Multscher. **IN MAULBRONN** wurden der Legende nach die Maultaschen erfunden. Im Herrenrefektorium wurden die schwäbischen Spezialitäten verspeist. Da während der Fastenzeit Fleisch verboten war, versteckte man es in Teigtaschen. ▽

DER KREUZGANG des Klosters, in dem auch ein Internat untergebracht ist. In dem hexagonalen Raum auf dem Brunnenhaus befindet sich »Deutschlands schönstes Klassenzimmer«.

noch Reste der ehemaligen Pergamentbeschichtung darauf zu erkennen. Die Kirche kennzeichnen die für den Zisterzienserorden typischen Merkmale: eine schlichte, romanische, dreischiffige Pfeilerbasilika ohne jeglichen Bauschmuck und Turm. Kein Schmuck sollte die Mönche vom Gebet, zu dem sie achtmal täglich gerufen wurden, ablenken. Ursprünglich mit einer hölzernen Flachdecke versehen, bekam die Kirche im 15. Jahrhundert ein gotisches Netzrippengewölbe und die dazugehörige Deckenmalerei. 1478 kam das zentrale Kruzifix dazu, das komplett aus einem Stein gehauen wurde. Dieser »Zierrat« stammt aus einer Zeit, als die einst so strengen Regeln schon wieder aufgeweicht waren.

Seit den Gründungsjahren besteht allerdings die Chorschranke, die wesentliche Eigenheit einer Zisterzienserkirche: Damit wurden die geweihten Mönche von den Laienmönchen getrennt. Die Laienmönche, auch Konversen genannt, verrichteten die harte körperliche Arbeit und stellten dadurch den Erfolg der Klöster sicher. Insofern haben sich auch in den Klöstern der Zisterzienser die gesellschaftlichen Schranken nicht wirklich geändert. Denn die Söhne (und Töchter – es gab auch Frauenklöster) der Aristokratie waren meist die geweihten Mönche und blieben von der harten körperlichen Arbeit verschont.

Wie in der Kirche saßen die Mönche und die Konversen auch bei den Mahlzeiten getrennt. Das sogenannte Herrenrefektorium war den geweihten Mönchen vorbehalten, die während des kargen Essens Lesungen aus der Bibel oder anderen erbaulichen Schriften hörten und vielleicht auch die frühgotische Architektur genossen. Die Klosterküche trennte die beiden großen Speisesäle voneinander. Der zweischiffige Speisesaal der Laienmönche stammt aus dem frühen 13. Jahrhundert und war deutlich schlichter. Das heutige Kreuzgratgewölbe wurde erst 1869 eingebaut.

EIN EFFIZIENTES WIRTSCHAFTSSYSTEM

Am Kloster Maulbronn kann man erkennen, wie ein solches Kloster gewachsen ist. Allein im Chor kann man es nachzählen: 92 Plätze findet man dort in dem aufwendig geschnitzten Gestühl. Und das ist nur die Anzahl der geweihten Mönche. Die Mönche arbeiteten extrem fleißig und effizient. Durch ihr Wasserwirtschaftssystem verbanden sie

DAS KLOSTER MAULBRONN gehört zu den frühesten gotischen Bauten in Deutschland. **MAULBRONN** gilt als die am vollständigsten erhaltene mittelalterliche Klosteranlage nördlich der Alpen. ▽

den eigenen Mühlenbetrieb innerhalb der Klostermauern mit einem komplexen System aus selbst angelegten Seen und Wasserläufen, das die Landschaft bis heute prägt. Gleichzeitig haben sie die Salzach und den Blaubach innerhalb der Mauern kanalisiert, sodass sie die Abwässer und Abfälle aus der Küche und den Latrinen abführen konnten. Außerhalb des Klosters betrieben die Mönche Höfe zur Bewirtschaftung der Ländereien und der Viehzucht, sogenannte Grangien. Schon bald hatte das Kloster Maulbronn 17 davon. Den Erfolg des Klosters erkennt man auch an seinen weiteren Bauten. Je ferner das Gründungsdatum, desto aufwendiger werden die Gebäude. Und das liegt nicht nur an der Anzahl der Mönche, sondern auch daran, dass die asketische Haltung sich offensichtlich nicht konsequent durchhalten ließ. Das Paradies, die Vorhalle der Kirche, das um 1220 entstanden ist, weist schon deutlich mehr Zierrat auf. Zu Beginn des 15. Jahrhunderts kamen außerdem Malereien dazu. Den Kapitelsaal mit seinen drei Rundpfeilern überspannt ein Sterngewölbe mit schmuckreichen Kapitellen mit Vogel- und Engelsdarstellungen, und wurde 1517 mit Malereien verziert.

Die Effizienz und der Erfolg der Zisterzienser waren paradoxerweise auch der Grund ihres Niedergangs. Einerseits gingen ihnen schlicht die Laienbrüder aus, die die schwere Arbeit verrichten sollten, und zum anderen brachte der Erfolg Reichtum und der Reichtum wiederum Begehrlichkeiten, die schließlich wieder den Prinzipien des Ordens zuwiderliefen. Und das traf genau auf die Zeit der neuen armen Orden, die schnell großen Zulauf fanden, die Franziskaner und die Dominikaner. Auch hier lebte man in Armut, hatte aber bei Weitem nicht so viel Arbeit dabei.

Einer Legende nach soll Doktor Faust in einem als Laboratorium eingerichteten Raum des Klosters versucht haben, Gold zu machen.

Perfektion im Wert von 1 Euro

KÖLNER DOM – EINE »ENDLOSE« BAUGESCHICHTE

Die Menschen im Mittelalter hatten nicht nur eine ganz andere Welt vor ihren Augen, sondern auch eine ganz andere Welt in ihren Köpfen. Einen der größten Stellenwerte besaß die Religion, die das Leben auf verschiedene Arten bestimmte: privat, gesellschaftlich und auch wirtschaftlich. Dabei spielten Reliquien eine mitunter entscheidende Rolle. Ihr Besitz konnte ganze Städte zum Erblühen bringen, was wohl weniger an den Reliquien selbst, als vielmehr an der ihnen zugesprochenen Heilswirkung und der geschickten Propaganda gelegen haben mag. Je enger ihre Beziehung zu Christus war, desto bedeutender waren sie.

Die Hl. Drei Könige waren sehr nah dran, quasi von Anfang an. Sie, vielmehr ihre Reliquien kamen 1164 von Mailand nach Köln, um als die »ersten christlichen Könige« den sakralen Machtanspruch des Stauferkaisers Friedrich Barbarossa zu unterstreichen. Die erwarteten Pilgerströme und die damit verbundenen Einnahmen beflügelten wohl manche Entscheidung des Domkapitels zu Köln, den alten Dom entsprechend zu erweitern. 1248 begann man schließlich mit dem Neubau, wobei zunächst nur der Chor des karolingisch-ottonischen Vorgängerbaus abgerissen und erneuert werden sollte. Dabei brannte – Zufall, Schicksal oder Glück, jedenfalls praktischerweise – der gesamte Dom nieder, und es gab Platz für einen Neubau. Denn jetzt konnte man in ganz anderen Dimensionen denken, und zwar in denen, die dem Ansehen der neuen Reliquien angemessen erschienen. Die Vorbilder für das neue Bauwerk waren die konstantinische Peterskirche in Rom und die modernen Kathedralen der Île de France. Von Meister Gerhard (um 1210 bis 1271) stammt aller Wahrscheinlichkeit nach der Gesamtplan. Er kannte die gotischen Kathedralen Frankreichs, besonders diejenige in Amiens, deren Grundidee er verwendete. Auch ein wichtiges Bauprinzip übernahm Gerhard: Die einzelnen Bauteile wurden schon im Steinbruch nach Vorlagen gefertigt und in Köln »nur noch« zusammengesetzt. Der Baumeister Gerhard plante eine fünfschiffige Basilika mit dreischiffigem Querhaus und fünfschiffigem Umgangschor nebst sieben Radialkapellen. Ein spektakuläres Unterfangen, das mit so viel Präzision umgesetzt wurde, dass daraus ein Bau entstand, der im Sinne der Statik tatsächlich als perfekt bezeichnet werden kann. Zu wenig Tragkraft in Pfeilern oder Strebewerk wäre durch Einsturz relativ bald aufgefallen; dass man allerdings tatsächlich bis an die Grenzen des damals Machbaren ging, wurde erst sehr viel später klar.

DIE GRÖSSTE GOTISCHE FASSADE DER WELT

Zuerst wurde das Chorhaus mit einem sogenannten Umgangschor fertiggestellt. Das war und ist das eigentliche Zentrum des Doms, denn hier wurden und werden die Reliquien der Hl. Drei Könige präsentiert. Zu diesem Zweck schuf Nicolas de Verdun (um 1180–1230) den Dreikönigsschrein, eines der prächtigsten Reliquiare des Mittelalters. Für den Übergang vom Langhaus zum Chorumgang wartete Meister Gerhard mit einer ganz besonderen Lösung auf: Die Pfeiler sind nicht wie üblich rund, sondern haben einen ovalen Grundriss, um den Übergang in die Rundung des Chores quasi reibungslos zu gestalten. So entstand ein polygonaler Umgangschor mit sieben Radialkapellen. Architektonisch gesprochen handelt es sich um einen 7/12 Chorschluss, der entsprechend von sieben Kapellen mit 5/8 Polygonen umgeben ist. Dieser auch heute faszinierendste Bauteil wurde schon um 1300 fertiggestellt, sodass sogar der italienische

DAS INKLUSIVE WIMPERG 28 Meter hohe Hauptportal des Kölner Doms thematisiert die Zeit vor der Erlösung. Auf dem Mittelpfeiler steht Maria, flankiert vom hl. Petrus und den Hl. Drei Königen. Insgesamt gibt es zwölf Portale, die auf das Himmlische Jerusalem verweisen. **DER KÖLNER DOM** mit der Hohenzollernbrücke. Diese wurde zwischen 1907–1911 als Ersatz für die 1859 eröffnete Dombrücke errichtet. ▽

WILLI OSTERMANN

Der Dombau war zwar 1880 vollendet, aber der Dom noch lange nicht fertig, denn ein Kölner Sprichwort besagt, dass die Welt untergehen werde, wenn der Dom tatsächlich fertig würde. Nicht nur deswegen arbeiten heute noch 60 Handwerker und Künstler in der Dombauhütte.

Dichter Petrarca, der 1333 in Köln weilte, schrieb, Köln habe »einen Tempel mitten in der Stadt, überaus schön, wenn auch unvollendet«. Und tatsächlich zog es sich bis zur Vollendung noch etwas hin ... Zwar wurde 1322 der gewaltige und dennoch filigrane Chor geweiht, aber erst 1350 begann der Bau der Fassade. Sie sollte mit 61 Metern Breite zur größten gotischen Fassade der Welt werden, blieb jedoch lange ein Torso. Denkt man an den Lauf der Geschichte und die Ereignisse, die während der Bauzeit alleine dieses ersten Teils des Kölner Doms stattfanden, kann man ermessen, um welche Dimensionen es sich handelt. Die Grundsteinlegung fand 1248 statt, 1348 kam die Pest über Europa, die Renaissance wurde in Florenz »erfunden«, und Brunelleschi schuf die Kuppel des Florentiner Doms (1420–1436). 1454 entwickelte Johannes Gutenberg den Buchdruck und Christoph Kolumbus fand 1492 Amerika. Kurz nachdem Martin Luther 1517 seine 95 Thesen veröffentlichte, und Palladio seine Villen baute, kam der Dombau zu Köln 1560 schließlich zum Erliegen. Zu diesem Zeitpunkt standen der Chor, das südliche Langhaus und der Südturm, der bis zum zweiten Geschoss gewachsen war. Auf ihm ragte der Baukran empor – er war für die nächsten dreihundert Jahre das Wahrzeichen der Stadt Köln.

BAUWERK FÜR DIE EWIGKEIT

1842 wurde erneut ein Grundstein gelegt, diesmal zum Weiterbau und zur Vollendung des Doms. Das wäre vielleicht nicht geschehen, hätten nicht zuvor zwei Zufälle dazu geführt, dass man auf den originalen mittelalterlichen Fassadenplan, »Riss F«, zurückgreifen konnte. Der Kunsthistoriker Sulpiz Boisserée und der Architekt Georg Moller fanden 1814 und 1816 Teile des Plans auf dem Speicher einer Gastwirtschaft und bei einer Auktion in Paris. Sie konnten die Zeichnungen auf Pergament zu dem vier Meter hohen Gesamtplan zusammensetzen, den Meister Gerhard selbst oder seine Nachfolger Arnold und Johannes um 1300 gezeichnet hatten. Es ist die größte derartige Zeichnung aus dieser Zeit. Zur Finanzierung des größten Bauprojekts des 19. Jahrhunderts publizierte Boisserée Aufrisse und Schnitte, es wurde ein Zentral-Dombau-Verein gegründet sowie mehrere Dombaulotterien veranstaltet. Die größte finanzielle Last trug allerdings König Friedrich Wilhelm IV. und der preußische Staat, der die Domvollendung als eine nationale Aufgabe verstand. Eine Kommission achtete darauf, dass man sich genau an die mittelalterlichen Vorgaben hielt. Die einzige Ausnahme bildete der Dachstuhl, der als die größte Eisenkonstruktion ihrer Zeit verwirklicht wurde. Wahrscheinlich war es auch dieser Konstruktion aus Walzeisen zu verdanken, dass der Dom den Bombenangriffen des Zweiten Weltkriegs standhielt. Im Oktober 1880 war es dann schließlich so weit: Der Dombau war vollendet, doch auch sein »Neu-Initiator« erlebte diese Vollendung nicht, Boisserée starb 1854. Bis 1884 war der Kölner Dom mit seinen 156 Meter hohen Türmen das höchste Gebäude der Welt. Die jüngste Errungenschaft ist das 113 Quadratmeter große Fenster im Südquerhaus, das Gerhard Richter 2006 aus 11 263 Glasquadraten in 72 Farben gestaltete.

Übrigens wurde 2013 im Zuge der Schätzung des Vermögens des Erzbistums Köln bekannt, mit welchem Wert diese in allen Belangen herausragende gotische Kathedrale, deren Unterhalt das Bistum im Jahr ca. sieben Mio. Euro kostet, zu Buche schlägt: Es sind im Ganzen 27 Euro, wobei 26 Euro allein auf das Grundstück kommen. Der Dom wäre demnach immerhin einen Euro wert.

BEIM DACHSTUHL hat man im 19. Jahrhundert ausnahmsweise auf die moderne Technik der Eisenkonstruktion zurückgegriffen. Sie war leichter, statisch günstiger und feuerbeständiger, was sich im Zweiten Weltkrieg bewährt hat.

DAS GOTISCHE ARCHITEKTURSYSTEM aus Bündelpfeilern, Diensten, Kreuzrippen, Gewölben, Jochen und der Übergang zum Chorumgang zeigen sich selten in derartiger Perfektion wie in Köln (links).
KÖNIGSSCHREIN Zwischen 1190 und 1225 schuf Nikolaus von Verdun den Dreikönigenschrein für die Gebeine der Hl. Drei Könige – und weil offensichtlich noch Platz war, befinden sich noch diejenigen des Gregor von Spoleto und anderer darin (oben).
TROTZ DER BAUUNTERBRECHUNG von rund 300 Jahren ist es den Baumeistern des 19. Jahrhunderts gelungen, die Kathedrale erstaunlich konsequent im gotischen Stil zu vollenden. ▽

NEUZEIT UND BAROCK

Einflüsse aus aller Welt

Roland und Deutschlands größte Weinsammlung

BREMEN – BASTION BÜRGERLICHER FREIHEIT

Die Reichsfreiheit war für Städte und Bürgerschaften im Mittelalter ein hohes und nicht immer leicht zu erreichendes Ziel. Umso stolzer waren die Bürger, wenn sie nur dem Kaiser unterstanden und nicht länger der weltlichen Macht von Kirche oder Landesfürsten. Denn mit der Reichsfreiheit gingen auch das Marktrecht sowie die eigene Gerichtsbarkeit einher.

Als Symbol für ihre Unabhängigkeit stellten die Bremer schon in den 1350er-Jahren eine hölzerne Rolandstatue auf, die jedoch 1366 von den Schergen des Erzbischofs, Albert II., der wegen seines verschwenderischen Lebenswandels nicht gerade beliebt war, verbrannt wurde. Im Jahr 1404 errichteten die Bremer eine neue Rolandstatue, diesmal aus Stein, damit es den zukünftigen Erzbischöfen nicht so leicht fiele, sie wieder zu zerstören. Auch der wirtschaftliche Aufschwung der Stadt, die ab 1358 zum Hansebund zählte, dürfte zu dem deutlich kostspieligeren Roland beigetragen haben. Und weil schon der hölzerne Roland als Symbol der Reichsfreiheit der Kirche ganz offensichtlich ein Dorn im Auge war, muss der neue, steinerne geradezu ein Affront gewesen sein. Mit insgesamt über zehn Metern Höhe haben die Steinmetze Klaus Seelschläger und Jacob Olde die größte frei stehende Statue des Mittelalters in Deutschland errichtet. Der Roland selbst hat eine Größe von 5,47 Metern und steht auf einem 60 Zentimeter hohen, getreppten Podest. Die Statue wird von einem gotischen Baldachin beschirmt und von einem Eisengitter geschützt. Wer aber ist dieser Roland und welche Bedeutung hat er?

Roland galt im Mittelalter als eine Art Volksheld, dessen Geschichte, wie so vieles im Mittelalter, auf Karl den Großen zurückreicht. Der bretonische Graf Roland kämpfte im Heer Kaiser Karls in Spanien gegen die Sarazenen und fiel dort nach mutiger Schlacht 778. Aus einer nur zwei Zeilen kurzen Erwähnung in Karls Biografie *Vita Caroli Magni* seines Vertrauten Einhard entstand im Lauf der Zeit das Rolandslied, das zwischen 1075 und 1110 erstmals als altfranzösisches Versepos aufgeschrieben wurde und seither eine europaweite Verbreitung und Ausschmückung erfahren hat. Die bekannteste Version dürfte wohl *Orlando furioso* (»Der rasende Roland«) des italienischen Renaissance-Autors Ariost von 1505 sein.

GARANT BÜRGERLICHER FREIHEIT

In allen Versionen ist Roland ein bis in den Tod getreuer Paladin und Repräsentant Karls des Großen und damit des Kaisers – und somit explizit kein Gefolgsmann der Kirche. Als solcher wurde Roland vor allem in den nördlichen Gebieten des Reiches als Garant für die Freiheit einer Stadt und ihrer Bürgerschaft vor der Kirche angesehen. Über 130 Statuen in verschiedensten Ausführungen wurden aufgestellt. Die Bremer Variante ist allerdings mit Abstand die größte und standhafteste – bei der Restaurierung 1938 stellte sich heraus, dass er tatsächlich seit 1404 am selben Ort gestanden hat. Seine Attribute, Brustpanzer, Kettenhemd, Frisur weisen ihn als freien Mann und Ritter aus, genauso wie der Schild mit dem doppelköpfigen Adler des Heiligen Römischen Reiches. Dazu kommt das erhobene Schwert, das wegen seiner Größe und der fehlenden Scheide als Gerichtsschwert interpretiert wird und damit als ein starkes Symbol eigenständiger städtischer Gerichtsbarkeit. Sicherheitshalber steht folgende Botschaft auf dem Schild: »Freiheit ich euch offenbar / die Karl und mancher Fürst fürwahr / dieser Stätte gegeben hat / dessen danket Gott, das ist mein Rat.«

DER ROLAND galt als Garant der Freiheit einer Stadt und ihrer Bürgerschaft vor der Kirche. Seine dunkel gefärbten Knie resultieren aus dem Brauch, seine Knie zu berühren, um nach Bremen zurückzukehren. **RATHAUS UND DOM** am zentralen Marktplatz von Bremen bilden ein beeindruckendes Ensemble. ▽

DIE GÜLDENKAMMER im Bremer Rathaus entstand schon 1595 zur Zeit der Weserrenaissance. 1905 wurde sie im prächtigsten ornamentalen Jugendstil umgestaltet.

Was den Affront gegen die Kirche verschärft haben mag, ist die Platzierung der Statue mit geradezu herausforderndem Blick genau gegenüber dem Dom. Hinter Roland, quasi unter seinem Schutz, entstand von 1405 bis 1410 das Rathaus, mit dem sich die Bürgerschaft der weltlichen Macht der Kirche entzieht. Die selbstbewusste Stadt, die sich 1303 mit den »Statuten« eine städtische Verfassung gegeben hat, macht diese Teilung durch den Roland und das neue Rathaus manifest.

MITTELALTER TRIFFT NORDISCHE RENAISSANCE

Die beeindruckende 40 Meter lange, dreischiffige gotische Halle mit den Pfeilern aus Eichenholz im Erdgeschoss diente als Markthalle, Steueramt, Gerichtssaal und allgemein als Treffpunkt für die Bürger. Darüber erstreckt sich der 13 Meter hohe Ratssaal mit den 15 Meter weit spannenden Deckenbalken. Hier war und ist der Ort für das politische Leben und für die Entscheidungen, die das Schicksal Bremens bestimmen. Gleichsam als Basis unter alldem befindet sich im Ratskeller mit 650 Weinen die größte Sammlung deutscher Weine und gleichzeitig einer der ältesten Weinkeller des Landes. Nachdem im 14. Jahrhundert nur der Bremer Rat das Recht hatte, Wein auszuschenken, immerhin bis 1815, mussten alle Händler ihren Wein hier abliefern und lagern.

Von 1605 bis 1612 wurde das Rathaus, übrigens das Einzige des europäischen Spätmittelalters, das nie zerstört wurde, äußerlich grundlegend nach dem neuen Stil der Renaissance durch Lüder von Bentheim (um 1555–1613) umgestaltet. Dieser war der führende Architekt Bremens und hatte schon 1587 mit seinem ersten eigenen Bau, der Stadtwaage, die sogenannte Weserrenaissance nach belgisch-niederländischem Vorbild in Bremen eingeführt. Herausragend, im wahrsten Sinne des Wortes, wurde jetzt der Mittelrisalit hervorgeschoben und mit einem flandrischen, treppenförmigen Giebel versehen. Die ehemals religiösen Fassadenfiguren deutete man zu antiken Philosophen um, und in dem Relieffries über den elf Arkadenbögen konnte man nun gleichsam die weltliche Bildung der antiken Sagenwelt ablesen. Ansonsten stehen hier Kaiser und Kurfürsten als Garantiemächte der städtischen, bürger-

VON DER DECKE der oberen Rathaushalle hängen Modelle von Orlogschiffen aus verschiedenen Jahrhunderten. Das waren Kriegsschiffe, die die Handelsschiffe begleiteten.

lichen Autonomie. Aus dem gotischen Wehrbau mit Giebeln und Zinnen wurde ein elegantes, reich geschmücktes Meisterwerk der nordischen Renaissance.

EIN HERZ AUS GOLD

Ein Kleinod innerhalb des prächtigen Ratsaals ist die sogenannte Güldenkammer, sozusagen das Herz des Rathauses, das besonderen Gästen vorbehalten war. Sie wurde 1595 eingebaut und außen reich mit Schnitzereien verziert. Der Name stammt von der vergoldeten Ledertapete, die im Inneren die Wände ziert. 1904/05 erhielt die Güldenkammer, die zwischenzeitlich fast zur Rumpelkammer verkam, von Heinrich Vogeler (1872–1942) ein komplett neues »Innenleben« im Jugendstil. Leuchter, Stühle, Kamingitter, Türgriffe, alles wurde neu gestaltet. Auch die Ledertapete, die jedoch gülden blieb. Entstanden und erhalten ist eines der komplettesten Jugendstilensembles in Deutschland im originalen Zustand.

Das Rathaus benötigte zu Beginn des 20. Jahrhunderts eine Erweiterung. Sie wurde in den Jahren 1909 bis 1913 von dem Münchner Architekten Gabriel von Seidl geschaffen, der sich trotz seiner süddeutschen Herkunft hervorragend in die nordische Baukunst einfühlen konnte und so einen neuen Teil schuf, der fast so wirkt, als wäre er von Anfang an dazu gedacht gewesen. Der Reichtum und das Selbstbewusstsein des Bremer Bürgertums manifestiert sich im repräsentativen Prunk des Rathauses.

Der Dichter Wilhelm Hauff schrieb 1826 sein berühmtes Zechmärchen »Phantasien im Bremer Ratskeller«. Inspiriert davon schuf Max Slevogt 1927 seine Fresken im »Hauffkeller«.

Die Perlen der Ostsee

STRALSUND UND WISMAR – BIENENWACHS, BIER UND BACKSTEINGOTIK

Grau, verfallen, heruntergekommen, fast traurig wirkten Wismar und Stralsund nach dem Ende der DDR. Noch 1992 waren von den rund 1000 Gebäuden der Stralsunder Altstadt 80 Prozent schwer beschädigt oder gar nicht benutzbar. Kaum zu glauben, dass die beiden Städte heute so strahlen, wie wohl kaum zu ihrer Blütezeit. Dem Denkmalschutz, dem Land und dem Bund und vor allem vielen privaten Investoren ist es zu verdanken, dass die beiden ehemals bedeutenden Gründungsstädte der Hanse heute wieder erblüht sind und zum Kulturerbe der Welt gezählt werden. Man sagt, Armut sei der beste Denkmalpfleger, weil durch fehlende Investitionen keine Neubauten errichtet und alte Bausubstanz zerstört würden. Das war auch in Wismar und Stralsund »glücklicherweise« der Fall. So blieb die mittelalterliche Grundstruktur der beiden Hansestädte ebenso erhalten wie die vielen Gebäude, die, frisch renoviert, heute den besonderen Charme der Ostseestädte ausmachen.

Der Handel zwischen Ost- und Westeuropa entlang der Ostseeküste war schon lange vor den mittelalterlichen Städtegründungen im Gange. Aber erst im 13. Jahrhundert bekamen die kleinen Handelsorte im Zuge der mecklenburgischen Städtegründungen und ihrem wachsenden Wohlstand entsprechend Stadtrechte verliehen. Zu diesen Orten

gehörten auch Wismar, das 1229 erstmals urkundlich erwähnt wurde, und Stralsund, das bereits im Jahr 1234 zur Stadt erhoben wurde. Beide Städte waren durch ihre besondere Lage für den Fernhandel per Schiff ebenso prädestiniert wie für den Binnenhandel über Land. Schnell blühten die Orte auf und schlossen sich schon 1259 mit der Stadt Lübeck zum Schutz der Handelswege zusammen – die Keimzelle des später so mächtigen Hansebundes.

ZWEI IDEALE HANDELSSTÄDTE

Sowohl Wismar als auch Stralsund hatten sich auf bestimmte Geschäftsfelder spezialisiert: Während zu Beginn in Stralsund hauptsächlich der Fernhandel mit beispielsweise Bienenwachs aus Russland blühte, bildete in Wismar Bier die Grundlage des Reichtums. Vor allem in Flandern, England und Skandinavien, hinauf bis nach Bergen fand das Bier aus Wismar reißenden Absatz. Wismar bot durch den Korn- und Hopfenanbau sowie die umliegenden Seen mit ihrem reinen Wasser die besten Voraussetzungen dazu.

Geprägt werden Wismars und Stralsunds Silhouetten von den jeweils drei großen Stadtpfarrkirchen, die schon bald nach der Gründung der Städte entstanden. Sie sind die Zeugen des schnellen wirtschaftlichen Aufschwungs und des dadurch gewonnenen Selbstbewusstseins der Bürger. Weil geeignete Hausteinvorkommen fehlten, hat man sich im Ostseeraum auf den Bau mit Backsteinen verlegt. Da man aber nicht auf die neuesten Strömungen der Architektur wie den gotischen Baustil verzichten wollte, entstand als Sonderform die sogenannte Backsteingotik. In ihr verbindet sich die alte italienische Technik der gebrannten Ziegel mit den Konstruktionsprinzipien der französischen Gotik.

BLICK ÜBER STRALSUND vom Dach der St. Marienkirche: links der Knieperteich, die Nikolaikirche in der Mitte und rechts St. Jakobi. Jenseits des Strelasunds ist die Insel Rügen zu erkennen.

1998
NORDMANN

IN DER ARCHITEKTUR des Stralsunder Rathauses und der dahinter sich auftürmenden Nikolaikirche zeigt sich die ganze Fülle norddeutscher Backsteingotik (oben).
DER ALTE MARKT von Stralsund, von den Arkaden des Rathauses aus gesehen (links).
IM ZENTRUM des dreischiffigen Chores der Stralsunder Nikolaikirche befindet sich der prachtvoll geschnitzte Flügelaltar. Erschaffer und Entstehungszeit sind unbekannt, das Holz konnte allerdings auf 1471 datiert werden und stammt aus dem Baltikum. Die Altarflügel mit jeweils drei gemalten Szenen aus dem Leben der Hl. Familie hängen an den Pfeilern links und rechts des Altars. ▽

DAS KRIEGEREHRENMAL in der Stralsunder Nikolaikirche schuf Hans Schwegerle 1931. Nach dem Zweiten Weltkrieg wurde es mit den entsprechenden Jahreszahlen »aktualisiert«.

Da Backstein allerdings weniger filigran bearbeitet werden konnte, entfiel hier im Norden weitgehend die figurative Bauplastik und -ornamentik. Stattdessen zeigen die Fassaden abwechslungsreiche Flächendekors durch den Wechsel verschiedenfarbiger glasierter und nicht glasierter Ziegel. Mit den insgesamt sechs großen Backsteinkirchen in Wismar und Stralsund gelten diese beiden Städte als Hochburg und Zentrum der Backsteingotik.

BIENENWACHS ALS GRUNDLAGE DES REICHTUMS

Die Stralsunder Nikolaikirche wurde 1270 erstmals schriftlich erwähnt und ist die älteste der drei Stralsunder Pfarrkirchen und die Kirche der Fischer und Schiffer. Das spiegeln die Ausstattungsstücke – etwa der Altar der »Bergenfahrer« und das »Rigafahrergestühl« wider. Insgesamt gab es allein in der Nikolaikirche neben dem Hochaltar noch 56 weitere Altäre für Familien und Handwerker. Durch die Vielzahl der Altäre wurde Bienenwachs zu einem der wichtigsten Handelsgüter der frühen Hanse, da die Kerzen für die Messen, die an allen Altären mehrmals am Tag gelesen wurden, aus symbolisch-religiösen Gründen aus Bienenwachs gegossen sein mussten. Überschlägt man die Anzahl der Kirchen im Nordostseeraum, die der Altäre und der daran gelesenen Messen, kann man ungefähr erahnen, welches Marktpotenzial allein in diesem Handelsgut steckte. Die Nikolaikirche war die Hauptkirche und die Kirche des Rates der Stadt, in der auch Sitzungen und Empfänge stattfanden, Geschäfte gemacht und Gesetze und Verordnungen bekannt gegeben wurden.

Gleichzeitig mit der Kirche wurde das Rathaus geplant und gebaut. Das Erdgeschoss wurde zunächst als Kaufhaus genutzt und beherbergte neben dem Weinkeller der Stadt vierzig Ladengeschäfte. Die Gebäude sind durch den sogenannten Buttergang miteinander verbunden, der direkt zum Westportal der Kirche führt – auch ein Zeichen der engen Verknüpfung von Rat und Kirche und Geschäft und Glauben. Auffälligster Bauteil des Rathauses ist aber die Schmuckfassade aus Backstein, die den direkten Blick in den Himmel mit Rosetten, Fenstern und Fialen verziert. Die Lübecker lästerten angeblich über die Fassade: »Dat Strolsunner Rothus is as sine Kinner: hoch hinaus un nix dorhinner!«

ST. GEORGEN IN WISMAR ist die jüngste (beg. 1295) und die größte der Backsteinkirchen der beiden Weltkulturerbestädte.
DER BLICK VOM ALTEN HAFEN in die Altstadt von Wismar. Links der Turm der Marienkirche und in der Mitte St. Georgen. ▽

Im Jahr 1229 wurde Wismar zum ersten Mal urkundlich erwähnt. Welchen rasanten wirtschaftlichen Aufschwung die Stadt genommen hat, kann man an den drei Stadtpfarrkirchen St. Marien, St. Nikolai und St. Georgen erkennen, alle Mitte des 13. Jahrhunderts erbaut. Die Bevölkerungszahl blieb über die Jahrhunderte so begrenzt, dass die Stadt erst im 19. Jahrhundert über die ab 1276 errichtete Stadtmauer hinauswuchs. Auch deswegen kann man heute noch die mittelalterliche Struktur nachvollziehen. Um das Stadtbild zu erhalten, waren Neuerungen verboten, die von der vorhandenen Bausubstanz zu sehr abgewichen wären. Dazu mussten die Baufluchten eingehalten werden, wodurch sich der mittelalterliche Grundriss sozusagen konserviert hat.

Während des Dreißigjährigen Krieges schloss Stralsund 1628 einen Allianzvertrag mit dem Königreich Schweden ab und Wismar fiel 1632 ganz an Schweden. Nach dem Westfälischen Frieden von 1648 standen sowohl Stralsund als auch Wismar unter schwedischer Herrschaft. Den geostrategischen Vorteil der beiden Städte nutzten die Skandinavier nun für sich und bauten sie zu starken Festungen aus. Wismar erhielt eine in sich geschlossene Rundumverteidigung und wurde zu einer der größten Festungsanlagen Nordeuropas. Nach den Napoleonischen Befreiungskriegen und dem Wiener Kongress von 1815 ging Stralsund an Preußen, und Wismar verblieb noch weitere hundert Jahre als Pfand Schwedens im Herzogtum Mecklenburg.

Wenn man einen Eindruck bekommen will, wie Wismar in Zeiten der Weimarer Republik ausgesehen hat, sollte man sich den Stummfilmklassiker »Nosferatu« von Friedrich Wilhelm Murnau ansehen. Teile davon entstanden 1921 in Wismar. Die Anfangsszene zeigt den Marktplatz mit der Wasserkunst, einem historischen Wasserverteilungssystem. Die Kamera war auf dem Turm der Marienkirche platziert, deren Schiff im Zweiten Weltkrieg beschädigt und 1960 gegen starke Proteste gesprengt wurde. Nur der Kirchturm blieb wegen seiner Bedeutung als Seezeichen bestehen. Eine besondere Lokalität in Stralsund ist die Hafenkneipe »Zur Fähre«. Dieses unscheinbare Häuschen in der Fährstraße wurde 1332 das erste Mal urkundlich erwähnt und ist demnach eines der ältesten bestehenden Lokale ganz Europas.

HOTEL
NEW ORLEANS

GRAUBUTT

»Alles kommt vom Bergwerk her«

MONTANREGION ERZGEBIRGE / KRUŠNOHOŘÍ – EIN LAND AUS ERZ UND SILBER

Über 850 Jahre Bergbau endeten in der transnationalen Montanregion Erzgebirge/Krušnohoří, als die letzten Minen 1990/91 geschlossen wurden. Entstanden ist in dieser langen Zeit ein Brennpunkt wissenschaftlich-technologischer Bergbauinnovation und damit auch eine unvergleichliche Kulturlandschaft, die durch ihre Traditionen bis heute geprägt ist. Bis zum Ende wurden im sächsisch-böhmischen Grenzgebiet alle möglichen Erze und sonstige Rohstoffe abgebaut und verarbeitet.

Das »Berggeschrei« im Erzgebirge hob erstmals im Jahr 1168 an, nachdem, so die Legende, zwei Salzfuhrwerkfahrer in der Nähe vom heutigen Nossen über einen Silbererzbrocken stolperten. Es schien, als läge das Silber buchstäblich auf dem Boden und man müsse es nur aufheben. Das »Berggeschrei«, die rasch umlaufende Kunde eines reichen Erzvorkommens, zog Bergleute, Handwerker, Kaufleute und auch Glücksritter in hoher Zahl an. Der Wettiner Graf Otto von Meißen (1125–1190) gründete um 1168/70 in der Nähe der Fundstelle, die zum Gebiet des Klosters Altzella gehörte, die Burg Freudenstein zum Schutz des Silberbergbaus und die Stadt Freiberg, die in kurzer Zeit zu beachtlichem Reichtum gelangte. Denn worüber die beiden Salzfuhrwerker gestolpert waren, stellte sich als eines der ergiebigsten Erzreviere Europas heraus.

In den folgenden Jahrhunderten weitete sich der Bergbau enorm aus; von 1460 bis 1560 waren die Erzminen Freibergs die wichtigste Silberquelle Europas. Den Wohlstand, der daraus resultierte, kann man am prachtvollen Dom mit der berühmten Silbermannorgel ermessen, der größten, die Gottfried Silbermann (1683–1753) selbst von 1710 bis 1714 erschaffen hat.

Nicht nur der Erzabbau, sondern auch die dadurch entstandene »Silberstraße« trug zur Prosperität der Region bei. Über 140 Kilometer und vorbei an 900 Minen erstreckte sie sich von Zwickau über Schneeberg, Annaberg, Freiberg bis nach Dresden. Das Silber floss gleichsam aus dem Berg bis in die Schatzkammern der Wettiner Fürsten in Dresden. Im Jahr 1536 beispielsweise wurden neun Tonnen reinen Silbers alleine nur an den Dresdner Hof geliefert. 1968 endete die Silberförderung.

Aber auch Zinn, Blei, Eisen, Nickel, Kobalt und später auch Uran sowie Kalk, Kaolin, Ton und Steinkohle wurden gefördert. Und in vielen dieser Sparten wurde das Erzgebirge zum wichtigsten Hersteller und Lieferanten: Altenberg entwickelte sich zum weltweit größten Produzenten von Zinn und Kobalterzen, die vor allem zur Herstellung von Farbpigmenten bedeutsam sind. Sie wurden im 17. und 18. Jahrhundert nicht nur im neuen Zentrum der Porzellanherstellung in Meißen verwendet, sondern auch nach Delft, Venedig und China exportiert. Als »neuestes« Berggeschrei kam ab 1789 der Abbau des Metalls Uran dazu, nachdem das Element erst acht Jahre zuvor von dem Chemiker und Apotheker Martin Heinrich Klaproth (1743–1817) entdeckt worden war.

DIE SILBERSTADT ANNABERG

Die erfolgreiche Entwicklung des Eisenerzbergbaus resultierte ihrerseits wiederum aus der stetigen Nachfrage und Expansion des Silberbergbaus, denn dadurch stieg die Nachfrage nach Werkzeugen und damit verbunden der Zuzug der entsprechenden Handwerker.

Annaberg ist eine der vielen durch den anhaltenden wirtschaftlichen Boom des Bergbaus neu gegründeten

DAS PRÄCHTIGE SCHLINGRIPPENGEWÖLBE und die an drei Seiten umlaufenden, mit Relief geschmückten Emporen sind eine Besonderheit der St. Annenkirche. Ebenso wie die Tatsache, dass der Kirchturm als Einziger in Deutschland immer noch von einer Türmerfamilie bewohnt wird.

DER 1960 ZUR SCHAUANLAGE umgebaute Komplex Saigerhütte Grünthal besteht aus 22 Einzeldenkmälern und ist ein weltweit einmaliges Ensemble der Erzverhüttung im Saigerverfahren. Dies wird zur Entmischung von Schmelzen bei der Metallherstellung eingesetzt.

Städte, die immer weitere Zechen und damit wieder neue Stadtgründungen nach sich zogen. Sie wurde als Stadt des Silberbergbaus rasch wohlhabend, was die Annaberger Bergknappschaft dazu veranlasste, diesen Reichtum auch dementsprechend zur Schau zu stellen und zu diesem Zwecke in der St. Annenkirche sich gleich ein eigenes Denkmal zu setzen. Das rege Getriebe im Erzgebirge des 16. Jahrhunderts kann man am zentralen »Bergaltar« von 1521 nachvollziehen. Der Maler Hans Hesse (um 1470–1539) breitet auf seinen Bildtafeln ein detailliertes Panorama der vorindustriellen Montanwirtschaft aus. Die St. Annenkirche ist die größte spätgotische Hallenkirche Sachsens – ein weiterer Beweis des Reichtums der Stadt und ihrer Umgebung. Sie wurde ab 1499 in nur 25 Jahren erbaut, kurz nachdem die Ansiedlung 1497 als Neustadt am Schreckenberg gegründet worden war. Seit 1591 trägt sie nach der Schutzheiligen der Bergleute, der heiligen Anna, den Namen Annaberg.

Im Stadtteil Frohnau kann man der einstigen Technik auch heute noch nahekommen. Im ältesten Schmiedemuseum Deutschlands steht der Frohnauer Hammer, ein voll funktionsfähiges Hammerwerk aus dem 17. Jahrhundert. Der Ursprung war eine Getreidemühle, die, umgebaut zu einem Eisenhammer, zu einem wichtigen Werkzeuglieferanten für Bergbau und Landwirtschaft wurde. Angetrieben durch Wasserkraft, erzeugten die sogenannten Schwanzhämmer eine Schlagkraft von bis zu zwölf Tonnen. Obwohl schon 1904 stillgelegt, konnte die originale Technik aus dem 17. Jahrhundert weitgehend erhalten werden. Dazu half wahrscheinlich auch die Tatsache, dass der Frohnauer Hammer und das angeschlossene Hammerherrenhaus von 1697 bereits seit 1909 als Museum und Gaststätte fungierten.

PINGEN PRÄGEN DIE LANDSCHAFT

Abgesehen von den sichtbaren Auswirkungen des Erzbergbaus auf die Landschaft und die Städte, hatten die Technik und ihre Entwicklung einerseits und die wirtschaftlichen Gegebenheiten andererseits eine wichtige und vor allem auch überregionale Bedeutung. Mit der Metallkunde, der Geologie, den Wassersystemen, der Energiegewinnung und Bewetterung (den Maßnahmen für die Luftzufuhr) der

DAS SCHNEEBERGER REVIER entwickelte sich zum weltweit bedeutendsten Fund- und Abbauort von Kobalterzen. Das 1649 gegründete Schindler'sche Blaufarbenwerk ist die wahrscheinlich weltweit älteste noch produzierende Farbenfabrik.

Bergwerke und den damit einhergehenden hohen Anforderungen erwuchs dem Gebiet eine technologische Vorreiterrolle, die sich auch 1765 in der Gründung der weltweit ersten montanwissenschaftlichen Bildungseinrichtung, der Bergakademie Freiberg, ausdrückte. Die Regeln des Bergbaus, die in den Bergordnungen niedergeschrieben wurden, hatten auch Auswirkungen auf die Bürgerrechte. So waren beispielsweise die Knappschaften als aktive Solidargemeinschaften die Vorläufer der Gewerkschaften und ihre Regeln Vorbild für das Arbeitsrecht. 1499 entstand mit der »Schreckenberger Bergordnung von St. Annaberg« die erste gedruckte ihrer Art, die zum Vorbild für viele weitere Regelwerke in Europa und Übersee wurde.

Seit den ersten Erzfunden in der Mitte des 12. Jahrhunderts gruben sich die Menschen durch die Landschaft und formten sie und die entstehenden Städte nach den Bedürfnissen und Erfordernissen des Bergbaus und der verarbeitenden Industrie. Künstliche Kanäle, Teiche, Halden, Gräben sowie Schachtanlagen und Hüttenkomplexe wurden geschaffen. Eingestürzte Gruben und Halden, sogenannte Pingen, prägen bis heute die Landschaft um die ehemaligen Abbaugebiete. Der Bergbau war und ist für diese Region eine Art industrielles Gesamtkunstwerk aus Wissenschaft, Architektur und Kultur. Die 22 zum Welterbe gehörenden Stätten (17 auf deutschem und fünf auf tschechischem Gebiet) und die damit verbundenen Objekte (400 allein in Sachsen) bilden aufgrund ihrer Geschichte einen einmaligen gemeinsamen montanen Kulturraum.

Bergaufzüge und Bergparaden finden seit dem 17. Jahrhundert im Erzgebirge statt und gelten inzwischen als immaterielles Kulturerbe Deutschlands.

Filmstadt »mit Herz«

GOSLAR – MÖNCHE, ERZ UND WASSERKRAFT

Was haben George Clooney, Christoph Waltz und Otto Waalkes gemeinsam? Den Drehort für je mindestens einen ihrer Filme, die Stadt Goslar mit ihrem historischen Stadtkern. In Goslar, einst Lieblingspfalz des salischen Kaisers Heinrich III., ist sozusagen das Stadtbild des 16. Jahrhunderts konserviert. Es bietet eine beliebte Filmkulisse für deutsche wie auch internationale Filmproduktionen. Der Aufstieg der historischen Stadt Goslar hängt eng mit den Erzvorkommen im nahe gelegenen Rammelsberg zusammen. Diese waren schon seit der Antike bekannt und wurden auch genutzt. Der Legende nach ist der Fund jedoch einem mittelalterlichen Zufall zu verdanken. Ritter Ramm machte eines Tages im Jahr 968 Rast am Fuße des später nach ihm benannten Bergs und bemerkte, dass sein Ross seltsam ungeduldig mit den Hufen scharrte. Als er nachsah, bemerkte er Silberglanz im aufgescharrten Boden und entdeckte so die erste Silberader. Tatsächlich wurden hier wohl schon seit dem 3. Jahrhundert verschiedene Erze abgebaut. Gezielt und systematisch begann man damit allerdings erst 998.

Mit der Erzgewinnung begann der Aufstieg der Stadt Goslar. Denn dort, wo Erz, vornehmlich Kupfer und Silber, aus einem Berg zu holen sind, bleiben die Mächtigen in der Regel nicht lange fern. Der salische Kaiser Heinrich II. hielt

hier 1009 den ersten von vielen Hoftagen ab, und sein Sohn, Kaiser Heinrich III., wie alle Kaiser vor ihm und viele nach ihm ohne feste Hauptstadt und daher mit seinem Gefolge von Pfalz zu Pfalz durch das Reich ziehend, erkor sich Goslar zu seiner Lieblingspfalz und ließ sie entsprechend ausbauen. Wie bei den vielen anderen Pfalzen, die über das ganze Reich verstreut lagen, wurde auch Goslar für die Mengen an Menschen und Tieren, die ein Kaiseraufenthalt benötigte, gerüstet. Die Pfalz in Goslar entwickelte sich zu einer der größten im Reich und zu Heinrichs III. heimlicher Hauptstadt. Zu dieser Zeit stand bereits der Goslarer Dom, von dem sich nur die nördliche Vorhalle erhalten hat. Statt der Simon und Judas geweihten Stiftskirche, die trotz des Begriffs »Dom« nie eine Bischofkirche war, findet man heute hinter der mächtigen Vorhalle einen Parkplatz. In Erinnerung an den ehemaligen Kirchenbau sind dessen Umrisse im Boden eingelassen und man kann erahnen, wie groß die 1051 geweihte, dreischiffige Basilika war: die größte romanische Kirche rechts des Rheins. Als die Stadt Goslar in den Zeiten des Niedergangs zu Beginn des 19. Jahrhunderts nicht einmal mehr Geld hatte, die Kirche zu erhalten, geschweige denn zu renovieren, wurde sie als Steinbruch verkauft.

WELTLICHER UND KLÖSTERLICHER AUFSCHWUNG

Gegenüber der ehemaligen Stiftskirche steht das sogenannte Kaiserhaus, ein selbstbewusster Ausdruck der kaiserlichen Größe und des imperialen Anspruchs. Mit 54 Meter Länge und 18 Meter Tiefe handelt es sich hier um den größten erhaltenen Profanbau des 11. Jahrhunderts. Abgesehen von der schieren Größe zeichnet sich das Kaiserhaus durch die beiden übereinanderliegenden Säle von jeweils fast 50 Metern Länge aus, von denen der untere durch zwei Öfen und Luftkanäle geheizt werden konnte.

DER MARKTPLATZ von Goslar mit strahlenförmiger Pflasterung.
DIE KAISERPFALZ in Goslar mit der Ulrichskapelle: In einem Sarkophag ruht das Herz von Kaiser Heinrich III. ▽

DAS TUNNELSYSTEM im Bergwerk Rammelsberg mit den Gleisen für den Besucherzug. Hier befand sich einst die größte Kupfermine Europas.

Bevor der Saalbau 1132 einstürzte, waren die beiden Säle mit einer durchgehenden, flachen Balkendecke ausgestattet. Nach dem unglücklichen Ereignis wurde der Quertrakt mit der Vorhalle im Erdgeschoss eingefügt und ist von außen am Giebel zu erkennen.

Goslar wurde freie Reichsstadt und Gründungsmitglied der Hanse. Auch Wassereinbrüche und Epidemien konnten der Entwicklung der aufblühenden Stadt nichts anhaben. Über 1000 Jahre wurde am Rammelsberg Erz gefördert; nirgendwo auf der Welt arbeiteten Menschen so lange kontinuierlich in einer Mine. Erst 1988 endete die Geschichte des hiesigen Bergbaus.

Einen großen Einfluss auf die wirtschaftliche Entwicklung der Stadt und der Region übten auch die Zisterzienser aus, die in der Nähe von Goslar mit dem Kloster Walkenried das dritte Kloster ihres Ordens in Deutschland gegründet haben. Im Jahr 1127 wurde es von Adelheid von Walkenried gestiftet, und schon zwei Jahre später zog der Gründungskonvent, bestehend aus zwölf Mönchen und einem Abt, hierher und baute die erste romanische Kirche. Das Kloster entwickelte sich in rasender Geschwindigkeit, denn die Mönche erzielten in Windeseile große wirtschaftliche Erfolge als Hüttenbetreiber und Waldbesitzer. Schon zehn Jahre nach der Gründung von Kloster Walkenried gründeten sie ihr erstes Tochterkloster in Pforta bei Naumburg.

Obwohl nur noch Teile der Westfassade und des Chors vorhanden sind, vermitteln diese Reste die für diese Zeit erstaunliche Größe der Klosterkirche und lassen Rückschlüsse auf das Kloster Walkenried im Ganzen zu. Eine architektonische Besonderheit stellt der erhaltene nördliche Flügel des ehemaligen Kreuzgangs dar; er ist zweischiffig, was wohl der hohen Anzahl der Mönche in der Hochzeit des Klosters geschuldet ist. Denn im 13. Jahrhundert lebten rund 100 Mönche und über 200 Laienbrüder, sogenannte Konversen, im Kloster.

Von hier wurde fast der gesamte Bergbau im Oberharz organisiert und verwaltet, und das Kloster entwickelte sich zu einem der reichsten und wichtigsten Zisterzienserklöster des Landes. Grundlage des Erfolges war die ingenieurtechnische Pionierarbeit der Mönche, vor allem in der Wasserwirtschaft. Als einer der größten Energieversorger der vorindustriellen Zeit legten sie eines der beeindruckends-

MIT DEM GELBEN Zug fahren Besucher unter Tage ein, um sich einen kleinen Eindruck von über 1000 Jahren Bergwerksgeschichte zu verschaffen.

ten wasserwirtschaftlichen Netzwerke der Welt an. Mit komplexen Wasserleitsystemen aus künstlich angelegten Teichen, Gräben und unterirdischen Wasserwegen versorgten sie die Hütten am Rammelsberg mit Energie für Entwässerungspumpen, die Verhüttung und den Transport der aus dem Berg gewonnenen Erze.

WIE GEWONNEN, SO ZERRONNEN

Der Erfolg kam schnell, hielt 300 Jahre vor – und endete dann erstaunlich schnell wieder. Durch Pestepidemien und Krisen im Bergbau schrumpfte das einst riesige Kloster bis 1509 wieder auf das Minimum von zwölf Mönchen und einem Abt zusammen. Während der Bauernkriege wurde es 1525 gestürmt und das Dach der Kirche zum Einsturz gebracht. 1546 traten die letzten Mönche zum Protestantismus über und 1648 wurde der Konvent schließlich aufgelöst.

Das Wasserleitsystem wurde jedoch stetig weiterentwickelt; in seiner Blütezeit bestand es aus 500 Kilometer Gräben, 30 Kilometer unterirdischen Leitungen, 150 künstlich angelegten Teichen und 150 Kilometer Wasserlösungsstollen. Nicht einmal die im 18. Jahrhundert alles dominierende Dampfmaschine konnte es ablösen, dies geschah erst mit dem Einzug der Elektrizität. Heute noch wird manche Turbine zur Stromerzeugung aus dem alten System gespeist.

Mitte des 16. Jahrhunderts begann der langsame Niedergang der Stadt und der ehemaligen Kaiserpfalz. Die Herzöge von Braunschweig nahmen der Stadt den Erlös des Bergwerks ab und entzogen Goslar so die wirtschaftliche Grundlage. Was für die damaligen Bürger eine Katastrophe war, erwies sich für das Stadtbild als Segen. Denn durch den wirtschaftlichen Niedergang wurden Neu- und Umbauten zurückgestellt. Das führte dazu, dass genau die historische Bausubstanz erhalten blieb, die Goslar heute wieder Ruhm und Geld bringt, weil es zum Beispiel als authentische Filmkulisse dienen kann.

Heinrich III. hatte eine so starke Beziehung und Liebe zu seinem Goslar, dass er verfügte, sein Herz solle hier die letzte Ruhe finden, während seine übrigen sterblichen Reste, wie bei den salischen Kaisern üblich, im Dom zu Speyer bestattet wurden. Das Herz liegt seit 1884 in einem Sarkophag in der Pfalzkapelle St. Ulrich. Und so kann man von Goslar mit Fug und Recht von einer »Filmstadt mit Herz« sprechen.

IN DEN MUSEUMSHÄUSERN des Bergwerks Rammelsberg befinden sich eine Geologie- und Mineralogieausstellung und die originalen Aufbereitungsmaschinen (links).
IN DEM MEHR ALS 200 JAHRE alten Roeder-Stollen befinden sich zwei originale Wasserräder (oben).

Die Wurzeln der Spaltung

EISLEBEN UND WITTENBERG – BEGINN EINER NEUEN ZEIT

Die Weltkulturerbestätten im sachsen-anhaltinischen Eisleben und Wittenberg sind kaum wegen des architekturhistorischen Wertes zu ihrer Berufung gekommen. Wie die deutsche UNESCO-Kommission es formuliert, repräsentieren sie »einen bedeutsamen Abschnitt in der menschlichen Geschichte« und sind »als authentische Schauplätze der Reformation von außergewöhnlicher universeller Bedeutung«.

Tatsächlich aber ist die Authentizität gerade bei Luthers Geburtshaus bis auf den Standort nicht gegeben: Das Haus, in dem am 10. November 1483 der Sohn von Hans und Margarethe Luther zur Welt kam, brannte 1689 bis auf die Grundmauern nieder. Kurz darauf wurde ein neues Gebäude errichtet, das ab 1693 als Memorialgebäude für den berühmten Sohn der Stadt genutzt wurde. Beim Neubau spielten weder Größe noch Aufteilung des Originalhauses eine Rolle, weswegen es auch kein authentisches Geburtszimmer gibt. Dass sich hier jedoch bereits im 17. Jahrhundert ein Ort des Gedenkens befand, belegt eine beschriftete Holzplatte: »Anno 1483 ist Doctor Martinus Luther in dem Hause geborn und zu S. Peter gedauft.« Recht viel länger als bis nach der Taufe blieb Familie Luther aber nicht in Eisleben, da der Vater eine Stelle als Hüttenmeister im benachbarten Mansfeld antrat.

Anders verhält es sich in Wittenberg, der Stadt mit ihren damals etwa 2000 Einwohnern, in der Luther die meiste Zeit seines Lebens verbrachte. Nach seinem Studium in Erfurt trat er dort 1505 in das Augustiner-Eremiten-Kloster ein und wechselte 1508 zum weiteren Studium ganz nach Wittenberg, wo er 1512 zum Doctor Theologicae promovierte und einen Lehrstuhl in Bibelauslegung übernahm, den er bis zu seinem Lebensende innehatte.

Die Universität »Leucorea« Wittenberg war erst 1502 von Friedrich III. von Sachsen (1463–1525), dem später »Weisen« genannten, gegründet worden. Es war die erste von einem Landesherrn und nicht der Kirche gegründete Universität im Reich. Luther bewohnte eine Zelle im Konventshaus des Augustinerklosters. Das Kloster diente sowohl als Wohn- als auch als Bildungsstätte. Seine Predigten hielt Luther in der Stadtkirche St. Marien. Sie wird auch »Mutterkirche der Reformation« genannt, unter anderem, weil hier die Hl. Messe zum ersten Mal in deutscher Sprache gefeiert wurde.

Es waren Zeiten des Umbruchs. Kolumbus hatte Amerika entdeckt, Kopernikus verbannte die Erde aus dem Zentrum des Universums und in Rom wurde die größte Kirche der Christenheit gebaut. Zur Finanzierung des Petersdoms nutzte man den Ablasshandel. Aber nicht nur dafür war das Geld bestimmt, sondern auch für Albrecht von Brandenburg, der kurz zuvor zum Erzbischof von Mainz, Magdeburg und Halberstadt und damit auf einen der einflussreichsten Posten des Klerus gewählt worden war.

LUTHERS THESEN

Der Ablasshandel, der schon länger in der Diskussion war, bewegte auch Luther in Wittenberg, seinen Teil beizutragen. Er schrieb seine berühmten 95 Thesen auf und verschickte sie als Diskussionsgrundlage an diverse Theologen. Ob er sie am 31. Oktober 1517 auch an die Kirchentür von Witten-

HIER IN EISLEBEN wurde Martin Luther ebenso mehr oder weniger zufällig geboren, wie er auch gestorben ist.

»Wenn ich wieder von Eisleben komme, so will ich mich in den Sarg legen und den Würmern einen feisten Doktor zum Verzehr geben […]. So bin ich der Welt müde.«

Martin Luther, kurz vor seinem Tod 1546

berg schlug, ist nicht gesichert. Es wäre aber auch nicht unwahrscheinlich, denn die Schlosskirche war schließlich auch die Universitätskirche, und es war üblich, die Türen als »Info-Tafel« zu verwenden. Wie dem auch gewesen sei, zum Gedenken daran stiftete König Friedrich Wilhelm IV. 1858 eine bronzene »Thesentür«, nachdem das hölzerne Original während des Siebenjährigen Krieges und in den Befreiungskriegen zerstört wurde. Zunächst löste Luthers Thesenpapier keine größeren Unruhen aus, zumal es unter dem Titel »Disputatio pro declaratione virtutis indulgentiarum« auf Latein verfasst war. Erst im Frühjahr 1518 gingen die Thesen Luthers mit ausführlichen Erklärungen als »Sermon von Ablass und Gnade« auf Deutsch in Druck und verbreiteten sich in den nächsten zwei Jahren in 60 000 Exemplaren. Damit hatte er den Zündfunken für Diskussionen gelegt: über die Autorität der Bibel und den alleinigen Anspruch der Kurie auf die Stellvertreterschaft Christi.

DIE ENTWICKLUNG DER REFORMATION

1520 verfasste Martin Luther drei programmatische Schriften, die aus Reformideen die Reformation und die drohende Kirchenspaltung noch wahrscheinlicher machten. Um ihn nach dem Reichstag zu Worms 1521 zu schützen, ließ ihn Friedrich der Weise zum Schein entführen und auf die Wartburg bringen. Unter dem Namen Junker Jörg übertrug Luther hier das Neue Testament ins Deutsche und legte damit den Grundstein zu einer gemeinsamen deutschen Sprache. Im Jahr 1522 erschien Luthers *Septemberbibel* und erlebte bis 1525 66 Auflagen mit insgesamt über 100 000 Exemplaren. Zum ersten Mal war die Bibel für jedermann zugänglich und verständlich. Die Rolle der Kirche als Vermittlerin gehörte nun der Vergangenheit an.

Der Mönch und Reformator hatte aber auch ein Privatleben. Da Luther die Ehe nicht als eines der Sakramente ansah und den Zölibat ablehnte, heiratete er 1525 die ehemalige Nonne Katharina von Bora. Zusammen hatten sie sechs Kinder und waren in das inzwischen verwaiste Augustinerkloster gezogen, das ihnen Johann der Beständige, Sohn Friedrichs des Weisen, zur Verfügung gestellt hatte. Hier lebten auch Studenten, deren Miete die Haushaltskasse aufbesserte.

In der Zwischenzeit hatte die Reformation eine ungeahnte Dynamik entwickelt. Nachdem die evangelischen Stände 1529 den Reichstag in Speyer unter Protest verließen, weil Kaiser Karl V. sich nicht an die Beschlüsse gehalten hatte, wonach jeder Fürst bestimmen konnte, welche Religion in seinem Land herrschen sollte, wurden die Anhänger Luthers Protestanten genannt.

Während dieser Zeit der stürmischen Kämpfe, Stichwort Bauernkriege, stand Luther sein ehemaliger Schüler und später engster Freund und Kollege Philipp Melanchthon (1497–1560) stets zur Seite. Er war 1518 als Professor für Griechisch nach Wittenberg gekommen und wurde zu einem der einflussreichsten Denker der Reformation und des Humanismus. Als Melanchthon 1536 wegziehen wollte, überredete ihn der Kurfürst mit einem für ihn gebauten Haus in der Stadt und an der Universität zu bleiben. Seit 1954 dient das Melanchthonhaus als Museum seines Lebens und Wirkens.

Martin Luther lehrte weiterhin in Wittenberg. Hier schuf Lucas Cranach d. Ä. seine berühmten Porträts des Reformators und trug so zu dessen Popularität nicht unwesentlich bei. Im Februar 1546 kam Luther zum Schlichten eines Streits noch einmal nach Eisleben. Zurück nach Wittenberg schaffte er es nicht mehr. Er starb am 18. Februar.

DAS »STERBEHAUS« (Andreaskirchplatz 7) ist nach neuesten Forschungen nicht das Original. Luther starb wohl eher im Stadtschloss (Markt 56), in dem sich heute das Hotel »Graf von Mansfeld« befindet.

Carolus V. Keyser und König.
Ertzhertzog
zu Osterreich
Hertzog zu
Burgund.

DIE SCHLOSSKIRCHE IN WITTENBERG, die nach dem Neubau des Schlosses dessen Nordflügel bildet, wurde 1503 geweiht. Hier unterhalb der Kanzel befindet sich das Grab Martin Luthers (links). **DIE THESENTÜR**, das Hauptportal der Schlosskirche, fungierte auch als »Infotafel« der Universität Leucorea (oben). **IN DER STADTKIRCHE ST. MARIEN**, dem ältesten Gebäude der Stadt, hielt der Reformator seine Predigten. ▽

AM ANFANG WAR DAS WORT
LUTHER 2017
500 JAHRE REFORMATION
AUSSTELLUNG
Chagall
Pechstein
Picasso
Dix
Beckmann
u. a.
AM ANFANG WAR DAS WORT
LUTHER 2017
500 JAHRE REFORMATION

Tante Emma's
Bier- & Café-Haus
Schöfferhofer
Schöfferhofer WEIZEN

Wasser – der genetische Code der Stadt

AUGSBURGER WASSERMANAGEMENT-SYSTEM – EINE QUELLE DES WOHLSTANDS

Wasser ist Leben. Dieser Satz gilt ganz besonders für die Stadt Augsburg, die einen Großteil ihrer wirtschaftlichen und kulturellen Entwicklung dem Wasser und vor allem dem erfindungsreichen Umgang mit der kostbaren Ressource zu verdanken hat. Das über knapp sieben Jahrhunderte gewachsene Wassermanagement-System, das auf dem ausgefeilten Zusammenspiel von Kanälen, Pump- und Wasserwerken sowie Brunnen basiert, war und ist ein Pfeiler des Wohlstands der Stadt.

Die Kanalsysteme von Augsburg regeln die Wasserversorgung schon seit dem 8. Jahrhundert. Dabei durchziehen die Kanäle die Stadt wie ein Aderngeflecht. Vom Süden her kommend fließen Lech, Wertach und Singold in und um das Stadtgebiet. Seit 1346 wird am Hochablass das Wasser des Lechs abgezweigt und in das Kanalsystem geführt.

Am Roten Tor traf das Wasser auf das älteste bestehende Wasserwerk Europas. Das Ensemble des Großen und Kleinen Wasserturms und des Kasten- bzw. Spitalturms war die Schlüsselstelle des historischen Wassersystems. Hier wurde mit der Kraft des Lechs das Quellwasser aus dem Siebentischwald südlich der Stadt mittels Kolbenpumpen in ein Becken im obersten Geschoss des Großen Turms gepumpt, von wo es über 30 Meter in die Tiefe stürzte und so den Druck erzeugte, den es benötigte, um das Trinkwasser durch die Leitungen in die Augsburger Brunnen zu bringen. Die Wasserleitungen bestanden aus ausgehöhlten Föhrenstämmen, die mit Metallmanschetten verbunden wurden. Im 15. Jahrhundert begann man auch die Straßen zu pflastern, und so konnten die Rohrleitungen gut integriert werden.

Erbaut wurde der Große Wasserturm zwischen 1412 und 1416 auf den Grundmauern eines ehemaligen Wehrturms. Schon 1470 war der Bedarf so gestiegen, dass der Kleine Wasserturm dazugebaut wurde. Spätestens seit 1545 ist die strikte Trennung von Brauch- und Trinkwasser dokumentiert – seinerzeit ein Novum, lange bevor man die Verunreinigung von Wasser als Ursache zahlreicher Krankheiten erkannte. Mit den Türmen wurde nicht nur sauberes Trinkwasser in die Stadt geleitet, sondern auch Brauchwasser, das an allen Kanälen Wasserräder und -kraftwerke antrieb und so maßgeblich zur wirtschaftlichen Prosperität der Stadt beitrug. Dieses System stieß in ganz Europa auf großes Interesse und war gleichsam eine Touristenattraktion, von der auch der französische Essayist Michel de Montaigne (1533–1592) begeistert berichtete.

DIE AUGSBURGER PRACHTBRUNNEN

1599 schließlich kam wegen der stetig wachsenden Bevölkerung der Kastenturm dazu, der eigens der Versorgung der drei monumentalen Brunnen der Innenstadt diente. Die Brunnen waren nicht nur zur Wasserversorgung, sondern auch als Demonstration des Wohlstands der Stadt gedacht.

Der Augustusbrunnen wurde nach einem Modell des deutsch-niederländischen Bildhauers Hubert Gerhard (um 1550–1620) zwischen 1588 und 1594 geschaffen. Bekrönt wird er vom römischen Kaiser Augustus, dem Stadtgründer. Die Hermen, Pfeilerfiguren, aus deren Brüsten Wasser perlt, sind Symbole des Reichtums; die vier Brunnenfiguren verkörpern die vier Flüsse, die Augsburg dazu verholfen haben: den Lech mit Flößerruder als Fluss des Transports, die Wertach mit Fischernetz für den Fischfang sowie die Singold mit Mühlrad als Symbol für die Wasserkraft und schließlich den Brunnenbach, symbolisiert durch eine Frau mit Krug für das so wichtige und reine Trinkwasser.

DER HERKULESBRUNNEN IN DER MAXIMILIANSTRASSE, dem ehemaligen Weinmarkt. Dieser war der größte zentrale Platz Augsburgs und die Adresse der reichen Patrizier und Händler. Im Süden erkennt man die Stadtpfarrkirche St. Ulrich und Afra.

EINE TYPISCHE AUGSBURGER ALTSTADTGASSE mit einem der vielen Kanäle

Der Merkurbrunnen (1596–1599) des ebenfalls aus den Niederlanden stammenden Bildhauers Adriaen de Vries (1545 bis 1626) zeigt den römischen Götterboten, dem durch Amor scheinbar die geflügelten Schuhe abgenommen werden. Diese eigenartige Darstellung könnte bedeuten, dass Amor den Gott des Handels auf diese Weise am Wegfliegen hindern will, damit er in Augsburg bleiben muss und so für den stetigen Handel und damit Wohlstand der Stadt sorgt.

Adriaen de Vries gestaltete auch den Herkulesbrunnen, der wie der Merkurbrunnen ebenfalls in der Maximilianstraße, am ehemaligen Weinmarkt, von 1597 bis 1602 errichtet wurde. De Vries zeigt Herkules bei der zweiten seiner zwölf Aufgaben, dem Abschlagen der Köpfe der Hydra mit einer Flammenkeule. Mittels dieser verhindert er das Nachwachsen der Köpfe des legendären Ungeheuers, dessen Name übersetzt Wasserschlange bedeutet. Im Zusammenhang mit dieser Brunnengestaltung wird damit die Herrschaft von Augsburg über die Gewalt des Wassers symbolisiert sowie auf die Macht und Stärke der Stadt verwiesen.

Privatbrunnen gab es zu dieser Zeit nur sehr wenige, denn sie waren kaum erschwinglich, auch wenn es bei Montaigne etwas »einfacher« klingt, denn die Stadt sei »allein dank dieses Systems überreich mit öffentlichen Brunnen gesegnet […]. Wenn ein Bürger einen privaten Anschluss will, wird es ihm gegen eine laufende Gebühr von zehn oder eine Einmalzahlung von 200 Gulden genehmigt.« Im Höhmannhaus (seit 1996 das internationale Forum für zeitgenössische Kunst der städtischen Kunstsammlungen) ist ein solcher Brunnen erhalten. Bedenkt man, dass ein durchschnittliches Handwerkerhaus seinerzeit rund 60 Gulden wert war, sind die 200 Gulden für einen Wasseranschluss durchaus beachtlich. Die ersten und wenigen, die einen solchen Privatbrunnen besaßen, waren die Fugger und der Bischof.

DER KANAL ALS KÜHLSYSTEM

Mit der sogenannten Stadtmetzg (1606–1609) erdachte der Stadtbaumeister Elias Holl (1573–1646), der auch das Rathaus schuf, ein sehr innovatives Gebäude. Durch die wachsende Bevölkerung – um 1600 ca. 16 000 Einwohner – und die vielen, oft Jahre dauernden Reichstage, die mit Tausenden Gästen abgehalten wurden, musste man sich neue Möglichkeiten der Versorgung mit Fleisch überlegen. Die

IM WASSERWERK AM HOCHABLASS kann man noch der Pracht des alten Wasserwerks mit seinen drei historischen Doppelkolbenpumpen nachspüren.

zahlreichen kleinen Metzgereien wurden aufgrund der Geruchsbelästigung unerträglich. In der Stadtmetzg wurden alle Fleischereien zentral zusammengefasst. In den oberen Stockwerken befanden sich die Zunft- und Amtsräume, unten wurden die Waren an 126 Fleischbänken verkauft. Geschlachtet wurde im sogenannten Schlachthausgässchen. Ganz dem Wasser zugetaner Augsburger kam Holl auf die Idee, die Stadtmetzg über dem Vorderen Lech, einem der vielen Kanäle, zu errichten. Das offen durch das Haus geleitete Wasser kühlte die Fleischwaren, und die Abfälle konnten direkt und sauber entsorgt werden.

NEUE ZEITEN ERFORDERN NEUE TECHNIKEN

Aber das so innovative wie altgediente System stieß in Zeiten der Industrialisierung im 19. Jahrhundert an seine Grenzen. Die Wasserqualität verschlechterte sich und Choleraepidemien forderten neue Wege in der Wasserwirtschaft. Deswegen wurde das Wasserwerk am Hochablass errichtet und löste alle bestehenden, auch das Wasserwerk am Roten Tor, ab. Im Jahr 1879 in Betrieb genommen, lieferte das neue Wasserwerk hygienisch einwandfreies Trinkwasser für Augsburg und gilt als Ursprung der modernen Wasserversorgung der Stadt. Grundwasser wurde aus den Brunnen im Stadtwald mit zwei Doppelkolbenpumpen angesaugt, dann in gusseiserne Bassins unter dem Maschinenhaus geleitet und von dort in das Trinkwassernetz eingespeist. Heute ist das Gebäude sowohl Wasserkraftwerk als auch sehenswertes Technikmuseum.

Das Wassermanagement-System umfasst 22 Stationen in und um Augsburg. Die Bedeutung der für die Wasserwirtschaft geschaffenen Bauwerke drückt sich auch in den aufwendigen Architekturen und Kunstwerken aus, die dabei entstanden sind.

Gerade in Zeiten der klimatechnischen Veränderungen kann man das Augsburger Wassermanagement-System als Vorbild nehmen. Was über die Jahrhunderte gewachsen ist und immer wieder verbessert wurde, bildet nun eine gute Grundlage für die Nutzung des Wassers als erneuerbare Energie im lokalen Umfeld: Durch das Kanalsystem werden heute rund 40 Wasserkraftanlagen im Stadtgebiet betrieben, die für nachhaltige Stromerzeugung in Zeiten der Energiewende vorbildlich sind.

Wasserspiele am Berg

KASSEL, BERGPARK WILHELMSHÖHE – EINE ITALIENISCHE ERFINDUNG

Die absolutistischen Herrscher der Barockzeit standen im Zentrum ihres Handelns und kamen immer wieder auf neue Ideen, ihre Herrlichkeit zur Schau zu stellen. Schlösser und Residenzen, Treppenanlagen, Prunkkutschen und Parks gehörten ins Standardrepertoire der barocken Sinneslust und Pracht, Wasserspiele galten als besondere Extravaganz: Landgraf Karl von Hessen-Kassel hat sie sich geleistet.

Die aufwendigen Wasserspiele waren sozusagen die Luxusjachten der damaligen Zeit. Sie konnten sich tatsächlich nur die ganz reichen Herrscher leisten. Karl von Hessen-Kassel (1654–1730) hatte zwar kein großes Reich, war aber dennoch sehr begütert. Sein Reichtum speiste sich aus zwei Quellen: Die eine war eine seinerzeit verbreitete und spezielle Art der Zeitarbeit, denn er vermietete Soldaten an fremde Mächte für deren kriegerische Auseinandersetzungen; ein durchaus einträgliches Geschäft. Die andere war die wirtschaftliche Prosperität seines Fürstentums, die er unter anderem den aus Frankreich geflohenen Hugenotten zu verdanken hatte. Denn der französische Sonnenkönig Ludwig XIV., seines Zeichens katholisch, widerrief 1685 im Edikt von Fontainebleau die Religionsfreiheit in seinem Land. Etwas Derartiges ahnend, verfasste Landgraf Karl, seinerseits protestantisch, eine »Freiheitskonzession«, in der er französischen Protestanten Asyl sowie freie Religionsausübung zusicherte.

In der Folge kamen Tausende Hugenotten nach Hessen-Kassel, Arbeiter, Handwerker, Bauern, und sie trugen, auch mithilfe neuer Techniken wesentlich zum Wohlstand des nach dem Dreißigjährigen Krieg immer noch sehr zerstörten Landes bei. Dieser wirtschaftliche Aufschwung bescherte Karl das Geld, mit dem Sonnenkönig und seinen Wasserspielen in Versailles in Konkurrenz zu treten. Und das tat er auf beeindruckende Weise.

Der Landgraf bekam seine Ideen für den Bergpark samt Wasserspielen auf einer Italienreise, auf der er 1696 auch Kontakt zu seinem späteren Architekten und Wasserbauer Giovanni Francesco Guerniero (1665–1745) knüpfte. Dieser geniale Architekt, der an italienischen Höfen schon als Wasserbauingenieur Erfahrungen gesammelt hatte, setzte auf ein System der Wasserführung, das, anders als es der Landgraf eigentlich vorsah, gänzlich ohne Pumpen auskam. Er entwickelte den Masterplan für den Bergpark, der heute noch im Schloss Wilhelmshöhe einzusehen ist und der ein Netz von Leitungen und Reservoirbecken auslegt, mit dem die Wasserspiele bis zum heutigen Tage ohne jegliche Pumpen funktionieren. Grundlage für das gesamte System ist der Sichelbachteich, der sich einen Kilometer westlich und vor allem etwas oberhalb des Bergparks befindet. Dieser Teich speist sich wiederum aus einem seit dem Mittelalter bestehenden Verbund von Kanälen und Drainagen im Habichtswald, in dem sich bis zu 40 Millionen Liter Regenwasser ansammeln, die theoretisch für eine ganze Wasserspielsaison ausreichen würden. Guerniero machte sich das Prinzip der kommunizierenden Röhren zunutze, um das Wasser von dem Teich, der auf 596 Meter Höhe liegt, durch das dazwischenliegende Tal auf die Spitze der Wilhelmshöhe gut 70 Meter tiefer zu leiten.

KASKADEN MIT FANFAREN

Damit war der Architekt auch in der Lage, die Wasserspiele bereits auf dem Gipfel der Wilhelmshöhe beginnen zu lassen. Eine Besonderheit, denn nach den damaligen Gepflogenheiten war es üblich, dass derartige Spiele erst auf halber Höhe

DER STEINHÖFER WASSERFALL ist, wie alles andere im Park, künstlich angelegt und verfehlt vielleicht gerade deshalb nicht seine Wirkung.

sprudelten, was jedoch meist der fehlenden Wasserversorgung geschuldet war. Die Kasseler Wasserspiele setzen ein, wenn die Wassermeister nach einem genauen Zeitplan die entsprechenden Ventile öffnen. Der Beginn ist dabei nicht nur sichtbar, sondern auch weithin hörbar. Denn während das Wasser in das Riesenkopfbassin schießt, läuft es gleichzeitig durch Röhren, durch die die vom Wasser verdrängte Luft Fanfaren bläst, die als Faun und Zentauer den Beginn der Spiele akustisch signalisieren.

Über die riesige, 210 Meter lange Kaskade fließt das Wasser über 46 Stufen auf das in Sichtachse stehende Schloss Wilhelmshöhe zu und verweist so auf die ganze Pracht des hessischen Landgrafen und den Erfindungsreichtum seines italienischen Architekten. Ursprünglich war geplant, ein weitaus größeres Areal zu gestalten, was jedoch nicht umgesetzt wurde. Aber schon der realisierte Teil gereichte dem Landgrafen zur Ehre und symbolisierte seine Macht. Nicht umsonst steht auf der Spitze der Wilhelmshöhe ein gigantischer Herkules, dessen antikes Vorbild Karl in Rom gesehen hatte. Jedem Zeitgenossen war die Symbolik wie auch die antike Sage bekannt: In der fünften seiner zwölf Arbeiten mistet Herkules durch das Umleiten zweier Flüsse den Stall des Augias aus. Karls Herkules aus Kupferblech steht mit seinen drei Tonnen Gewicht und einer Größe von über acht Metern auf der Spitze einer fast 30 Meter hohen Pyramide, die wiederum aus einem 32 Meter hohen Oktogon herauswächst. Insgesamt ist das Gebilde, das im Ganzen »Herkules« genannt wird, über 70 Meter hoch und wurde 1717 mit dem Aufstellen der Statue vollendet.

HÖHER ALS BEIM SONNENKÖNIG

Am anderen unteren Ende der Wasserspiele befindet sich das eigentliche Prunkstück, die große Fontäne. Fontänen waren schon immer der Höhepunkt solcher Anlagen, und Karls Intimfeind, Ludwig XIV., hatte selbstverständlich auch eine, mit einer Höhe von 27 Metern. Der Kasseler Wasserstrahl spritzt jedoch mit 50 Metern fast doppelt so hoch und übertrumpfte damit den Sonnenkönig. Sigmund Freud hätte

seine wahre Freude an derlei Konkurrenz gehabt. Leider haben weder Karl noch Ludwig XIV. das Schauspiel erlebt, denn die Fontäne, die mit acht Bar Druck herausgeschossen kommt, wurde erst 1767 fertiggestellt.

1717 verließ Guerniero den Kasseler Hof wieder gen Italien – doch er hatte mit seinen faszinierenden Plänen und Ideen den Weg bereitet für weitere Verblüffungen und Wasserbilder im Bergpark. Aber erst Karls Urenkel Wilhelm IX. (1743–1821), nach dem die Anlage benannt ist, erweiterte den Park schließlich um die heute so beliebten Attraktionen des »romantischen« Teils. Denn der Zeitgeschmack geht selbst an Fürstenhäusern nicht spurlos vorüber. Dem barocken Absolutismus mit seinen auch über die Naturgewalten herrschenden Fürsten folgte die Romantik, die ein anderes Bild zeigte. So hatte die Fontäne in den frühen Jahren einen einzigen Strahl. Aus der Fontäne wurde 1790 ein Geysir, der bis heute das Wasser durch mehrere Düsen gen Himmel schickt. Die Zeiten änderten sich und damit auch das Verhältnis zur Natur. Hatte der barocke Fürst sie noch mächtig gebändigt und beherrscht, drehte sich das Verhältnis in der Romantik: Der Mensch ist klein gegen die Natur, die ihrerseits nun eine, wenn auch romantisierte Gefahr darstellt und der Menschen Werke bedroht und zerstört. Sinnbildlich sind hierfür die Steinhöfer Wasserfälle, die scheinbar einen Steinbruch unter sich begraben, und das römische Aquädukt, eine künstliche Ruine, die die Vergänglichkeit menschlichen Tuns symbolisiert und zeigen soll, dass die Unterwerfung der Natur letztendlich scheitern muss. Dieses Spiel der Bilder und Symbole machen das Faszinosum der Wasserspiele aus, deren Aquädukt mit seinem 30 Meter hohen Wasserfall einen einzigartigen Höhepunkt des Bergparks Wilhelmshöhe darstellt.

DIE LÖWENBURG ist eines der ersten bedeutenden neugotischen Gebäude. Die künstliche Ruine diente Landgraf Wilhelm I. von Hessen-Kassel als Refugium und schließlich als Grabstätte.
BLICK ÜBER DIE KASKADEN bis hinauf zu dem gigantischen Herkules, der Spitze des Bergparks und des Ausgangspunkts der Wasserspiele. ▽

Treppenhaus mit Blick auf die Welt

WÜRZBURGER RESIDENZ – GRANDIOSE BÜHNE

Man könne Kanonen darunter abfeuern und die Decke würde standhalten, meinte der ehemalige Ernst- und Lustfeuerwerker und fürstbischöfliche Architekt Balthasar Neumann zu seiner Deckenkonstruktion im Treppenhaus der Residenz zu Würzburg. Kurz vor Ende des Zweiten Weltkriegs, am 16. März 1945, stellten die Geschwader der Royal Air Force Neumanns Aussage und die Decke auf eine harte Probe.

Sie bombardierten Würzburg und machten auch bei der Residenz keine Ausnahme. Die Dachstühle brannten nieder, aber die Gewölbe des Treppenhauses, des Kaisersaals und der restlichen Residenz hielten dem Feuer und der Masse des herabstürzenden Schutts stand.

Damit waren die Probleme jedoch noch nicht vorbei. Denn die riesigen Decken waren jetzt schutzlos der Witterung ausgeliefert und liefen Gefahr, durch Regen aufgeweicht zu werden und doch noch einzustürzen. Die Rettung kam in Person des amerikanischen Kunstoffiziers John Davis Skilton (1909–1992), der als Kunsthistoriker das Problem erkannte. Mit einem großen Organisationstalent ausgestattet, schaffte er genug Baumaterial in der zu 90 Prozent zerstörten Stadt herbei, um die Decken der Residenz mit provisorischen Schutzdächern vor den Wettereinflüssen zu schützen.

Die Geschichte der Würzburger Residenz war von Anfang an bestimmt von außergewöhnlichen, risikofreudigen Männern, zuvorderst der Fürstbischof von Würzburg Johann Philipp Franz von Schönborn (1673–1724), der Bauherr. Ihm genügte seine Festung auf dem Marienberg nicht mehr, also ließ er sich eine neue Residenz errichten. Dadurch wurden Steuererhöhungen nötig, die den absolutistischen Herrscher im Volk noch unbeliebter machten, als er ohnehin schon war.

Wie in den meisten repräsentativen Gebäuden geht es auch bei dieser Residenz um die Möglichkeit, mit den Mitteln der Architektur symbolträchtige Zeichen zu setzen. Waren Kirchen seit jeher auch ein Abbild des Himmels und des himmlischen Jerusalem, dienten Residenzen und Paläste vornehmlich zur Huldigung des Bauherrn. Eine Spezialität des barocken Schlossbaus waren die Treppenanlagen, die eine pompöse Bühne boten, auf der sich die Gäste, vor allem aber auch die Gastgeber entsprechend inszenieren konnten. Das Zeremoniell des Ankommens, des Geleitens und des Empfangens konnte man in den dafür gedachten Treppenhäusern vorzüglich in Szene setzen. Das Treppenhaus der Würzburger Residenz ist geradezu ein Idealbeispiel für diese Art der Inszenierungsarchitektur.

EIN KONGENIALES GESPANN

Wie viele Bauherrn vor und nach ihm bewies der Fürstbischof Johann Philipp Franz von Schönborn einerseits ein gutes Gespür bei der Auswahl des Architekten, andererseits auch eine gewisse Kühnheit. Denn sein Favorit war nicht einer der schon etablierten Architekten, sondern Balthasar Neumann (1687–1753), Sohn eines Tuchmachers und gelernter Glocken- und Metallgießer. Um in seiner Karriere weiterzukommen, ging Neumann 1712 zum Militär und studierte dort Ingenieurwesen und Architektur. Im Jahr 1717 begleitete er die fränkischen Truppen nach Österreich und war dort auch am Bau von Festungsanlagen beteiligt. In Wien lernte er die Architektur der Barockmeister Lukas von Hildebrandt und Johann Fischer von Erlach kennen. Zurück in Würzburg und inzwischen zum Hauptmann der Artillerie und Oberingenieur aufgestiegen, wurde er 1719 zum

DAS IST DER ERSTE EINDRUCK, den die Gäste der Würzburger Fürstbischöfe seinerzeit und den Touristen heute beim Hinaufschreiten der Treppe haben – mit dem Unterschied, dass die damaligen Gäste bis hierhin mit der Kutsche gefahren sind.

fürstbischöflichen Baudirektor ernannt. Ein Jahr später übernahm er die Planung der neu zu schaffenden Stadtresidenz seines Gönners.

Die Residenz ist eine riesige symmetrische Anlage mit zwei Flügeln und je zwei Innenhöfen. Der zentrale Corps de Logis öffnet sich zur Stadt in einem Ehrenhof und zur Gartenseite mit einem Pavillon, in dessen oberem Geschoss der Kaisersaal liegt. Für die Ausmalung seiner Decke wurde kein Geringerer als der bedeutendste Maler seiner Zeit engagiert, der Venezianer Giambattista Tiepolo (1696–1770).

Nachdem er diesen Auftrag zur vollsten Zufriedenheit seines Auftraggebers, inzwischen war es Carl Philipp von Greiffenclau (1690–1754), ausgeführt hatte, bekam er den Folgeauftrag, der noch eine größere Herausforderung darstellte, sollte er doch das Deckengewölbe des Treppenhauses freskieren. Mit 19 mal 32 Metern und einer Stichhöhe von 5,5 Metern ohne jegliche Stütze war das Gewölbe schon architektonisch einzigartig. Tiepolo adelte es zusätzlich mit dem größten zusammenhängenden Deckenfresko der Welt auf über 600 Quadratmetern bemalter Fläche. Das Thema des Freskos ist die Apotheose des Fürstbischofs, eingebettet in eine malerische Schilderung des antiken Götterhimmels und Allegorien der vier damals bekannten Kontinente (Australien war zu dieser Zeit noch nicht als eigener Kontinent anerkannt.). Tiepolo gelang es, die geniale architektonische Treppeninszenierung Neumanns so aufzugreifen, dass sich das Fresko während des Hinanschreitens auf jeder Stufe ein Stückchen weiter erschließt. Von ganz unten blickt man an die Decke, auf der Gott Apoll mit seinem Wagen über den Himmel zieht. Entlang des ersten Treppenanstiegs erkennt man den Kontinent Amerika und mit dem Umdrehen Afrika und Asien an den Längsseiten.

Schließlich schreitet man bis zur Spitze der Treppe, also bis zu dem Punkt, an dem der Fürstbischof seine Gäste empfing, dem Kontinent Europa entgegen, das mit einer Reihe bedeutender Persönlichkeiten bevölkert ist. Darunter selbstverständlich der Fürstbischof, Tiepolo selbst mit sei-

nem Sohn und Balthasar Neumann, lässig auf einem Kanonenrohr sitzend. Dieses Porträt Neumanns als Oberst der Artillerie kann man auch als Hommage des Malers Tiepolo an den Architekten verstehen; beide sollen sich auch persönlich gut verstanden haben.

VIELSEITIGER ARCHITEKT UND UNTERNEHMER

Neumanns größte Leistung neben der eigentlichen Architektur war wohl seine Fähigkeit, die diversen Einflüsse, Anregungen und Änderungen so in den Bauprozess zu integrieren, dass am Ende ein Schloss von außerordentlicher Qualität entstand. Denn durch die immerhin fünf aufeinanderfolgenden Bauherrn und deren jeweiligen Lieblingsarchitekten gab es immer wieder neue Anregungen und Planänderungen, bis hin zu Neumanns zwischenzeitlicher Entlassung. Neben der Residenz konzipierte und realisierte er auch Kirchenbauten, Festungsanlagen, Brücken und andere Treppenhäuser. Ein weiteres der vielen Raumjuwele der Residenz, die Allerheilgen-Hofkapelle im rechten Flügel des Schlosses, bildet in Ausstattung und Wirkung das genaue Gegenteil zum luftig-hellen Treppenhaus. Der rechteckige Kastenraum ist umstellt von marmorierten Säulen und wird bestimmt von fünf ineinander verschränkten Ovalen, von denen drei überkuppelt sind. Diese komplexe Grundrisskonstruktion bringt die Wände zum Schwingen – ein typisches Merkmal der barocken kurvierten Architektur mainfränkischer Färbung des Baumeisters Balthasar Neumann.

Nach 34 Jahren Bauzeit ist Balthasar Neumann mit der Würzburger Residenz und vor allem deren Treppenhaus mit den Fresken Tiepolos eine technische und ästhetische Überwältigungsarchitektur aus Licht und Farbe gelungen, wie sie vorher noch nicht zu sehen war.

DIE WÜRZBURGER RESIDENZ in voller Pracht. Bei Dreharbeiten für »Die Drei Musketiere« mit Christoph Waltz und Orlando Bloom im Jahr 2010 dienten der Residenzplatz und die Residenz als Kulisse. 2500 Komparsen waren bei dem Spektakel dabei.

EINE DER VIELEN FIGUREN, die den Treppenaufgang säumen (oben).
DIE AUSMALUNG des Kaisersaals war Giovanni Battista Tiepolos erste Aufgabe in Würzburg. Erst nachdem er sie mit Bravour erfüllt hatte, bekam er den Auftrag für das Gewölbe des Treppenhauses (rechts).

Bischöflich-barockes Multitasking

SCHLOSS AUGUSTUSBURG UND FALKENLUST IN BRÜHL – ARBEIT UND MUSSE

Der Sonnenkönig Ludwig XIV. hatte auch politischen Anteil am Schloss Augustusburg in Brühl. Denn die Ernennung des Wittelsbachers Joseph Clemens von Bayern zum Erzbischof von Köln durch Papst Innozenz XI. im Jahr 1688 war einer der Gründe für Ludwig, den Pfälzischen Erbfolgekrieg zu beginnen. In dessen Verlauf wurde die seit dem 13. Jahrhundert bestehende Wasserburg in Brühl von französischen Truppen zerstört. Bald darauf begann die Neuplanung.

Nach 35 Jahren im Amt wurde Joseph Clemens 1723 von seinem Neffen Clemens August (1700–1761) als Erzbischof abgelöst. Und nicht nur das. Der Begriff »Personalunion« scheint genau für jemanden wie Clemens August geschaffen worden zu sein. Denn Clemens August war nicht nur Erzbischof und damit auch Landesherr von Kurköln, Westfalen und Recklinghausen, sondern auch Fürstbischof von Osnabrück, Paderborn, Hildesheim, Münster und Regensburg, Legat des Heiligen Stuhls und zudem der Bruder des Herzogs von Bayern, Karl Albrecht, des nachmaligen Kaisers Karl VII. Als derart viel beschäftigter Potentat schien es ihm durchaus angemessen, sich neben den eigentlichen Residenzen, dem Kurfürstlichen Schloss und dem Poppelsdorfer Schloss in Bonn, ein geeignetes Sommerschloss in Brühl erbauen zu lassen. Dazu wurde 1725

der Grundstein gelegt und nach Plänen des Architekten Johann Conrad Schlaun (1695–1773) unter Berücksichtigung der noch vorhandenen Fundamente mit dem Bau begonnen. Es entstand eine Dreiflügelanlage mit einem zentralen Ehrenhof.

Auffällig ist dabei die für diesen Baustil völlig untypische Asymmetrie der südlichen Fassade. Sie ist den Vorgaben durch die noch vorhandenen Fundamente geschuldet. Wie so oft aber bei derartigen Bauvorhaben stellt der erste Entwurf eben nur einen ersten Entwurf dar, denn die potenten und mitunter auch kundigen Bauherren holen sich auch den Rat anderer Architekten ein. Karl Albrecht schickte seinem Bruder seinen Hofarchitekten François de Cuvilliés (1695–1768) aus München, der ab 1728 nicht nur im Inneren einiges änderte, sondern vor allem die Fassade umgestaltete und damit auf den neuesten Stand der damaligen architektonischen Mode des Rokokos brachte. Und da ein geistlicher und weltlicher Würdenträger dieses Formats nicht nur eine Sommerresidenz benötigte, entstand auch noch ein Jagdschloss für seine privaten Momente: Hier sollte Clemens August ohne das übliche Hofzeremoniell agieren und seinen Lieblingsbeschäftigungen nachgehen können. François de Cuvilliés schuf zu diesem Zweck zwischen 1729 und 1740 das Schlösschen Falkenlust, dessen Name über seine Bestimmung schon einiges aussagt. Es war gedacht für die privaten und intimen Lustbarkeiten und Freuden des viel beschäftigten geistlichen Herren. Die Falknerei war nur eine davon.

EIN SCHLOSS FÜR DIE WELTLICHEN FREUDEN

Das zweigeschossige Schloss südöstlich von Augustusburg liegt inzwischen durch Felder und eine Straße vom Haupt-

DIE GARTENSEITE von Schloss Augustusburg mit Bassin im Borderie-Parterre. Der Garten ist in typisch barocker Formenstrenge gestaltet.

DIE WÄNDE DES INDIANISCHEN LACKKABINETTS im Schloss Falkenlust sind mit ostasiatischen Lacktafeln bedeckt. Auf dem Porträt ist Erzbischof Clemens August zu sehen.

schloss getrennt. Es steht, von flachen Nebengebäuden flankiert und mit einem schmiedeeisernen Zaun umgeben, wie ein großes Schmuckkästchen in dem übrig gebliebenen Waldstück, schlicht und elegant. Von der klassischen Maison de Plaisance aus ging der *Monsieur des cinq eglises*, der »Herr der fünf Kirchen«, wie er wegen seiner Bischofssitze auch genannt wurde, seiner Jagdleidenschaft nach. Die meisten Dekorationen und Gemälde beschäftigen sich mit diesem Thema. Aber es gibt auch andere: Über seiner ehemaligen Bettstatt hängt ein geistlich erbauliches Gemälde und gleich nebenan ein weltlich erfreuliches. Trotz seiner kirchlichen Stellung war der »Multibischof« dem weiblichen Geschlecht durchaus nicht abgeneigt.

Im Jahr 1740 wurde ein weiterer Stararchitekt eingeladen. Balthasar Neumann aus Würzburg sollte die im Barock so wichtige Treppenanlage möglichst repräsentativ gestalten. Was er in Schloss Augustusburg schuf, wurde nur noch von seinem eigenen Werk in der Würzburger Residenz übertroffen. Für den Einbau der Treppe musste er zunächst die bisherige Raumkonzeption maßgeblich ändern. Das alte Treppenhaus südlich der Durchfahrt wich dem großen Speisesaal und die neue Treppenanlage wurde in den Nordflügel verlegt. Auf dem bestehenden quadratischen Grundriss läuft die Treppe empor, um sich nach dem Zwischenpodest in zwei Läufe zu teilen, die von Tonnengewölben getragen werden, welche wiederum jeweils auf vierfigurigen Karyatidenpfeilern und marmorierten Säulenpaaren ruhen. Die auf drei Seiten umlaufende Galerie im Obergeschoss gibt den Blick frei auf das gesamte Wunderwerk der Treppenanlage mit ihrem üppigen Rocailledekor, dem der Rokoko seinen Namen verdankt. Über der Galerie, die durch die zweistöckige Fensteranlage in helles Licht getaucht ist, ist die Decke durchbrochen und gibt den Blick auf das Deckengemälde frei. 1748 hatte Neumann das Treppenhaus vollendet.

DAS SCHLAFZIMMER ALS ZENTRUM

Das von Carlo Carlone (1686–1775) von 1750 bis 1752 geschaffene Fresko »Großmut und Großherzigkeit des Clemens August« ist eine Apotheose des Bauherren und spiegelt dem Betrachter eine Kuppel vor, die sich allerdings tatsächlich als Flachdecke erweist. Carlone verherrlichte

RAUTEN des Wittelsbacher Hauswappens und Motive der Falknerei zieren die etwa 10 000 Kacheln in blauer Inglasurmalerei im Treppenhaus von Falkenlust. **DAS TREPPENHAUS** von Augustusburg zeugt von der schöpferischen Vielfalt Balthasar Neumanns. ▽

mit seinen Fresken nicht nur Clemens August, sondern auch dessen Bruder, Kaiser Karl VII. im Gardensaal, außerdem den Gott Apoll im Musiksaal und den Heiligen Johannes Nepomuk in der nach ihm benannten Kapelle.

Zentrum eines barocken Schlosses dieser Zeit bildete das Paradeschlafzimmer, das nach dem Vorbild Ludwigs XIV. zu Audienzen genutzt wurde. Es befindet sich im Südflügel und ist daher sozusagen der Ausgangspunkt für das barocke Gartenwerk des ebenfalls aus München »ausgeliehenen« Dominique Girard (um 1680–1738). Girard hatte sein Handwerk und seine Kunst im damals maßgeblichen Park von Versailles erlernt und schon am Schlosspark Nymphenburg in München mit François de Cuvilliés zusammengearbeitet. Vor dem Schlafzimmer breitet sich in typisch französischer Symmetrie das zweiteilige Borderie-Parterre aus, das mit je zwei großen Wasserbecken mit kleinen Fontänen und einem zentralen Bassin als Abschluss den Übergang in das Jagdgehege der Schlossanlage bildet. Auch hier herrscht als Zierform die damals modische Rocaille vor, die aus beschnittenem Buchs besteht und sich mit kleinen Beeten und den Wegen aus farbigem Kies abwechselt. Jenseits der Lindenhecken befinden sich in Dreiecksform gestaltete Quartiere, die mit kleinen Salons, Brunnen und lauschigen Gängen zum intimeren Spaziergang einladen. Jenseits davon liegen die Waldbereiche, die im 19. Jahrhundert nach den Regeln der englischen Landschaftsgärtnerei gestaltet wurden.

Schloss Augustusburg ist ein Meisterwerk des feudalen Rokokos, vor allem was die verschwenderische Fülle der Dekoration betrifft. Selten trifft man ein so in sich geschlossenes Werk an, das heute jedoch bisweilen etwas überladen und kitschig anmutet. Aber auch die Repräsentanten der Demokratie waren für die Faszination und den Prunk des Rokoko empfänglich. So diente Schloss Augustusburg dem Bundespräsidenten und der Bundesregierung von 1949 bis 1996 als prachtvolle Kulisse für Staatsempfänge.

Die Herzogin und die Macht der Musik

MARKGRÄFLICHES THEATER IN BAYREUTH – MIT ROYALEM ANSPRUCH

Wahrscheinlich hätte es sich Friederike Sophie Wilhelmine, Prinzessin von Preußen (1709–1758), in ihrer Jugend nicht träumen lassen, dass sie mit dem ihr dermaleinst zugedachten Gemahl glücklich werden könnte. Ihre Eltern, immerhin Friedrich Wilhelm I. von Preußen, der Soldatenkönig, und Sophie Dorothea, Tochter des englischen Königs George I., waren schon früh darum bemüht, der kleinen Wilhelmine einen standesgemäßen Gatten zu vermitteln.

Allerdings nicht um ihretwillen, sondern des Reichs wegen. So wurde sie schon mit acht Jahren auf Betreiben der Mutter mit deren englischem Neffen, Friedrich Ludwig von Hannover, dem 15. Prince of Wales, verlobt, mit dem Ziel, Königin von England zu werden. Durch diverse Ränke und Intrigen kam diese Ehe jedoch nicht zustande. Der Vater neigte allerdings ohnehin eher zu einer Verbindung mit dem Hause Habsburg. Also kam man auf den Bayreuther Erbprinz Friedrich (1711–1763), dessen fränkische Markpfalz in Richtung Österreich tendierte und durch eine solche Verbindung an das Kaiserhaus gebunden werden konnte. Und das Kind musste ja auch unter die Haube. Also wurde Wilhelmine 1731 mit dem zukünftigen Markgrafen Friedrich von Brandenburg-Bayreuth quasi politisch zwangsverheiratet und kam nach Oberfranken.

Ihr erster Eindruck: furchtbar. Ein im Vergleich zu Berlin winziges Kaff mit Bauernvolk, weit ab von den wichtigen europäischen Zentren, und ein Schloss, das nicht annähernd ihren Ansprüchen entsprach. Es war klar, dass diese Ehe ein Opfer für Wilhelmine sein würde, und das hat sich zunächst vollauf bestätigt. Trotzdem bot diese Heirat für sie eine Möglichkeit, ihren Eltern und ihrer Kindheit in Berlin zu entkommen. Und die Prinzessin hatte Glück, denn die Beziehung zu ihrem Mann entwickelte sich deutlich positiver als sie es befürchtet hatte. Man sagt, sie liebten sich sogar – nicht gerade selbstverständlich bei derartigen dynastischen Verbindungen. In Bayreuth konnte Wilhelmine dem nachgehen, was sie und ihr drei Jahre jüngerer Bruder Friedrich, der spätere »Große«, schon immer liebten und ihr Vater, glücklicherweise vergeblich, versucht hatte, ihnen auszutreiben: ihre Liebe zu Kunst, Literatur und vor allem Musik. Und was macht man, wenn man kann? Man baut ein Opernhaus. Und natürlich war bei der Tochter des preußischen Königs der Anspruch royal.

STARARCHITEKTEN IN BAYREUTH

Die Planungen begannen wohl schon 1744, Baubeginn war allerdings erst 1746. Es mussten zuvor noch Häuser abgerissen werden, um eine Sichtverbindung zum Schloss und einen Vorplatz für die Oper zu schaffen. Für die grundlegenden Entwürfe war der Bayreuther Hofarchitekt Joseph Saint-Pierre (1708–1754) zuständig, von dem die Fassade stammt sowie das Hospital mit Spitalkirche und das Neue Schloss in Bayreuth. Für den Innenausbau gewann Wilhelmine ausgesprochene Spezialisten: Giuseppe Galli Bibiena (1696–1757) und dessen Sohn Carlo (1721–1787). Die beiden Italiener gingen aus einer Architektenfamilie aus der Nähe von Arezzo hervor, die an allen wichtigen Höfen Europas Theater bauten und Ausstattungen für Kirchen und Feste aller Art, bis hin zu Kaiserkrönungen, lieferten. Giuseppe selbst arbeitete u.a. in Dresden, Rom, Wien, Nancy und Lissabon und wurde am Ende seiner Karriere von Wilhelmines Bruder Friedrich II. in Berlin zum Hofarchitekten ernannt. Leider sind die meisten Häuser aus der Hand von Vater und Sohn stark umgebaut oder zerstört worden.

DIE FÜRSTENLOGE mit den Allegorien des Ruhmes und des Lebens liegt an der Rückseite des Zuschauerraumes und verherrlicht die Auftraggeber des Theaters, Markgraf Friedrich und Markgräfin Wilhelmine von Brandenburg-Bayreuth.

DAS UMFANGREICH RESTAURIERTE LOGENHAUS mit dem rekonstruierten Bühnenbild lässt ein Meisterwerk der barocken Festarchitektur und die zeittypische Illusionskunst wieder aufleben.

Das Markgräfliche Opernhaus ist ein Nachfolgebau der Arbeiten Bibienas am Wiener Hof und erfüllte, obwohl es in der Provinz entstand, höchste Ansprüche, sowohl was die künstlerischen als auch die gesellschaftlichen Belange betrafen. Diese begannen im Foyer, das sich über alle drei, jeweils mit Brüstungen versehenen Stockwerke öffnet, von denen die Zuschauer das Treiben beobachten konnten. Denn schon damals war das Sehen und Gesehenwerden mindestens so wichtig wie die Oper selbst. Von den Galerien gelangt man durch Korridore zu den Logen und zum Zuschauerraum und damit in das wahre Reich des Theaters. Sein glockenförmiger Grundriss ist typisch für die damaligen italienischen Opernhäuser, zumal für diejenigen der Familie Galli Bibiena. Der Raum erhebt sich über die drei Logenstockwerke, die denen im Foyer entsprechen. Der Zuschauerraum ist ein Haus im Haus, das mittels einer fachwerkartigen Holzkonstruktion in die steinerne Außenhaut eingefügt wurde. Das Dach spannt sich über damals beachtliche 25 Meter und schafft so einen Raum, der mehr als 500 Zuschauern Platz bietet. Der gesamte Saal inklusive der Bühnenfassade mit dem illusionistischen Prospekt auf der ungewöhnlich großen Bühne schafft den Eindruck eines großzügigen Palastes, in dem Kunst und Leben verschmelzen. Wie um das Ganze zu krönen, erscheinen Apoll, der Gott der Künste, und sein Gefolge gerade rechtzeitig am Deckenhimmel des Theaters. Aber auch das ist, wie im Theater üblich, nur Illusion. Die Kassettendecke ist eigentlich flach und mit bemalter Leinwand bespannt, ebenso wie der reiche Schmuck der Logenverblendungen und -rückwände – alles mehr Schein als Sein.

GLÜCKLICHE VERBINDUNGEN

Im Mai 1748 besichtigte Wilhelmine das Haus und schrieb ihrem Bruder: »Ich war hocherfreut darüber, das Innere ist fast vollendet. Bibiena hat in diesem Theater die Quintessenz des italienischen und französischen Stils vereinigt. Man muss zugeben, in seinem Fach ist er ein Meister.«

Zu dieser Zeit war Giuseppe Galli Bibiena, der ohnehin nur ein halbes Jahr von März bis September 1747 in Bayreuth weilte, schon wieder abgereist. Offensichtlich übernahm sein Sohn Carlo, denn der Innenausbau begann erst im Dezember 1747. Das Theater war außen noch unvollen-

DAS MARKGRÄFLICHE OPERNHAUS war der Beginn von Bayreuths Geschichte als europäischer Musikstadt. Noch heute könnte man sich hier problemlos in die Zeit des 18. Jahrhunderts versetzt fühlen.

det, was aber der Einweihung im September 1748 keinen Abbruch tat, denn diese fand anlässlich der Hochzeit von Wilhelmines und Friedrichs einziger Tochter statt. Prinzessin Elisabeth Friederike Sophie, laut Casanova, bekanntlich einem ausgewiesenen Experten auf diesem Gebiet, soll sie die schönste Prinzessin Deutschlands gewesen sein. Die Braut war 16, der Bräutigam Herzog Carl II. Eugen von Württemberg 20 Jahre alt, aber beide waren wohl verliebt, wenigstens zu Anfang ... Vielleicht konnten sie auch deshalb die zwei Opern und die französischen Komödien durchstehen, die aus diesem Anlass im neuen Opernhaus gegeben wurden.

ZENTRUM DER OPER LANGE VOR WAGNER

Im Jahr 1750 war das Theater schließlich auch außen vollendet, und Bayreuth wurde zu einem wichtigen Zentrum für Opernliebhaber dieser Zeit. Wilhelmine, selbst begabte Lautistin und Cembalistin, komponierte, schrieb Libretti und leitete die Oper, wie auch die gesamte Bayreuther Hofmusik bis zu ihrem Tod. Glücklicherweise ist das Theater nie abgebrannt oder grundlegend umgebaut worden, denn so haben die Bayreuther heute noch ein »Opernhaus, das wohl fast so groß als das Berliner Opernhaus und als eines der größten und prächtigsten Opernhäuser in der Welt berufen ist«, so urteilte der romantische Dichter Wilhelm Heinrich Wackenroder 1793.

Der Architekt und Autor einiger Standardwerke zur Kunst des Theaterbaus, Martin Hammitzsch, schrieb 1906: »Durch die Galli Bibiena kam das Barocktheater zu seiner höchsten Blüte, und auf dem Gebiet der Bühnendekoration repräsentieren ihre genialen Schöpfungen einen nie dagewesenen und bis auf unsere Tage unerreichten Höhepunkt. Sie sind die letzten kraftvollen, mit unversieglicher Phantasie ausgestatteten Gestalten in jener großen Reihe von Künstlern, die von Italien ausgehend, ganz Europa mit Ruhm erfüllen und mit ihren Werken beschenkten.«

Die filigrane Wucht des Rokoko

WIESKIRCHE – FESTSAAL FÜR EINE HOLZFIGUR

Volksfrömmigkeit, wie sie vor über 250 Jahren noch verbreitet war, ist in unserer aufgeklärten Zeit nur mehr schwer nachvollziehbar. Zwar waren Reliquien und Gnadenbilder immer wieder Anlass und Ziel von Pilger- und Wallfahrten, aber die Wundergläubigkeit hat heute doch etwas nachgelassen – von Lourdes und Fatima einmal abgesehen. Die meisten Menschen, die beispielsweise den Kölner Dom besuchen, werden das weniger wegen der Reliquien der Hl. Drei Könige als vielmehr wegen der Kathedrale selbst machen. Ebenso verhält es sich mit der Wieskirche im oberbayerischen Pfaffenwinkel.

Die »Wallfahrtskirche zum Gegeißelten Heiland auf der Wies«, wie sie offiziell heißt, entstand wegen einer solchen Volksfrömmigkeit und Wundergläubigkeit. Seit 1730 wurden vom Kloster Steingaden aus Karfreitagsprozessionen durchgeführt, bei denen von 1732 bis 1734 eine Statue des Christus an der Geißelsäule mitgeführt wurde. Sie war aus verschiedenen Figuren zusammengesetzt und farbig gefasst. Wegen des geringen Ansehens der Figur wurde sie bald nicht mehr mitgeführt und kam über Umwege zur Bäuerin Maria Lori, die ihren Hof »auf der Wies« hatte. Als diese am 14. Juni 1738 meinte, Tränen aus den Augen der Holzfigur fließen zu sehen, glaubte sie an ein Wunder und erzählte es ihrem Pfarrer. Schnell machte diese Neuigkeit die Runde, und schnell wurde auch von Gebetserhörungen berichtet und die Figur wurde zum Ziel vieler Gläubigen. Schon 1739 entstand die erste kleine Kapelle und 1744 wurde mit der offiziellen Genehmigung zum Lesen von Messen der »Gegeißelte Heiland« zu einem offiziellen Wallfahrtsziel. Danach gab es kein Halten mehr: Die Pilgerströme nahmen derart zu und die Kapelle quoll über von Votivtafeln, sodass der Abt des nahe gelegenen Klosters Steingaden beschloss, eine große Wallfahrtskirche errichten zu lassen.

Als Architekten, Stuckateure und Maler beauftragte er die Brüder Dominikus (1685–1766) und Johann Baptist (1680–1758) Zimmermann aus Wessobrunn. Der kleine Ort gilt als Zentrum der wegen der Dichte der Klöster und Kirchen Pfaffenwinkel genannten Gegend. Sie waren erfahrene und erfolgreiche Vertreter ihres Berufs und hatten schon einige Kirchen gebaut und ausgestaltet: unter anderem die Kirche im oberschwäbischen Steinhausen (1727–1733), die als die schönste Dorfkirche der Welt bezeichnet wird.

UNERMÜDLICHER STROM DER PILGER

1745 wurde mit dem Bau der Kirche begonnen, 1757 fand die Schlussweihe statt. Doch die Äbte von Steingaden blieben, was den Strom der Pilger anging, zunächst skeptisch. So ließen sie die Kirche so bauen, dass sie auch bei einer deutlichen Abnahme der Pilgerzahlen noch als »normale« Kirche funktionieren sollte. Also wurde mit dem Chor begonnen, man erkannte aber schnell, dass die Sorgen unbegründet waren – vollkommen sogar, wie man an der Aussage eines Wallfahrtspriesters der Wies von 1779 sehen kann: »Was soll ich noch mehrer von diesem Gnadenfluß melden, da selber jetzt schon ganz Europa durchströmet, wenn sogar von Petersburg in Rußland, von Gotenburg in Schweden, von Amsterdam in Holland, von Kopenhagen in Dänemark, von Christianenburg in Norwegen, von Nîmes in Frankreich, von Cadiz in Spanien Wallfahrter da gewesen?« Von außen fast unscheinbar, entfaltet sich im Inneren der Wallfahrtskirche im Zusammenspiel von Architektur, Stuckatur und Malerei eine filigrane Wucht, die ihresgleichen sucht. Dominikus Zimmermann plante eine von ihm be-

DIE SCHLICHTE ÄUSSERE GESTALTUNG der Wieskirche verrät nur wenig über die innere Pracht.

DER NAMENSGEBER der Kirche: »Der Gegeißelte Heiland« war nur eine sehr schlichte Holzfigur (oben).
DER LICHTE INNENRAUM während der Osterzeit, weshalb das Tuch hinter dem Altar-Kreuz hängt (rechts).

Der Begriff Rokoko stammt vom französischen Wort Rocaille für muschelförmige Ornamente und wurde in den vornehmen Palais von Paris als Ausdruck einer galanten, verfeinerten Lebenskultur des höfischen Adels erfunden.

liebte Grundrissform, die Rotunde, die er variierte. Vor den lang gezogenen Chor setzte er eine Ovalrotunde mit einem geraden Mittelstück. Der Raum wird von acht frei stehenden Säulenpaaren bestimmt, die das Gewölbe tragen, das aber nur scheinbar eines ist. Tatsächlich handelt es sich um eine Flachdecke, die Johann Baptist Zimmermann so geschickt perspektivisch bemalt hat, dass dem Betrachter das Gefühl einer Kuppel vermittelt wird. Diese von den Säulenpaaren getragene Decke scheint von einer Schale umgeben, die als Außenwand den Innenraum gleichsam ummantelt. Der Raum wirkt in seiner lichten Weite und fröhlich gestimmten Helligkeit wie ein Festsaal, dessen Höhepunkt in der Figur des gegeißelten Christus im vom Rot und Gold beherrschten Chor zu finden ist.

Diese scheinbare Diskrepanz zwischen dem Leiden Christi in der Figur im Chor und der heiteren Stimmung in der Rotunde ist das eigentliche Thema der Kirche und ihrer künstlerischen und malerischen Gestaltung: Die Überwindung des Leidens oder auch die Versöhnung mit der Welt durch die göttliche Gnade. Johann Baptist Zimmermann zeigt die Herrlichkeit des Paradieses mit Christus auf einem Regenbogen als Sieger über das Leiden. Christus sitzt noch nicht auf dem Thron des Weltenrichters, das Tor zum Himmel ist noch verschlossen und Chronos, der Wächter über die Zeit, liegt besiegt davor.

Das alles soll den Gläubigen ein Versprechen auf die Herrlichkeit des ewigen Lebens genauso sein wie die Mahnung und Aufforderung, alles im Diesseits dafür zu tun, um es zu erreichen. Die Wieskirche ist also gleichsam das Vorzimmer zum Paradies oder wie es der Schriftsteller Peter Dörfler formulierte: »Die Wies ist ein Stück Himmel auf dieser leidvollen Erde.«

Es ist das gleiche Thema wie an vielen Portalen mittelalterlicher Kirchen – nur eben hier im heiteren, verspielten Stil des späten Rokokos. Und da für die Kirche das diesseitige Leben nur als Schein und Durchgangsstation galt, passt das Thema ausgezeichnet zu diesem Stil, bei dem oft mehr Schein als Sein zu sein scheint. Rokoko ist eigentlich ein Dekorationsstil, gepaart mit der Architektur des späten Barock. Was die Brüder Zimmermann in der Wieskirche jedoch daraus machen, ist die Symbiose aus Ornament und Architektur, indem die Dekoration zur Architektur und die Architektur zur Dekoration wird.

WALLFAHRTSKIRCHE UNTER STAATLICHEM SCHUTZ

Die Wieskirche war trotz des Bauauftrags durch das Prämonstratenserkloster Steingaden keine Klosterkirche, was sie vor den Folgen des Reichsdeputationshauptschlusses von 1803 und damit vor der Säkularisation bewahrte. Zwar sollte sie erst versteigert oder abgerissen werden, aber auf Drängen der Bevölkerung sorgte der bayerische Staat für den Erhalt der Wallfahrtsstätte.

Die Wallfahrten, vor allem die am 14. Juni, gingen weiter, und 1833 hingen schon so viele Votivtafeln in der Kirche, dass der eigentlich lichte Saal ganz dunkel erschien. Der zuständige Bischof von Augsburg befahl, mehr als 5000 Tafeln aus der Kirche zu entfernen und zu verbrennen. Dieses brutale Vorgehen führte fast zum Ende der Wallfahrten. Die Menschen hatten kein Vertrauen mehr, dass ihre Votivtafeln und damit ihre Gebete in diesem Gotteshaus gut aufgehoben sein würden. Mit der Zeit jedoch hat sich auch dieses Problem aufgelöst – und heute besuchen etwa eine Million Menschen jedes Jahr die Wies.

DIE VERSCHWENDERISCHEN STUCKVERZIERUNGEN und das Deckengemälde erzeugen eine heitere und bewegte Szenerie, deren Reichtum und Feinheit unerreicht sind. Ein unverstellter Blick in eine vergangene Epoche.

Zwischen Seidenraupen und Kartoffeln

PREUSSISCHE SCHLÖSSER UND GÄRTEN IN POTSDAM – KONTRASTPROGRAMM ZU DEN KRIEGEN

Mitte des 18. Jahrhunderts bestand das Heilige Römische Reich Deutscher Nation aus über 300 Bistümern, Grafschaften, Fürsten- und Herzogtümern und Königreichen. Die Menschen waren Bayern, Preußen, Hessen oder Sachsen, aber keine Deutschen. Die größte Macht im Reich beanspruchten die Habsburger in Österreich, die seit 300 Jahren den Kaiser stellten, der in dieser Zeit Karl VI. hieß. Preußen, die Heimat des späteren Königs Friedrich II. (1712–1786) war ein Flickenteppich mit Berlin und Königsberg als den einzigen größeren Städten, die allerdings in weit voneinander getrennten Gebieten lagen.

Aber die Preußen stellten, dank Friedrichs Vater, Friedrich Wilhelm I. (1688–1740), die viertgrößte Armee im Reich, was ihm den Beinamen Soldatenkönig einbrachte. Das Militär war sein ganzer Stolz und auch wenn er es kaum für seinen eigentlichen Zweck, den Krieg, nutzte, verschlang es zwei Drittel der Staatseinnahmen. Militär, Drill, Gehorsam und Härte waren die Ideale des Soldatenkönigs, die er vor allem seinem Sohn, dem Thronfolger, beibringen oder auch einprügeln wollte. Sämtliche musischen Anwandlungen versuchte er ihm auszutreiben. Friedrich lehnte sich dagegen auf, litt unter seinem Vater und unternahm sogar einen Fluchtversuch, was Hochverrat gleichkam und mit Festungshaft bestraft wurde. Sein Freund Hermann von Katte bezahlte seine Mitwisserschaft mit seinem Kopf – ein lebenslanges Trauma für Friedrich.

Im Mai 1740 stirbt der Vater, kurz darauf Kaiser Karl VI. Friedrich wird König und will die Macht Preußens mehren und vielleicht auch sich und allen in Europa klarmachen, dass er seinem Vater in Sachen Härte in nichts nachsteht. Friedrich II. überfällt die reiche Provinz Schlesien, die zu Österreich gehörte, ohne Kriegserklärung. Karls Tochter, Maria Theresia (1717–1780), nahm Friedrich allein schon wegen der Tatsache, dass sie eine Frau war, nicht ernst. Es folgen die ersten beiden Schlesischen Kriege, wobei Friedrich II., wiederum vertragsbrüchig, auch in Böhmen einmarschiert und dabei scheitert. Schließlich wird 1745 ein Arrangement getroffen und die Fronten ruhen vorerst. Schlesien bleibt bei Preußen, ein Triumph für Friedrich und das Land, das sich auf dem Weg zu einer Großmacht befindet. Berlin wächst und der König zieht sich zurück nach Potsdam, wo er sich sein Refugium unter dem Motto *Quand je serai là, je serai sans souci*, »Wenn ich dort bin, werde ich ohne Sorge sein«, oder kurz Sanssouci, schafft.

REFUGIUM FÜR EINEN MUSISCHEN KÖNIG

Schon 1744 fertigte Friedrich Skizzen für ein intimes Schlösschen oberhalb eines sechsstufig angelegten Weinbergs an, quasi ein königliches »zurück zur Natur«. Nach den Härten des Krieges wollte er sich hier ausruhen und seinen Leidenschaften wie Flötenspiel und Philosophie frönen. 1742 befahl Friedrich II., Maulbeerbäume zur Seidenraupenzucht anbauen zu lassen, um sich von ausländischen Seidenlieferungen unabhängig zu machen. Seide »kleidet den Reichen, Sie naehret den Armen«, wie es auf einer Medaille zur Belohnung der Pflanzer zu lesen ist. Immerhin gab es während seiner Regierung einen Anstieg von jährlich einhundert bis zu 14 000 Pfund Seide pro Jahr von drei Millionen Maulbeerbäumen.

Das Schloss selbst ließ er von Georg Wenzeslaus von Knobelsdorff (1699–1753) nach seinen eigenen Vorstellungen errichten, wodurch es zu Unstimmigkeiten kam. Denn der Architekt wollte es auf einen Sockel stellen und am Rand des Weinbergs platzieren, damit es vom Park aus

OHNE DEN VON KNOBELSDORFF vorgeschlagenen Sockel wirkt das Schlösschen Sanssouci von der Gartenseite etwas gedrungen. Aber der König wollte ebenerdig in den Garten gelangen. **DAS NEUE PALAIS**, eine architektonische »Prahlerei« als Symbol der Größe Preußens und derer von Hohenzollern. ▽

DER GROTTENSAAL gehört zu den kostbarsten Räumen des Neuen Palais. Über 24 000 Minerale, Edel- und Halbedelsteine, Fossilien, Muscheln und Schnecken wurden für seine Gestaltung eingesetzt. Der kostbare Marmorsaal befindet sich im Obergeschoss des Neuen Palais (oben).
DAS DECKENGEMÄLDE zeigt die olympischen Götter beim Mahl und die Einführung des Ganymed als Mundschenk. Es stammt vom französischen Maler Charles-Amédée-Philippe van Loo (rechts).

eine dominierende Wirkung hätte. Friedrich wünschte jedoch Platz vorm Haus und von jedem der zwölf Zimmer durch eine Glastür nach draußen treten zu können. Dadurch wirkt das Schloss vom Park aus etwas gestaucht und wie im Boden versunken. Dennoch entstand ein Rokokojuwel, das auf der Nordseite die Gäste preußisch-streng mit einem halbrunden Ehrenhof empfängt. Auf der südlichen Gartenseite wird dem Wein gehuldigt: Die Hermenpilaster sind mit allerlei Bacchanten des Bildhauers Friedrich Christian Glume (1714–1752) geschmückt, und es scheint, als wäre die Natur in die Räume eingedrungen, so reich ist die Ausstattung mit Blättern, Ranken und allem möglichen Getier.

Eigentlich war Sanssouci als Sommerresidenz gedacht. Im Winter weilte der König im Potsdamer Stadtschloss. Aber mehr und mehr wurde das »Weinberghaus« zum Zentrum des Reiches. Hier traf sich Friedrich mit den wichtigsten Männern – Frauen, inklusive seiner eigenen, war der Zugang mehr oder weniger verwehrt. 1750 kam sogar der französische Philosoph und Schriftsteller Voltaire, in der damaligen Zeit geradezu ein europäischer Superstar, an den Hof und blieb bis 1753. Der Park wuchs und immer neue Gebäude erweiterten das Ensemble, wie das Chinesische Haus (1754–1756), das in keinem Schlosspark, der etwas auf sich hielt, fehlen durfte.

GLANZ UND GLORIA DER HOHENZOLLERN

Im Sommer 1756 bilden sich wegen Schlesien neue Allianzen in Europa und um diesen zuvorzukommen, überfällt Friedrich II. Sachsen, das sich mit Österreich, Frankreich und Russland verbündet hatte. Wieder ohne Kriegserklärung. Es folgte der dritte Schlesische Krieg, besser als der Siebenjährige Krieg bekannt. Er bringt erst Erfolge, dann schreckliche Niederlagen. Aber in Sanssouci wird weitergebaut, der König findet Muße, seinen Park zu verschönern. Von 1755 bis 1764 entsteht östlich von Sanssouci die Bildergalerie, in der Friedrich seine Kunstsammlung zeigt. Es ist der älteste eigenständige Museumsbau Deutsch-

lands. Der Krieg zieht sich trotzdem noch weitere vier Jahre hin. Preußen steht vor dem Ende, als sich das »Mirakel des Hauses Brandenburg« ereignet, die Allianz die Chancen ihrer Überlegenheit nicht nutzt und auseinanderbricht. Nun hat Preußen den Aufstieg zur Großmacht geschafft. Aber zu welchem Preis? Das Land liegt darnieder, Hunger und Not sind die Folgen des Krieges, also lässt Friedrich für das Volk die neu eingeführte Kartoffel anbauen. Sich selbst gönnt er am westlichen Ende des Parks das Neue Palais (1763–1769), eine Prahlerei, wie er selbst sagt, und es in der Inschrift der Kartusche über dem Mittelrisalit einschreiben lässt: *nec soli cedit*, »Selbst der Sonne weicht er nicht«. Das Palais ist ein Symbol der neuen Größe Preußens und der Dynastie der Hohenzollern und dient hauptsächlich als Gästehaus und für Familienfeste. Dazu kommt das von 158 Säulen gerahmte Triumphtor – zu Friedrichs Ehren, wohl weniger zu Ehren der über 400 000 Toten, die der Krieg allein von seinem Volk gefordert hat.

Der Park, den wir heute erleben, ist das Ergebnis der regen Bautätigkeit Friedrichs und seiner Nachfolger, die immer wieder neue Teile hinzugefügt haben. So kaufte König Friedrich Wilhelm III. 1825 weitere Grundstücke im Süden dazu und ließ den Park vor dem Charlottenhof von Peter Joseph Lenné (1789–1866) gestalten. Dort entstanden eine Meierei, das Winzerhaus samt Triumphtor und die Wasserspiele. Insgesamt erstreckt sich der Park über annähernd 300 Hektar, die 70 Kilometer Wege durchziehen. Das alles geschah aus dem Wunsch des damals noch jungen »Alten Fritz«, sich sein persönliches Reich zu schaffen, in dem er auch mit seinen elf Windhunden begraben werden wollte. Ist ihm im Leben auch sehr viel gelungen, wurde ihm dieser letzte Wille erst 1991 gewährt.

KARL FRIEDRICH SCHINKEL schuf für den späteren Kaiser Wilhelm I. und dessen Gattin Augusta das Schloss Babelsberg in zwei Bauphasen zwischen 1833 und 1849. Der dazugehörige Park wurde von Fürst Pückler vollendet.

DIE RÖMISCHEN BÄDER im Park Sanssouci, die zwischen 1829 und 1840 entstanden, sind ein Ausdruck der Italiensehnsucht von Friedrich Wilhelm IV., die der Architekt Karl Friedrich Schinkel mit Ideen und Entwürfen unterstützte (links). **FIGUR** im Chinesischen Haus, das im Chinoiserie-Stil der Zeit gestaltet wurde (oben).

DAS STIBADIUM im Schlosspark Glienicke ist ein ruhiger, reizvoller Sitzplatz, von dem man seinerzeit einen grandiosen Blick auf Potsdam genießen konnte. Diese Art der Zierarchitektur stammt aus der Antike und wurde bereits von Plinius d. J. beschrieben (oben).
DER ENTWURF DES BELVEDERE auf dem Pfingstberg stammt von König Friedrich Wilhelm IV. und wurde zwischen 1847 und 1863 u. a. von Friedrich August Stüler ausgeführt. Tatsächlich blieb es aber nur ein Fragment, denn die eigentliche Planung war deutlich umfassender (rechts).

Das Mittelalter der Romantiker

OBERES MITTELRHEINTAL – BURGEN, WEIN UND WARENSTROM

Das Obere Mittelrheintal von Bingen und Rüdesheim bis Koblenz vermittelt einen Eindruck davon, welche nachhaltige Idee der Römer es war, an den Rheinhängen Wein anzubauen, und vor allem davon, wie die Region im späten Mittelalter gewirkt haben mag: Ein Land wie ein Flickenteppich, voller kleiner Fürstentümer weltlicher und kirchlicher Potentaten, die alle paar Kilometer ein Schloss oder eine Burg errichteten, um ihr Gebiet zu behaupten und Zölle einzutreiben.

Der Rhein ist von jeher einer der wichtigsten Verkehrswege Europas, die Schlagader des wirtschaftlichen und kulturellen Austauschs von Süd nach Nord. Viele wollten von dem regen Handel profitieren, und so reiht sich eine Burg an die andere, zu einer Burgendichte, wie sie kein zweites Mal auf der Welt zu finden ist. Die meisten der rund 40 Burgen, Festungen und Schlösser stammen aus dem 12. bis 15. Jahrhundert. Typisch für das verhältnismäßig enge Mittelrheintal ist Pfalzgrafenstein, eine typische Zollburg, die Ludwig der Bayer 1326, noch vor seiner Kaiserkrönung, erbauen ließ. Sie steht auf einer kleinen Insel bei Kaub mitten im Strom. Anfangs bestand sie nur aus dem fünfseitigen Turm, der aber bald mit einer starken Ringmauer umschlossen wurde. Pfalzgrafenstein gehört zu den wenigen mittelalterlichen Burgen, die nie zerstört wurden, ebenso wie die Marksburg von 1231, die auf einer Anhöhe bei Braubach thront. Ein weiteres typisches Beispiel für die Mittelrheinischen Burgen ist die Burg Rheinfels bei St. Goar. Sie wurde 1245 als Zollburg errichtet und im Laufe der Zeit zur größten Festung der Gegend und zur Residenz ausgebaut. Mitte des 15. Jahrhunderts bekam sie den mit 54 Metern höchsten Bergfried aller deutschen Burgen, wegen seiner zweiteiligen Form auch Butterfassturm genannt, von dem man weit ins Land schauen konnte. 1776 wurde die Burg Rheinfels von französischen Revolutionstruppen nach und nach zur Ruine gebombt und fristete ein Dasein als Steinbruch für die Restaurierung anderer Burgen wie der Burg Ehrenfels in Koblenz am nördlichen Ende des Oberen Mittelrheintals. Damit erging es der Burg Rheinfels nicht anders als anderen Burgen. Viele wurden im Dreißigjährigen Krieg und dem Pfälzer Erbfolgekrieg zerstört, weil sie den modernen Schusswaffen und Kanonen nicht standhielten. Manche wurden zerbombt, manche verlassen, die meisten verfielen.

DER ROMANTISCHE BAUBOOM

Erst gegen Ende des 18. Jahrhunderts erlebten die Burgen und das Mittelrheintal einen Aufschwung. Englische Adlige nahmen sie als Teil ihrer Grand Tour in den Reiseplan auf und Dichter wie Goethe, Hölderlin oder Kleist schwärmten in ihren Reisebeschreibungen vom Rheintal. Mit dem Beginn des 19. Jahrhunderts begann das, was man heute als »Rheinromantik« bezeichnet. Fasziniert waren die Menschen nicht nur von der Landschaft, sondern vor allem auch von den pittoresken Ruinen der ehemals großen Burgen. Die gegen Ende des 16. Jahrhunderts verfallene Burg Rheinstein gab den »Startschuss« zu einer romantischen Restaurierungswelle, die das gesamte Mittelrheintal erfasste. Kein Geringerer als Karl Friedrich Schinkel (1781–1841) plante, sie in einem das Mittelalter nachahmenden, romantischen Stil wiederaufzubauen, was Prinz Friedrich von Preußen 1823 zum Kauf der Burg reizte. Die preußischen Herrscher spielten bei der Rekonstruktion der Burgenkulisse eine führende Rolle, denn die Rheinprovinz wurde im Zuge des Wiener Kongresses von 1815 Preußen zuerkannt.

AM BEGINN DES 14. JAHRHUNDERTS wurde die Burg Rheinstein auf einen Felsen bei Bingen gebaut. Weil sie ohnehin wohl schon sehr verfallen war, verzichteten die Franzosen im Pfälzer Erbfolgekrieg auf eine Sprengung. Im Zuge der Rheinromantik war sie die erste Burg, die man im 19. Jahrhundert wieder aufbaute.

Nicht nur deutsche Dichter sind der Rheinromantik erlegen, sondern auch bedeutende Maler wie der Brite Joseph Mallord William Turner, der hier im August 1817 besonders viele Aquarelle von St.Goar und St.Goarshausen zeichnete.

Den Höhepunkt der romantisierenden Architektur markiert Schloss Stolzenfels in Koblenz. König Friedrich Wilhelm IV. von Preußen, ein ebensolcher Romantiker wie sein Cousin Prinz Friedrich, ließ die Ruine gegenüber der Lahnmündung von 1826 bis 1833 als neugotisch-romantische Sommerresidenz durch die damaligen Stararchitekten Schinkel und Stüler wieder auferstehen.

DER DICHTER LIEBSTE BLONDINE

Und natürlich waren die romantischen Dichter magisch angezogen von dieser anmutigen und erhabenen Landschaft ebenso wie von einer verklärten Vergangenheit, in der menschliche Leidenschaft kühne Architektur in aufregender Naturkulisse schuf. Der bekannteste und meist besungene Ort im Oberen Mittelrheintal dürfte der Loreleyfelsen sein. Hier schufen die Dichter einen romantischen Höhepunkt, der bis heute nachhallt. Zumal es hier seinerzeit noch deutlich ursprünglicher aussah. Es ragten noch Felsen in den Rhein, die inzwischen weggesprengt wurden, die Ufer waren unbefestigt und weder vom Autoverkehr gesäumt, noch hörte man zwanzig Züge pro Stunde durch das Tal des deutschen »Schicksalsstroms« lärmen. Was man allerdings hören konnte, waren die Strudel um den Loreleyfelsen und den Galgenbach-Wasserfall, deren Echo zusammen wohl wie eine Stimme von hoch oben geklungen haben mag.

Das erinnerte Clemens von Brentano an die griechisch-mythologische Figur der Echo; gemischt mit ein paar alten Sagen von Zwergen und Geistern passte das wunderbar zusammen, und so schuf der Dichter seine berühmte Ballade von der Lore Lay. Irgendeinen Grund mussten die vielen Schiffsunfälle an diesem Eck ja gehabt haben. Und da Sandbänke, Felsen, Untiefen und starke Strömungen zu banal für eine romantische Erklärung gewesen wären, bot sich eine holde Maid, die die Schiffer durch ihre Schönheit und ihren Liebreiz ins Verderben steuern ließ, geradezu an, ganz nach dem »Romantik-Rezept« des Dichters Novalis: »Indem ich dem Gemeinen einen hohen Sinn gebe, dem Bekannten die Würde des Unbekannten, dem Endlichen einen unendlichen Schein gebe, so romantisiere ich es.« Und Brentano romantisierte derart erfolgreich, dass man bald dachte, es handele sich tatsächlich um eine uralte Sage, wozu dann noch das noch berühmtere Gedicht von Heinrich Heine (1797–1856) beigetragen hat:

»Ich weiß nicht, was soll es bedeuten / Dass ich so traurig bin / ein Märchen aus uralten Zeiten / Das kommt mir nicht aus dem Sinn …« und weiter *»Die schönste Jungfrau sitzet / Dort oben wunderbar / Ihr goldnes Geschmeide blitzet / Sie kämmt ihr goldenes Haar«*. Zu diesem Zeitpunkt waren die uralten Zeiten gerade einmal 24 Jahre her, denn Brentano erfand das Märchen vom Mädchen Lore Lay erst im Jahr 1800.

Etwas realistischer ließ 100 Jahre später der Münchner Komiker Karl Valentin (1882–1948) die Loreley selbst zu Wort kommen:

»Grüß Gott, und habe die Ehre / das heißt, ich bin halt so frei / Sie werden mich alle wohl kennen / man heißt mich kurz die Loreley. / … Ich hab keine menschliche Seele, / ich leb nur als Märchen dahin, / drum ist auch ganz leicht erklärlich, / dass vieltausend Jahre ich bin ./ Wär ich eine menschliche Jungfrau, / ich sage es offen heraus, / hielt ich es so vieltausend Jahre / allein da heroben net aus«.

DER 132 METER HOHE LORELEYFELSEN hat heute jeglichen Schrecken und die Romantik eingebüßt (oben). **DIE STOLZE BURG STAHLECK** bei Bacharach ist die wahrscheinlich romantischste Jugendherberge Deutschlands (unten). **DIE URSPRÜNGE DER BURG GUTENFELS** stammen aus dem 13. Jahrhundert. Sie wurde am Ende des 19. Jahrhunderts wiederaufgebaut. Mitten im Fluss Burg Pfalzgrafenstein. ▽

Eine idealisierte Natur

GARTENREICH WÖRLITZ – »GESCHMÜCKTES LAND, VERHERRLICHTE GEGEND«

Das Fürstentum Anhalt-Dessau zwischen Elbe und Mulde ist ein typisches Beispiel für die Kleinstaaterei im Heiligen Römischen Reich Deutscher Nation des 18. Jahrhunderts; bevölkert von rund 30 000 Einwohnern und in nur ein paar Stunden zu durchwandern. Allerdings hatte es das inzwischen politisch erstarkte Preußen zum Nachbarn und, familiär bedingt, auch zum Verbündeten. Untypisch für die damalige Zeit war aber der mit elf Jahren verwaiste Fürst Leopold III. Friedrich Franz (1740–1817), der schon 1758 die Regierung übernahm. Franz wusste schon sehr früh, was er wollte und was er nicht wollte.

Friedrich Franz wollte beispielsweise nicht in die militärischen Fußstapfen seines Vaters und Großvaters treten und quittierte 1757 unter dem Eindruck des andauernden Siebenjährigen Krieges mithilfe seines Vormunds den militärischen Dienst in der preußischen Armee. Kurz darauf erklärte er sein Fürstentum zu einem neutralen Staat. Das führte bei Friedrich II., der das in seiner Jugend vielleicht auch gern getan hätte, zu heftigen Wutausbrüchen und zu hohen Zahlungen, mit denen er Fürst Franz dafür bestrafen wollte.

Nach dem Ende des Krieges regelte Fürst Franz die Geschäfte seines überschaubaren Fürstentums und begab sich 1763, nicht unüblich für junge Menschen seines Standes, auf eine Grand Tour, um Erfahrungen zu sammeln und zu lernen, sich auf internationalem Parkett zu bewegen. Ungewöhnlich ist, was der junge Fürst daraus machte – politisch und kulturell. Er reiste mit seinem Freund Freiherr Friedrich Wilhelm von Erdmannsdorff (1736–1800) nach Holland, England und Schottland, später noch nach Italien, wo sie Rom und die gerade begonnenen Ausgrabungen Pompejis besuchten. All das hat die jungen Männer nachhaltig begeistert, beeindruckt und geprägt. Fürst Franz war von den Gedanken der Aufklärung und den Schriften des Schriftstellers und Philosophen Jean-Jaques Rousseau (1712–1778) beeinflusst. Am meisten wirkte jedoch England nach, wohin Fürst Franz schon in jungen Jahren auswandern wollte. Neben politischen und wirtschaftlichen Aspekten war es vor allem die englische Gartenkunst, die so fundamental anders war als die französisch-strenge, die er von Preußen kannte. In England stellte das Land Ursprung und Mittelpunkt des Adels dar, und die natürliche Landschaft war der eigentliche Ausgangspunkt für die Parkgestaltung. Zurück in der Heimat begann der Fürst seine englischen Erfahrungen in einem Landschaftspark in Wörlitz umzusetzen.

DER ERSTE LANDSCHAFTSPARK DEUTSCHLANDS

In Erdmannsdorff hatte Fürst Franz einen kongenialen Freund, der mit ihm lernte und die gemeinsamen Ideen und Ideale in Landschaft und Architektur umsetzte. Alles, was hier natürlich gewachsen erscheint, ist geplant und gepflanzt nach den Ideen des Fürsten und den Regeln des englischen Landschaftsparks, der, gleichsam von der Landschaftsmalerei ausgehend, immer neue Bilder und Landschaften schafft. Wegachsen weichen Blickachsen, die von speziell gepflanzten Gehölzen geführt werden, Wasserflächen bekommen sanfte Uferböschungen und Wege werden geschwungen angelegt. Und obwohl alles durchdacht und geplant ist, bedeutet diese Art der Parkgestaltung doch in gewisser Weise eine Befreiung der Natur und hier im Osten Deutschlands eine sanfte Revolution gegen das steife und verzopfte Preußen und das verschnörkelt Gezähmte des Rokoko.

DER SCHLOSSPARK ORANIENBAUM mit der Pagode ist ein Ensemble aus Stadt, Schloss und Park und seltenes Beispiel für eine weitgehend niederländisch geprägte Barockanlage.

DIE WEISSE BRÜCKE gehört zur »Brückensammlung« des Fürsten. 1773 nach dem Vorbild Palladios erstmals aus Holz errichtet, wird sie immer wieder neu gebaut; das letzte Mal im Jahr 2002.

Es ging Fürst Franz immer auch darum, das Schöne mit dem Nützlichen zu verbinden, wie es schon Horaz gefordert hatte. So sind zwischen den inszenierten Parklandschaften landwirtschaftliche Nutzflächen für Getreide und Viehzucht angelegt, die dem Fürsten Geld für die Umsetzung seiner Ideen einbrachten. Vorausschauend gründete er eine Baumschule, von der viele seiner Nachahmer später ihre Bäume bezogen. Dazu hatte der passionierte und exzellente Reiter ein berühmtes Gestüt, das bedeutende Erträge einbrachte.

Aber nicht nur die Gartenkunst hat die jungen Männer beeindruckt, sondern im gleichen Maß die Architektur Italiens und der Britischen Inseln. In England war die Begeisterung für den italienischen Renaissancearchitekten Andrea Palladio auf einem Höhepunkt angelangt. Seine *Vier Bücher zur Architektur* hatten auf der Insel zum Palladianismus und dazu geführt, dass in fast jedem größeren Park Gebäude im entsprechenden Stil gebaut wurden. Es ist ein klassizistischer Stil voller Klarheit, also das ziemliche Gegenteil zum Rokoko.

Unter diesem Eindruck errichtete Erdmannsdorff von 1769 bis 1773 mit dem Schloss Wörlitz das erste klassizistische Schloss auf dem europäischen Festland. Hier in diesem kleinen Fürstentum nahm der Klassizismus in Deutschland also seinen Anfang. Sein Meisterwerk schuf Friedrich Wilhelm von Erdmannsdorff 1774–1778 mit dem Landsitz für Franz' Gattin Luise, daher auch der Name Luisium. Es ist ein Kleinod an Proportion und eleganter Schlichtheit, wie es das Zentrum der dazugehörigen Gartenanlage ruhig beherrscht, getreu dem von Johann Joachim Winckelmann (1717–1768) ersonnenen Ideal von »edler Einfalt und stiller Größe«.

Wie bei den meisten Gebäuden, die Fürst Franz in seinen Parks errichten ließ, gibt es auch hier eine Aussichtsplattform, denn der Fürst betrachtete sein Werk gern von oben. In England gab es neben Palladio eine weitere Entdeckung oder besser gesagt Rehabilitierung: Die Gotik erfuhr eine Neubewertung und wurde zum zweiten Leitbild der englischen Architektur. Verstärkt wurde die Begeisterung für die Gotik durch den 1764 erschienenen Roman *Das Schloss von Otranto* von Horace Walpole, der als »Gothic Novel« ein großer, auch internationaler Erfolg und zum Vorbild aller Schauerromane wurde. Und auch diese Strömung

AUF DER FELSENINSEL STEIN ließ Fürst Franz »seinen« Vesuv errichten. Die Villa Hamilton ist dem englischen Gesandten Sir William in Neapel gewidmet. **SCHON BEI FÜRST FRANZ** konnte die Bevölkerung die Parkanlagen nutzen. ▽

greifen Fürst Franz und Erdmannsdorff auf und bauen 1773 das Gotische Haus, das sich allerdings mehr an der italienisch-venezianischen als der französischen Gotik orientiert. Dieses war das private Refugium des Fürsten, wo er mit der Tochter des Gärtners und ihren drei gemeinsamen Kindern wohnte.

EIN NACHHALTIGES VORBILD

Es ist erstaunlich, wie viele Anregungen und Ideen in diesen Parks, oder sollte man besser sagen, in diesem Fürstentum stecken. Denn Franz und sein Freund Erdmannsdorff gestalteten fast das gesamte Fürstentum nach ihren Plänen um. Es ist ein 142 Quadratkilometer großes Kunstwerk zur allgemeinen Erbauung und auch landwirtschaftlichen Nutzung. Beispielsweise gibt es einen Nachbau des Vesuvs, der jährlich am Geburtstag des Fürsten »ausbrach«, und eine »Enzyklopädie des Brückenbaus«, die vom einfachen Baumstamm über Steinbrücken bis zur ersten Eisenbrücke der Welt verschiedene Variationen zeigte. Das Vorbild für Letztere ist die erst am Neujahrstag 1781 eröffnete erste Eisenbrücke der Welt in dem nach ihr benannten Ort Ironbridge, westlich von Birmingham. Sie ist selbst seit 1986 UNESCO-Weltkulturerbe.

Und noch eine Ungewöhnlichkeit ist erwähnenswert: Es war auch der Park der Bürger. Es gab nie Zäune, jedermann durfte alles betreten – sogar die Schlösser. Auch sie konnten, allerdings mit vorheriger Anmeldung, von jedermann besichtigt werden.

Auf diesem kleinen Flecken Erde hat Fürst Franz geradezu Pionierarbeit in Sachen Nachhaltigkeit geleistet, die auch heute noch ihresgleichen sucht. Er verband seinen Anspruch an Ökonomie mit der Ökologie, den an die Kunst mit dem Sozialen. Auf dem »Warnungsaltar« am Kleinen Walloch, dem ersten Naturschutzdenkmal Deutschlands von 1801, befindet sich die Inschrift: »Wanderer, achte Natur und schone ihrer Werke«.

Ein Land aus Literatur

DAS KLASSISCHE WEIMAR – STADT DER DICHTER UND DENKER

Wenn irgendeine Stadt der Imagination Streiche spielt, so ist es Weimar. Sein Ruf geht vor ihm her wie vor großen Männern und man findet ein kleines, totes, schlecht gebautes, recht widriges Städtchen«, so zumindest die Ansicht von Carl Julius Weber, der das 1828 in seinen »Briefen eines in Deutschland reisenden Deutschen« notiert hat. Und tatsächlich war zu dem Zeitpunkt, als sein Buch erschien, die große Zeit Weimars fast schon vorüber.

Alle großen Dichter, Denker, Dramatiker, Philosophen und Theologen, denen Weimar seinen Ruf als Stadt der Kultur verdankte, waren zu diesem Zeitpunkt schon wieder weggezogen, abgereist oder auch gestorben. Nur Johann Wolfgang von Goethe (1749–1832) wirkte noch in der Stadt und beschäftigte sich in seinem Haus am Frauenplan und im Gartenhaus mit dem *Faust* und seinen vielen weiteren Interessen und Aufgaben.

Weimar war die Hauptstadt des Herzogtums Sachsen-Weimar-Eisenach, das ab 1758 von der erst 18-jährigen Anna Amalia von Braunschweig-Wolfenbüttel (1739–1807), Nichte des Preußischen Königs Friedrichs II., jetzige Herzogin von Sachsen-Weimar-Eisenach als »obervormundschaftliche Landesadministratorin« für ihre beiden erst ein und zwei Jahre alten Söhne regiert wurde, nachdem ihr Gatte Ernst August II. nur 20-jährig gestorben war. Anna Amalia prägte die Stadt durch ihr literarisches Interesse und ihren Wunsch, »gescheite Menschen« um sich zu scharen. So hat sie ihren Söhnen eine besonders gute Erziehung angedeihen lassen und holte 1772 zu diesem Zweck den Dichter Christoph Martin Wieland (1733–1813) als Lehrer an ihren Hof bzw. in ihr Schloss, das jedoch 1774 einem Brand zum Opfer fiel. Der Wiederaufbau begann erst 1789, dauerte schließlich bis 1803 und kostete statt der geplanten 130 000 immerhin 700 000 Taler. Daran konnte auch Goethe als Leiter der Schlossbaukommission nichts ändern. Als Leiter der Herzogin-Anna-Amalia-Bibliothek, die er gemeinsam mit seinem Dichter- und Geheimen-Rat-Kollegen Christian von Voigt führte, konnte Goethe allerdings von 1797 bis zu seinem Tod 1832 den Bestand der Bibliothek auf 80 000 Bände verdoppeln. Von 1761 bis 1766 ließ Anna Amalia das Grüne Schloss zu einem Bibliotheksgebäude im Stile des Rokoko mit einem zentralen Saal umbauen. Traurige Berühmtheit erlangte die Bibliothek durch den verheerenden Brand von 2004.

ZENTRUM DEUTSCHER LITERATUR

Für Anna Amalia war die lange Bauzeit des Stadtschlosses insofern kein Problem, als sie im Winter ersatzweise das Wittumspalais am Theaterplatz bezog und im Sommer im Schloss Tiefurt wohnte, das sie zu einem Musenort der Weimarer Hofgesellschaft machte. Hier versammelte sie die »gescheiten Menschen« und brachte von 1781–1784 das *Journal von Tiefurt* heraus, das von verschiedenen Autoren geschrieben, »Politick, Witz, Talente und Verstand, in unsern dermalen so merkwürdigen Zeiten« für ihren Umkreis zugänglich machen sollte. Das Unternehmen war auch eine Spitze gegen ihren Onkel Friedrich II., der in einem Pamphlet über die deutsche Literatur wetterte und Weimar den Rang einer Stadt der Kultur absprach. Aber trotz des Königs Einwänden, nur französische Literatur sei etwas wert, stieg Weimar um die Jahrhundertwende zu dem Zentrum der deutschen Literatur- und Geistesszene auf. Die eigentliche Bedeutung Weimars zu dieser Zeit liegt also weniger in den Bauwerken der Stadt begründet, als vielmehr in deren Bewohnern. Wie Planeten zogen sie sich gegenseitig an und

DURCH DAS BRÜCKENZIMMER in Goethes Haus gelangte der Meister in seinen Garten. Büsten seiner Freunde Schiller und Herder rahmen die Tür. **DEM BRAND** der Herzogin-Anna-Amalia-Bibliothek im Jahr 2004 fielen 50 000 Bände komplett zum Opfer, weitere 62 000 wurden schwer beschädigt. Das sind mehr, als die Sammlung während Goethes Zeit als Bibliothekar aufbewahrte. ▽

DIE KINDERSTUBE DER SCHILLERS. Mit seiner Frau Charlotte hatte Friedrich Schiller vier Kinder, die bei seinem Tod 1805 zwölf, neun, sechs und ein Jahr alt waren.

zogen ihre Bahnen in und um Weimar; das Zentralgestirn, um das alle kreisten, war Johann Wolfgang von Goethe. Dieser wurde 1775 von dem inzwischen volljährigen und regierenden Sohn Anna Amalias, Carl August (1757–1828), nach Weimar gebeten und kam im November desselben Jahres an. Nachdem seine vielfältigen Aufgaben den Rahmen seines bis dahin bewohnten Gartenhauses im »lieben Gärtgen vorm Thore an der Ilm« sprengten, mietete Goethe sich 1782, dem Jahr seiner Nobilitierung am Frauenplan mitten in der Stadt ein. 1792 erwarb es sein Freund und Regent Carl August und schenkte es ihm 1794. Ab dieser Zeit begann Goethe mit dem Umbau, damit es ihm und seiner Freundin und späteren Frau Christiane Vulpius genehm war. Oft aber kehrte der Dichter in sein Gartenhaus zurück, vor allem, wenn der Lärm der Nachbarschaft und der Kegelbahnen des nahe gelegenen Wirtshauses ihn störten.

DER DICHTERFÜRST

In einer relativ kurzen Zeitspanne galt Weimar als das kulturelle Zentrum des Reiches. Mit Johann Wolfgang von Goethe und Christoph Martin Wieland bildeten Johann Gottfried Herder (1744–1803) und Friedrich von Schiller (1759 bis 1805), der 1799 auch nach Weimar gekommen war und dort bis zu seinem Tod wohnte, das »Viergestirn der Weimarer Klassik«. Sie wurden auch von Kollegen wie dem Dichter Jean Paul (1763–1825), der selbst eine Zeit in Weimar wohnte, anerkannt. In der Vorrede zu seinem *Siebenkäs* beschreibt er sie als »die wenigen, die nicht nur für alle Nationen und alle Arten des Geschmacks Geschmack haben«.

Aber auch unter diesen Geistesgrößen gab es mitunter Spannungen und Rivalitäten. Goethe übernahm als »Superminister« alle mögliche Posten in der Verwaltung, was wiederum Johann Gottfried Herder, Dichter, Theologe, Oberpfarrer und erster Prediger an der Stadtkirche St. Peter und Paul und selbst von Ersterem 1776 nach Weimar geholt, 1782, dem Jahr von Goethes Nobilitierung zu folgender, etwas bissiger Aufzählung veranlasste: Goethe »ist also jetzt Wirkl. geh. Rat, Kammerpräs., Präsident des Kriegscollegii, Aufseher des Bauwesens bis zum Wegbau hinunter, Direktor des Bergwerks dabei auch directeur des plaisirs, Hofpoet, Verfasser von schönen Festivitäten, Hofopern, Ballets, Redoutenaufzügen, Inscriptionen, Kunstwerken

DAS TAFELRUNDENZIMMER im Wittumspalais war Anna Amalias Treffpunkt für den künstlerischen Austausch mit Weimars Künstlern und Literaten.

etc. […] kurz das fac totum des Weimarschen u. so Gott will, bald der maior domus sämtl. Ernestinischen Häuser, bei denen er zur Anbetung umherzieht.«

EINE GENIALE FREUNDSCHAFT

Die größte Freundschaft unter den Dichtern pflegten Goethe und Schiller, die anfangs noch sehr distanziert miteinander umgegangen waren. Goethe, dessen *Werther* (1774) schon eine Zeit zurücklag und der zehn Jahre jüngere Schiller, der mit seinem Freiheitsstück *Die Räuber* (1782) Furore machte, freundeten sich jedoch bald so intensiv an, dass sie sich fast jeden Tag sahen. Vom Frauenplan bis zu Schillers Haus (damals Esplanade, heute sinnigerweise Schillerstraße 12), das dieser 1802 erworben hatte, waren es nur ein paar Gehminuten. Sie befruchteten, kritisierten und bestärkten sich gegenseitig, sodass Goethe einmal meinte: »Neigung, ja sogar Liebe hilft alles nichts zur Freundschaft, die wahre, die tätige, produktive, besteht darin, dass wir gleichen Schritt im Leben halten, dass er meine Zwecke billigt, ich die seinigen und dass wir so unverrückt zusammen fortgehen.«

1828/29 bringt der übrig gebliebene Freund ihren Briefwechsel als Buch heraus. Insgesamt sind 1015 Briefe überliefert, von denen 995 im Goethe- und Schiller-Archiv aufbewahrt werden. Sie geben Zeugnis ihrer tiefen Freundschaft, die auch ihr gemeinsames Nachleben mitbegründet. Nicht umsonst sind die beiden gemeinsam als Statuen vor dem Nationaltheater (1857) und in ihren Särgen in der Fürstengruft vereint.

Wenn man den zeitgenössischen Berichten glauben darf, dürfte Weimar heute allemal schöner aussehen als in der Zeit der Weimarer Klassik, denn 1830 stand in einem Stadtführer: »Die Stadt Weimar an sich selbst ist nicht schön, doch hat sie einzelne schöne Straßen und Gebäude.« Immerhin.

DIE ANREGUNG FÜR DAS RÖMISCHE HAUS im Park an der Ilm lieferte die italienische Reise Goethes. Herzog Carl August ließ es zwischen 1791 und 1798 errichten (oben).
IM JAHR 1776 bekommt Goethe vom Herzog ein Häuschen in einem verwilderten Gartenstück an der Ilm außerhalb des damaligen Weimar geschenkt. Es wird sein Gartenhaus, »nahe genug der Stadt, um ihn leicht erreichen zu können und doch entfernt genug, um dem Staub und Lärm zu entgehen« (rechts).

Paradiesvogel im Paradiesgarten

PARK MUSKAU – BLÜHENDE LANDSCHAFTSGEMÄLDE

Manchmal sind es die Paradiesvögel, deren Werke die Zeiten überdauern und deren Gedanken denen der »Vernünftigen« weit voraus sind. Weitblick, auch in die eigene Fantasie, ist nicht mit permanenten Bedenken, sondern nur mit Leidenschaft, Mut und manchmal auch mit einer gehörigen Portion Geld umzusetzen. Hermann Ludwig Heinrich von Pückler-Muskau (1785–1871) hatte von allem im Übermaß: Fantasie, Weitblick, Witz, Geist, Geld und eine Gattin, die viele seiner Begabungen und Ideen in die richtigen Bahnen leitete.

In einer Zeit, als Deutschland nach den Freiheitskriegen gegen Napoleon in Trümmern lag und in Wien der Kongress tanzte, kam der Fürst in der Lausitz auf die Idee, einen Park anzulegen, um etwas Schönes zu schaffen. Vielleicht gerade als Reaktion auf die Verheerungen des Krieges. Ein Hoffungsschimmer aus natürlicher Schönheit, der durch einen fantasiebegabten Geist Gestalt annehmen sollte und gegen alle Wahrscheinlichkeiten heute schöner erblüht als je zuvor.

Hermann Fürst Pückler, der durch sein Erbe zu den größten Landbesitzern Preußens gehörte, reiste 1812 nach England, wo er die Inspiration seines Lebens erhielt – die englischen Landschaftsparks und die Gärtnerei haben es ihm angetan und kaum zu Hause in der Lausitz, begann er sein fantasievolles Werk zu planen und umzusetzen. Anders als in der französischen Gartenkunst, in der die Pflanzungen der geometrischen Ordnung unterworfen sind, geht es in der englischen um ein Abbild der Natur, um die Illusion eines natürlich gewachsenen Umfelds. Pücklers Ziel war es, tatsächliche Landschaftsgemälde, gleichsam begehbare Bilder zu schaffen, oder, wie er es nannte, Naturmalerei. Dabei benutzte er jedoch nicht Pinsel, Farbe und Leinwand, sondern Spaten, Erde und Bäume. Eine wichtige Rolle spielten dabei die Wege, die den Park durchziehen, denn für Pückler waren sie »die stummen Führer des Spazierengehenden«, die dazu »dienen, ihn ohne jeden Zwang jeden Genuss auffinden zu lassen«. So entstehen nach jeder Biegung ein neues Landschaftsbild, nach jeder Kuppe ein neuer Bezugspunkt und eine neue Sichtachse, die das Bild einer romantischen Natur hervorrufen.

Der junge Fürst ist jedoch nicht nur mit seinem Park beschäftigt, sondern ist auch in der preußischen Gesellschaft als einer der reichsten Junggesellen gern gesehen und macht mit allerlei ungewöhnlichen Aktionen von sich reden. So fliegt er mit einem Ballon über Berlin oder unterquert die Themse in London mittels einer Tauchglocke. Zwei Dinge bringen ihm daheim jedoch die größte Aufmerksamkeit: Er fährt mit einer Kutsche über den Kurfürstendamm, die von vier weißen Hirschen gezogen wird, und – weniger spektakulär, aber nicht minder außergewöhnlich – erfreut er seine Gäste in Muskau mit Ananas, die er in einem extra dafür gebauten Gewächshaus anbaut.

JEDE KUNST KOSTET …

Aber alle die Aktionen und publikumswirksamen Auftritte scheinen nebensächlich im Vergleich zu seiner größten Leidenschaft, dem Park in Muskau. Dieser verschlingt jedoch Unsummen seines durchaus üppigen Erbes, und so sucht er sich eine reiche Braut. Mit Lucie von Hardenberg (1776 bis 1854), geschiedene von Pappenheim, ehelicht er 1817 nicht nur eine sehr begüterte, sondern auch enorm verständnisvolle Partnerin, ja, man kann fast sagen Komplizin, ohne die sein Lebenswerk wohl nie hätte umgesetzt werden können. Denn Lucie war wohl nicht nur ein durchsetzungs-

DIE FUCHSIENBRÜCKE von 1826 im Blauen Garten von Park Muskau **IM SÜDFLÜGEL** des Neuen Schlosses, das im Neorenaissancestil errichtet wurde, befindet sich heute eine ständige Ausstellung zu Leben und Werk des Fürsten Pückler. ▽

DIE BIBLIOTHEK im Neuen Schloss besitzt eine Decke in üppigem Rokokostil. Das Gewölbe war bei einem Brand 1945 völlig zerstört worden. Erst 2008 konnte die Rekonstruktion nach zeitgenössischen Zeichnungen beendet werden.

fähiges Organisationstalent, sondern hatte selbst auch bemerkenswerte Ideen: Als Mitte der 1820er-Jahre das Geld schon wieder zur Neige ging, schlug sie ihrem Gatten Hermann eine Scheidung pro forma vor, auf dass er sich nach England begäbe, um sich dort eine neue, möglichst reiche Frau zu suchen. Gesagt getan, 1826 wurde die Ehe geschieden und in den nächsten drei Jahren verbrachte der lebenslustige preußische Adlige viele Monate auf Brautschau auf den Britischen Inseln.

Die Suche war jedoch vergeblich, die Reisen indes nicht umsonst. Denn der Fürst entdeckte sein Talent zu schreiben. Jeden Tag schickte er einen Brief an Lucie, in dem er die englische Gesellschaft und seine Erlebnisse und Beobachtungen schilderte. Pückler war begeistert vom Stil des englischen Landadels und reiste von Park zu Park. Manche blieben ihm verschlossen und so bestimmte der aufgeklärte Fürst, dass sein Park für alle Menschen zugänglich sein solle. Ansonsten reiste er, immer noch auf der Suche nach einer reichen »Zweitfrau« von Gesellschaft zu Gesellschaft und berichtete in seinen Briefen seiner »Erstfrau« Lucie davon.

Diese kam derweil auf die erstaunliche Idee, die Briefe in Buchform zu veröffentlichen und traf damit genau den Nerv der Zeit. Das Buch wurde in kürzester Zeit ein Bestseller in Deutschland, England und Frankreich, denn durch den adligen Jet-Setter erhielt das Bürgertum erstmals einen intimen Einblick in die Gepflogenheiten einer Gesellschaftsschicht, die bisher der schnöden Öffentlichkeit verborgen geblieben war. Pückler hatte die Gabe, das Treiben der High Society anschaulich und genau, aber auch ironisch und humorvoll zu beschreiben. Veröffentlicht wurden die zwei Bände jedoch nicht unter seinem eigenen Namen, sondern als *Briefe eines Verstorbenen*. Der Fürst wurde damit zum damals meistverkauften Schriftsteller Deutschlands und hatte wieder reichlich finanzielle Mittel, seiner eigentlichen Passion und Bestimmung zu folgen, der Landschaftsgärtnerei. In England hatte Pückler bei mehr als 70 Parkbesuchen einiges gesehen und gelernt, was er jetzt umsetzen konnte: die Technik, wie man aus mehreren jungen Bäumen einen »alten« machen und wie man durch Bäume gelenkte Sichtachsen schaffen kann, die wirken, als wären sie schon vor langer Zeit genau so natürlich gewachsen. Seine Ideen

DIE NEISSE bildet die Grenze zu Polen. Dass hier tatsächlich eine Grenze verläuft, zeigt nur der Grenzpfosten rechts an. **DIE DREIFLÜGELIGE ANLAGE** des Neuen Schlosses ist von oben gut zu erkennen. ▽

und Erfahrungen veröffentlichte Pückler 1834 in dem für den Gartenbau einflussreichen Werk *Andeutungen über die Landschaftsgärtnerei*, das als einziges unter seinem eigenen Namen erschien. Der Fürst schrieb noch mehrere Bücher; 1834 unternahm er eine Orientreise, die bis 1839 dauerte. Und auch hier berichtete er von seinen Erlebnissen und Beobachtungen an den Höfen der Scheichs und Kalifen von Nordafrika bis zum Sudan und über Griechenland bis in den Nahen Osten.

DEUTSCH-POLNISCHE EINHEIT

Währenddessen kümmerte sich Lucie umsichtig um den Park im heimatlichen Muskau. Sie ließ den fast zwei Kilometer langen Neißearm, die Hermann-Neiße, graben und kümmerte sich um die Veröffentlichung der Reiseberichte, die jetzt unter dem Pseudonym Semilasso (der Halbmüde) erschienen. Aber auch die Einnahmen dieser neuen Bücher und der sonstigen Revenuen seines fürstlichen Hofs reichten auf Dauer nicht aus, die immensen Kosten zu decken. Immerhin hatte der Park durch Ankäufe inzwischen eine Größe von 830 Hektar Fläche erreicht, auf der insgesamt 800 000 Bäume und 42 000 Sträucher angepflanzt wurden. Das Geld war aufgebraucht, der Park zu teuer und so wurde das Anwesen 1845 verkauft. Hermann und Lucie zogen in das Familienschloss nach Branitz bei Cottbus und begannen sofort mit dem Aufbau eines neuen Parks.

Der Park Muskau, der einst in Zeiten großer Umbrüche in Europa begonnen wurde, erlebte nach dem Zweiten Weltkrieg seine Teilung, weil die Neiße nun die Grenze markierte. Schon bald nach der Wiedervereinigung wurde auch der Park über die Deutsch-Polnische Grenze wiedervereint und erblüht heute so, wie ihn sein Schöpfer erdacht hatte, als »Natur, durch Kunst veredelt«.

Bleibt noch eine kurze Bemerkung zum berühmten Eis: Nein, der Fürst hat es nicht selbst erdacht, obwohl er 1834 ein Buch mit dem Namen *Tutti-Frutti* veröffentlichte, das mit dem Eis aber auch nichts zu tun hat. Das Eis ist eine Kreation des Mundkochs Seiner Majestät des Königs von Preußen, Louis Ferdinand Jungius, die dieser dem Fürsten Pückler 1839 in seinem Kochbuch der »vollständigen und umfassenden theoretisch-praktischen Anweisung der gesamten Kochkunst« zueignete.

Die frühe Form des Tourismus

GREAT SPAS OF EUROPE – DIE DEUTSCHEN KURSTÄDTE BAD EMS, BADEN-BADEN UND BAD KISSINGEN

Die Kurstädte Baden-Baden, Bad Ems und Bad Kissingen gehören zum Städteverbund »Great Spas of Europe«, zu dem sich die elf bedeutendsten europäischen Kurstädte aus sieben Ländern zusammengeschlossen haben: Spa (Belgien), Karlsbad, Franzensbad und Marienbad (Tschechien), Baden bei Wien (Österreich), Vichy (Frankreich), Montecatini (Italien) und Bath in Großbritannien. Sie alle wurden zum Weltkulturerbe gekürt, denn mit ihnen wurden sowohl gesundheitliche wie auch soziologische und kulturelle Maßstäbe gesetzt.

Die große Zeit der Kurbäder lag zwischen dem 18. und 19. Jahrhundert. Die drei deutschen Städte repräsentieren das Phänomen »Kurbad« idealtypisch. Sie entwickelten eine bestimmte Struktur, die sich in allen Kurstädten wiederfindet: Um die Quellen herum entstehen Trink- und Wandelhallen, Kurhäuser, Parkanlagen, Hotels, Villen und Kirchen, entsprechend der Konfessionen der Gäste. Und die waren in der Regel wohlhabende Großbürger oder Adlige, die meist mehrere Wochen oder auch die gesamte Saison hindurch logierten, mitsamt Gefolge und Dienerschaft, die alle versorgt werden mussten. Die Einheimischen wohnten in der Regel außerhalb der Kurbereiche.

BAD EMS – GLÜCKSSPIEL MIT GESUNDHEITSANSPRUCH

Doch so mondän, wie man sich das heute vorstellt, war es natürlich nicht immer. Zwar kamen die meisten Gäste aus begütertem Haus bzw. aus Adels- und Herrscherhäusern, trafen allerdings auf kleine Orte, in denen auch der normale Alltag der heimischen Bevölkerung ablief. So wurde das Vieh von den Weiden selbstverständlich durch die Stadt, deren Straßen oft noch nicht gepflastert waren, in die heimischen Ställe getrieben. Die Folgen für die Gäste kann man in den Tagebüchern der Wilhelmine von Bayreuth (siehe S. 229 f.) nachlesen, der Schwester des nachmaligen Friedrich des Großen. Sie kurte von Mai bis September 1737 in Ems, man munkelte, wegen der sogenannten Bubenquelle, die die Geburt eines männlichen Erbfolgers unterstützen sollte. Sie schrieb: »… manchmal gingen wir auch spazieren oder wir wateten im Kote. Die Schweine waren ständig um uns herum und wir mussten versuchen, sie mit Stockschlägen zu verjagen.« So war es wohl häufig, wenn Urlauber auf den Alltag der Einheimischen trafen. Einen Sohn bekam sie übrigens nicht.

Neben dem gesundheitsfördernden Wasser war in Ems, das den Namenszusatz »Bad« erst seit 1913 trägt, auch die Spielbank ein Grund für manchen Aufenthalt. Sie eröffnete 1720 und war die erste konzessionierte Spielbank Deutschlands. In Frankreich und Russland war Glücksspiel verboten, und so sorgten Spielbanken nicht nur in Ems, sondern nach und nach auch in anderen Bädern für viele Gäste und volle Kassen. Das allerdings endete vorerst 1872, nach dem Entstehen des Deutschen Reiches, dessen Gründung auch indirekt mit Ems verbunden ist: Hier war das Sehen und Gesehenwerden das Besondere. Denn wo sonst hätte man den König von Preußen, Wilhelm I., einfach auf der Promenade ansprechen können. Das tat an jenem 13. Juli 1870 der französische Botschafter, um Fragen zur spanischen Thronfolge zu klären. Kurzer Rede langer Sinn: Die Folge war die berühmte

DAS KURHAUS IN BAD EMS wurde 1715 errichtet, von 1835 bis 1849 kam der Kursaal (links im Bild) dazu. Beide prächtigen Gebäude wurden durch eine Kolonnade verbunden (rechts oben).
DEUTSCHLANDS ÄLTESTE KONZESSIONIERTE SPIELBANK wurde 1872 nach 152 Jahren geschlossen. 1987 wurde sie wiedereröffnet. Den originalen Roulettetisch von 1720 kann man im Stadtmuseum bewundern (rechts unten).

SPIELBANK

DAS EHEMALS ALS »SOMMERHAUPTSTADT EUROPAS« titulierte Baden-Baden am Rande des Schwarzwaldes war namensgebend für das Land Baden (oben).
DIE 90 METER LANGE TRINKHALLE wurde 1842 im Baden-Badener Kurgarten fertiggestellt. Hier konnten die Gäste überdacht flanieren und sich an den 14 Wandgemälden, die Szenen aus Sagen der Umgebung zeigen, erfreuen (rechts).

»Emser Depesche«, die schließlich zum Deutsch-Französischen Krieg führte. Dieser mündete unter anderem in die Gründung des Deutschen Reiches im Jahre 1871, zu dessen Kaiser schließlich Wilhelm I. aufstieg. Es ist gut möglich, dass der Kaiser bei seinen Ansprachen die berühmten »Emser Pastillen« nutzte; sie kamen immerhin schon 1858 auf den Markt. Durch das enthaltene Salz wird die Rachenschleimhaut befeuchtet und beruhigt und hilft so der Stimme.

Abseits von der Politik und Gästen wie dem englischen König George IV. oder dem Zaren Alexander II. kurten auch viele Musiker in Ems. Richard Wagner, Franz Liszt, Niccolò Paganini sowie Jacques Offenbach, der nicht nur dem 1800 eingeführtem Roulette verfallen war, sondern auch in dem 1839 neu errichteten Kursaal acht seiner Werke zur Uraufführung brachte – als Dirigent seines eigenen Ensembles.

BADEN-BADEN – SOMMERHAUPTSTADT MIT TENNIS UND PFERDERENNEN

Das heutige Erscheinungsbild Baden-Badens ist geprägt von den Zeiten, als die Stadt die höchsten Besucherzahlen aller Bäderstädte hatte und die »Sommerhauptstadt Europas« genannt wurde. 1890 besuchten 60 000 Kurgäste die Stadt, mehr als in jeder anderen der »Great Spas of Europe«. Darunter natürlich auch die Hautevolee, die sich, wie in Bad Ems, auch hier ein Stelldichein gab. Von Kaiser Wilhelm I. bis zu Jacques Offenbach, der es sich nicht nehmen ließ, auch hier eine Weltpremiere aufzuführen (*La Princesse de Trébizonde*, 1869), und Hector Berlioz, der eigens für die Eröffnung des Theaters 1862 die Oper *Béatrice et Bénédict* komponierte.

Begonnen hatte alles zu Zeiten der Römer, als vor allem Soldaten die Quellen zur Heilung, aber auch als soziale Treffpunkte nutzten. Die Stadt hieß zu der Zeit, als Caracalla dort Thermen bauen ließ, schlicht *Aquae*, also »Wasser« oder »Bad« beziehungsweise »Baden«. Das zweite »Baden« kam offiziell erst 1931 dazu. Im Mittelalter wurden dem Wasser je nach Kenntnisstand der Medizin alle möglichen Kräfte zugeschrieben. Zur Bekämpfung von Seuchen wurde die Stadt mehrmals mit Thermalwasser geflutet, Baden im Mai brachte Glück und Gesundheit für das ganze Jahr, und auch gegen Ausschlag, Gicht und Kinderlosigkeit galt das heilbringende Wasser als geeignet. Bereits 1507 wurde zum ersten Mal eine Kurtaxe erhoben. Bis zum Dreißigjährigen Krieg gab es zehn Badehütten, über 300 Badekabinen und bis zu 3000 Badegäste im Jahr. Infolge des Krieges kam der Kurbetrieb jedoch fast zum Erliegen.

Erst gegen Ende des 18. Jahrhunderts begann der Stern über der Stadt am Rande des Schwarzwaldes wieder aufzugehen und man baute den beschaulichen Ort zu einer

»Ihre Blüte erlebte die Bäderkultur zwischen 1700 und den 1930er-Jahren. Seit dem 18. Jahrhundert gehörte es zum guten Ton, dass jede noch so kleine Herrschaft ein Kurbad hatte. So entstanden quer durch Europa von England bis Rumänien rund 1.500 größere und kleinere Kurorte.«

Deutsche UNESCO-Kommission

mondänen Kurstadt aus: Kurhaus (ab 1821), Hotels, eine neue Trinkhalle (1839–1842) und vor allem die Spielbank (1811) wurden eröffnet. Aus vielen Gästen wurden Bewohner, und so entstanden Villenviertel, wie die »Lichtentaler Vorstadt«. 1858 wurden zum Zeitvertreib der Gäste die ersten Pferderennen auf der Rennbahn von Iffezheim veranstaltet; heute noch zählen sie zu den bedeutendsten der Welt. Und damit die Gäste sich auch selbst sportlich betätigen können, wurde 1881 in Baden-Baden der erste Tennisklub Deutschlands gegründet. 1911 folgte in Bad Kissingen der erste Golfklub Deutschlands – gediegene sportliche Ertüchtigung als idealer Zeitvertreib, bevor man sich abends mit Kultur, Glücksspiel oder Kurschatten vergnügte.

BAD KISSINGEN – KUR MIT ARCHITEKTURANSPRUCH

Bad Kissingen besticht durch die Bauten außergewöhnlicher Architekten sowie den ältesten Kurgarten, der 1737 von Balthasar Neumann (siehe S. 217 ff.) angelegt wurde und mit seinen 212 Hektar Gesamtfläche ein sehr nachhaltiges Erbe ist. Weniger bestechend scheint der Geschmack des heilenden Wassers gewesen zu sein, denn als der irische Dramatiker George Bernard Shaw (1856–1950) 1912 davon probierte, genügte ihm nach eigener Aussage ein Schluck für den Rest seines Lebens. Zu behaupten, dieser eine Schluck hätte ihm geholfen, fast hundert Jahre alt zu werden, wäre indes wohl vermessen. Wobei es zu dieser Zeit auf Anraten von Deutschlands erstem Hygienearzt Max von Pettenkofer (1818–1901) schon längst (seit 1882) eine hochmoderne Kanalisation gab.

Friedrich von Gärtner (1791–1847) schuf im Auftrag König Ludwigs I. von 1834 bis 1838 den 200 Meter langen Arkadenbau als repräsentatives Kurgebäude, das den Gästen erstmals die Möglichkeit bot, wetterunabhängig zu flanieren. Mit der Wandelhalle errichtete Max Littmann (1862–1931) 1910 in nur acht Monaten Bauzeit die mit 2640 Quadratmeter größte Trinkhalle Europas. Das gelang ihm durch den innovativen Einsatz von Stahlbeton, der allerdings der basilikalen Halle nicht anzumerken ist. Die in Kurstädten inzwischen obligatorische Konzertbühne gestaltete Littmann nicht minder innovativ als Drehbühne, die sich bei gutem Wetter zum Kurgarten drehen ließ. Wie sehr man sich hier um die Freizeitgestaltung der Gäste sorgte, zeigt sich auch in der sogenannten »Ochsenkathedrale«, dem 1925 neu geschaffenen Schlachthof, der zur Versorgung von immer mehr Gästen und Einheimischen nötig wurde. Der von außen nicht als Industriebau erkennbare Schlachthof hat innen zwei umlaufende Galerien, von denen Besucher das Treiben beobachten konnten, wenn sie sich zwischen den Anwendungen die Zeit vertreiben wollten.

Die Kurstädte waren über Jahrhunderte Zentren der illustren Gesellschaft, die auch für die Kultur prägend waren. Es entstand eine frühe Form der Freizeitindustrie mit Gesundheitsanspruch, heute sind sie gut organisierte Gesundheitszentren mit Wellnesscharakter.

IM ZENTRUM DES BAD KISSINGER ARKADENBAUS befindet sich der zweigeschossige Conversationssaal, der heutige Rossini-Saal, in dem heute diverse kulturelle Veranstaltungen stattfinden.

Nur der Unwissende verachtet die Kunst

MUSEUMSINSEL BERLIN – INSEL DER VIELFALT

Wohl kaum eine UNESCO-Weltkulturerbestätte trägt diesen Namen mit einer solchen Berechtigung wie die Berliner Museumsinsel. Denn in dem seit 1830 erbauten und immer wieder erweiterten Museumsensemble ist tatsächlich das kulturelle Erbe der Welt, zumindest der »Alten Welt«, zusammengetragen.

Begonnen hat alles mit dem neuen Nationalgefühl nach den Napoleonischen Befreiungskriegen und mit dem erwachenden Selbstbewusstsein des zusehends aufgeklärten Bildungsbürgertums im frühen 19. Jahrhundert, das Zugang zu Kunstsammlungen einforderte. Also bestimmte der preußische König Friedrich Wilhelm III. eine »öffentliche und gut gewählte Kunstsammlung« anzulegen und ein entsprechendes Museum dafür zu errichten. Karl Friedrich Schinkel (1781–1841) plante das Museum als städtebauliches Gegenüber zum Berliner Schloss am Lustgarten, das sich aktuell wieder im Neuaufbau befindet. Dort entstand das neue Humboldtforum, das nach den Brüdern Alexander und Wilhelm von Humboldt benannt ist. Letzterer hatte seinerzeit die Leitung der Kommission zur Errichtung des Museums inne.

Das heute Altes Museum genannte Gebäude (früher Neues Museum, dann Königliches Museum), das erste öffentliche Museum Preußens, entstand im Stil des Klassizismus, der im frühen 19. Jahrhundert die Architektur prägte. Es lässt sich wohl kaum ein größerer Gegensatz in der Architektur finden, als der verspielte Rokoko der Wieskirche und die fast schon unterkühlte Strenge des Klassizismus mit seinem Paradebeispiel des Alten Museums. Statt in der lustvollen Pracht und Fülle des Barocks zu schwelgen, konzentrierte sich Schinkel als einer der berühmtesten Protagonisten des Klassizismus auf die »edle Einfalt und stille Größe«, die in seiner Zeit für die Tugenden der klassischen, griechisch-römischen Architektur gehalten wurden.

DIE FREIEN KÜNSTE DES ALTERTUMS

Streng steht die Fassadenfront der 18 ionischen Säulen mit Eckpfeilern dem Schloss gegenüber. Sie ruht auf einem Sockel, der das Gebäude nicht nur erhabener erscheinen lassen, sondern auch vor Überflutungen schützen sollte. Über dem Eingang ist auf Lateinisch zu lesen: »Friedrich Wilhelm III. hat dem Studium jeder Art Altertümer und der freien Künste das Museum gestiftet 1828«. Darunter gelangt man durch eine weitere Säulenreihe zur zweistöckigen Treppenhalle, hinter der sich eine zweistöckige, überkuppelte Rotunde verbirgt. Obschon nur halb so groß, soll sie an das römische Pantheon erinnern. Die 20 korinthischen Säulen tragen die obere Galerie, in deren Wänden Nischen für Skulpturen eingeschnitten sind. Passenderweise beherbergt das Museum Kunstschätze der griechischen, römischen und auch der etruskischen Kunst.

Im Jahr 1841 beschloss Friedrich Wilhelm IV., gerade frisch inthronisiert, den nördlichen Teil der Museumsinsel zu einer »Freistätte für Kunst und Wissenschaft« umgestalten zu lassen. Er beauftragte Friedrich August Stüler (1800 bis 1865), einen Schüler von Schinkel, mit einer Gesamtplanung der Museumsinsel. Das letzte der fünf Museen, die 6000 Jahre Menschheitsgeschichte in ihrer ganzen Vielfalt zeigen, wurde erst 1930 fertiggestellt.

Stüler selbst erbaute das Neue Museum, weswegen das ehemals Neue Museum jetzt das Alte Museum heißt. Im Neuen Museum befinden sich die Papyrussammlung und die Sammlung der ägyptischen Kunst, deren bekann-

KUPPELSAAL in der Alten Nationalgalerie: Trotz aller Reminiszensen an die Klassik entspricht nicht nur die Glaskuppel der neuesten Technik der Bauzeit.

EINGANGSBEREICH des Bode-Museums mit der Kopie des Reiterstandbildes des Großen Kurfürsten, das Andreas Schlüter von 1700 bis 1717 schuf.

testes Objekt die Büste der Nofretete ist. Dazu kommt das Museum für Vor- und Frühgeschichte mit dem berühmten Schatz des Priamos.

Die Grundsteinlegung fand 1843 statt, vorher mussten allerdings erst 2344 Eichenpfähle in den sandigen Untergrund der Spree gerammt werden, damit die Konstruktion entsprechenden Halt fand. Dafür kam eine fünf PS starke Dampfmaschine zum Einsatz – zum ersten Mal in Berlin. Doch stellte der gesamte Bau einen Aufbruch ins Zeitalter der Industrialisierung dar. Hatte Schinkel noch eine traditionelle Stein-Holz-Konstruktion gebaut, errichtete Stüler ein Gerüst mit Stützen, Trägern und Balken aus Eisen. Eine Besonderheit stellte auch der sogenannte Ägyptische Hof dar, dessen 380 Quadratmeter großes Glasdach etwas völlig Neues war. Insofern haben auch die jetzigen Namen, Altes und Neues Museum, eine zusätzliche Bedeutung. Die offizielle Eröffnung war 1855, aber die verschiedenen Sammlungen öffneten ihre Tore zwischen 1850 und 1859; die Innenarbeiten wurden erst 1866 abgeschlossen.

Nach dem Ende des Zweiten Weltkriegs, bei dem die Museumsinsel bis zu 70 Prozent zerstört wurde, lagen die Gebäude lange brach. Erst 1986 wurde mit dem Wiederaufbau des Neuen Museums begonnen und richtig zu neuem Leben erwachte es von 1999 bis 2009 durch den britischen Architekten David Chipperfield (*1953) und den finanziellen Einsatz von 295 Millionen Euro.

KULTURBEGEGNUNG IM WANDEL

Der »Masterplan Museumsinsel« von 1999, der bis 2020 eine zeitgemäße Konzeption verwirklichen möchte, sieht vor, dass die verschiedenen Museen mit einem unterirdischen Gang, der Archäologischen Promenade, verbunden werden. Die Alte Nationalgalerie ist davon allerdings ausgeschlossen. Sie entstand von 1867 bis 1876 nach einem Plan von Friedrich August Stüler, der 1865 starb. Trotz des klassizistischen Äußeren, das an einen griechischen Tempel erinnern soll, ist die Alte Nationalgalerie wieder eine Eisenkonstruktion mit verglasten Dächern, die den damals neuesten Stand der Technik repräsentierte. Heute findet man hier Werke aus der Zeit des Klassizismus, des Biedermeiers sowie des Impressionismus und der beginnenden Moderne.

DAS MARKTTOR VON MILET (um 100 n. Chr.) wurde im Pergamonmuseum rekonstruiert. **DER BRITISCHE ARCHITEKT** David Chipperfield erhielt 2011 den Deutschen Architekturpreis für den Wiederaufbau des Neuen Museums. ▽

Das Bode-Museum an der Nordspitze der Museumsinsel, vom Rest abgeschnitten durch die 1882 gebaute Stadtbahn, ist mit seiner neobarocken Kuppel das wohl auffälligste Gebäude der fünf Museen. 1904 wurde das Kaiser-Friedrich-Museum genannte Haus eröffnet. Es enthielt eine Skulpturensammlung, das Museum für Byzantinische Kunst und das Münzkabinett. 1956 wurde es nach dem Gründungsdirektor und Mitbegründer des modernen Museumswesens Wilhelm von Bode (1845–1929) umbenannt.

Ist das Alte Museum das architektonische Highlight auf der Museumsinsel, beherbergt das Pergamonmuseum wohl den inhaltlichen Höhepunkt. Es ist das meistbesuchte Museum ganz Deutschlands. Der Name stammt von dem gleichnamigen Altar aus dem 2. Jahrhundert v. Chr. Auf der Rekonstruktion des von Carl Humann (1839–1896) in Kleinasien zwischen 1878 und 1886 entdeckten Altars befinden sich die originalen Friese. Zu sehen sind u. a. die Kämpfe der griechischen Götter gegen die Giganten und die Legende des Telephos, die die Überlegenheit Pergamons gegenüber Rom darstellen sollte. Welchen Zweck der Altar hatte und wie er genutzt wurde, ist bis heute nicht geklärt. So sagt der ehemalige Grabungsleiter in Pergamon, Wolfgang Radt: »Nichts ist in der Forschung unumstritten bei diesem berühmtesten Hauptwerk der Kunst von Pergamon, weder der Bauherr noch das Datum, noch der Anlass, noch der Zweck des Baus.«

Ein weiteres Prunkstück neben dem Markttor von Milet aus dem 2. Jahrhundert n. Chr. ist das Ischtar-Tor und die Prozessionsstraße aus dem Babylon Nebukadnezars (640 bis 562 v. Chr.). Das Tor und die Straße, die zwischen 1899 und 1927 in rund 800 Kisten verpackt nach Berlin kamen, sind beeindruckend wiederaufgebaut. Damit erfüllt sich auf besondere Weise die Inschrift der Prozessionsstraße, in der Nebukadnezar verkündete: »Ich legte das Fundament der Tore gegen das Grundwasser und ließ sie selbst aus lauterem Blaustein herstellen und stattete sie mit Pracht überreich aus, dass die gesamte Menschheit sie staunend betrachten möge.« Mit dem »Masterplan Museumsinsel« ist die Berliner Museumsinsel ein gutes Beispiel dafür, dass eine UNESCO-Weltkulturerbestätte kein Relikt aus alter Zeit ist, sondern ein lebendiger Ort der Begegnung, der der Bedeutung des kulturellen Erbes Rechnung trägt.

SONNENGOTT HELIOS (Mitte 3. Jahrhundert n. Chr.) im Südkuppelsaal des Neuen Museums (links). **FIGUR** des Königs Amenemhet III. um 1840–1800 v. Chr. im Raum »Pharao« im Neuen Museum (oben).
DIE ALTE NATIONALGALERIE an der Spree mit ihren Kolonnaden und einem von der UNESCO nicht geschützten Baukran. ▽

DER DEUTSCHEN KUNST MDCCCLXXI

INDUSTRIEZEITALTER UND MODERNE

Die Avantgarde der Architektur

Kunst als Wirtschaftsförderung

DIE KÜNSTLERKOLONIE MATHILDENHÖHE IN DARMSTADT

Hessens Großherzog Ernst Ludwig (1868–1937), ein Enkel der britischen Königin Victoria, machte sich kurz vor der Jahrtausendwende Gedanken, wie er eine dringend benötigte Belebung der Wirtschaft seines Landes bewerkstelligen könnte. Sein Ziel war es, die hessischen Manufakturen für den damals schon wachsenden europäischen Markt wettbewerbsfähig zu machen. Seine Lösung war eine Wirtschaftsförderung mit und durch die Kunst, unter dem Motto »Mein Hessenland blühe und in ihm die Kunst«. 1899 berief Ernst Ludwig Künstler aus verschiedenen Bereichen zu seiner neu gegründeten Künstlerkolonie auf der Darmstädter Mathildenhöhe.

Die Mathildenhöhe ist die höchste Erhebung der Darmstädter Innenstadt und entstand als ein Geschenk des Vorgängers Ernst Ludwigs, Ludwigs III., anlässlich seiner Hochzeit mit Prinzessin Mathilde Karoline von Bayern 1833: Es sollte eine Erinnerung an den Englischen Garten ihrer Heimatstadt München werden. Zeitgleich wurde der Platanenhain angelegt, der heute noch Teil der Mathildenhöhe ist. 1877 wurde ein Reservoir zur Wasserversorgung der wachsenden Stadt angelegt und 1897 ein Bebauungsplan des Areals ausgearbeitet.

Im selben Jahr wurde mit dem Bau der »Russischen Kapelle« begonnen. Der Plan stammte von Léon Benois, einem russischen Architekten – und Großvater von Peter Ustinov. Auftrag- und Geldgeber war Zar Nikolaus II., der mit der Schwester Ernst Ludwigs, Alix von Hessen-Darmstadt, verheiratet war. Der Zar wollte bei den Besuchen der Heimat seiner Gattin, Zarin Alexandra Fjodorowa, der letzten Zarin Russlands, nicht auf ein eigenes Gotteshaus seiner Konfession verzichten müssen.

Großherzog Ernst Ludwig berief zunächst sieben Künstler verschiedener Sparten für sein Projekt: Peter Behrens (1868–1940), Maler, Typograf und Designer, Paul Bürck, Maler und Textildesigner, Rudolf Bosselt, Bildhauer und Medailleur, Hans Christiansen, Maler und Kunsthandwerker, Ludwig Habich, Bildhauer, Patriz Huber, Gestalter und Designer und, gleichsam als Primus inter Pares und führender Kopf, Joseph Maria Olbrich (1867–1908), Architekt und Designer. Das Ziel waren wirtschaftliche Impulse durch spektakuläre Kulturprojekte, die in Ausstellungen gezeigt werden sollten. Die Aufgabe der Künstler war es, sowohl moderne und zukunftsweisende Wohn- und Bauformen zu entwickeln als auch Gebrauchsgegenstände zu entwerfen, die von den Manufakturen des Landes produziert und verkauft werden sollten. Die Künstler bezogen ein zunächst auf drei Jahre befristetes Gehalt und erhielten die Aussicht auf eine wachsende Auftragslage.

EIN MEILENSTEIN DER AUSSTELLUNGS-KULTUR

Die erste Wegmarke war die Ausstellung mit dem Titel »Ein Dokument deutscher Kunst«, von Mai bis Oktober 1901, deren Idee der Erneuerung von Kunst und Handwerk auch in der Arts-and-Crafts-Bewegung in England und Schottland ihre Wurzeln hatte. Zu sehen waren Künstlerhäuser mitsamt ihren Einrichtungen, in denen die Künstler leben und arbeiten konnten und sollten. Es war weltweit die erste auf Dauer geplante internationale Bauausstellung. Die Einrichtungen und die passenden Gegenstände, die für jedes Haus extra gestaltet und dort gezeigt wurden, konnten auch geordert werden – eben künstlerische Wirtschaftsförderung.

OLBRICH SCHUF MIT DEM GROSSEN HAUS GLÜCKERT das repräsentativste Künstlerhaus der Ausstellung von 1901. Der Möbelfabrikant Julius Glückert erwarb es sofort nach Fertigstellung und nutzte es zur Präsentation modernen Mobiliars aus seiner Produktion; ganz im Sinne Ernst Ludwigs. Heute dient es u.a. als Sitz der Deutschen Akademie für Sprache und Dichtung.

ALIX, SPÄTER ZARIN ALEXANDRA, eine Schwester des Großherzogs Ernst Ludwig, heiratete Nikolaus II., den letzten Zaren Russlands. Ihnen zu Ehren wurde die russische Kapelle bereits 1899 unabhängig von der Künstlerkolonie errichtet.

Von Olbrich, der 1897 das berühmte Haus der Wiener Secession schuf, stammen neben dem Gesamtplan die meisten Entwürfe der Künstlerhäuser. Dabei überwindet er die vegetabilen, zarten Formen des Jugendstils zugunsten eines stabileren, rechtwinkligen Koordinatensystems, ohne dabei seinen Fantasiereichtum zu verlieren.

VOM JUGENDSTIL ZUR MODERNE

Das zentrale Gebäude der ersten Ausstellung ist das Ernst-Ludwig-Haus, das Olbrich 1900 entwarf und das 1901 fertiggestellt war. Es ist das Atelierhaus, in dessen Flügeln je vier Abteilungen als Arbeitsstätten dienten. Das breit gelagerte Haus, dessen klare Formen mit dem reich ornamentierten Portal kontrastieren, dient heute dem Museum Künstlerkolonie und zeigt Werke der insgesamt 23 Künstler, die über die Jahre Teilnehmer dieses Projektes waren. Das Portal, das von Bosselts Siegesgenien und den übergroßen Figuren »Kraft« und »Schönheit« von Ludwig Habich flankiert ist, trägt die Inschrift: »Seine Welt zeige der Künstler, die niemals war, noch jemals sein wird.« Dieser Leitspruch des Dramatikers Hermann Bahr ist etwas irritierend, immerhin sollten die hier arbeitenden Künstler Objekte schaffen, die gerade doch eine Welt zeigen, die sein wird – nämlich die Baukunst und das funktionale Design der kommenden Jahre.

Peter Behrens, eigentlich Maler und Typograf, Mitbegründer der »Vereinigten Werkstätten« und des »Deutschen Werkbundes« in München, errichtete hier als Architektur-Autodidakt sein erstes Gebäude und entwarf selbst die gesamte Einrichtung, ganz im Sinne des Großherzogs. Das Wohnzimmer wurde 1902 im Kaufhaus Wertheim in Berlin ausgestellt und konnte in allen Details eins zu eins nachgekauft werden. Es ist durchaus bezeichnend, dass Behrens, der 1907 in Berlin sein eigenes Architekturbüro gründete, Mitarbeiter beschäftigte, die später selbst mit ihren Werken Richtungweisendes schufen und zum Kulturerbe der Welt beigetragen haben: Martin Gropius und Ludwig Mies van der Rohe, (siehe S. 312 ff. und 330 ff.) und Le Corbusier, der unter anderem in der Weissenhofsiedlung gewirkt hat (siehe S. 327 ff.).

Für die Ausstellung 1904 errichtete Joseph Maria Olbrich als einziges neues Wohngebäude die sogenannte

DAS FOYER DES ERNST LUDWIG HAUSES diente als Fest- und Versammlungsraum. Als Atelierhaus sind auf der Nordseite eine Reihe großer Fenster in das Dach gesetzt, die den Künstlern blendfreies Licht für ihre Arbeit spendeten.

Dreihäusergruppe, als Beispiel künstlerisch gestalteter Häuser »für den nicht überreich bemittelten Bürger«.

Die »Hessische Landesausstellung für freie und angewandte Kunst« gab 1908 als dritte Ausstellung einen Überblick über »die hessischen Kunstleistungen der Gegenwart«, zu denen unter anderem das neue Ausstellungsgebäude und der ebenso von Olbrich geplante Hochzeitsturm geschaffen wurden. Namengebend dafür war die zweite Hochzeit Großherzogs Ernst Ludwig. Fast 50 Meter reicht der Turm, dessen fünfzinnige Krone an eine Hand erinnert, in den Darmstädter Himmel. Noch heute kann in den beiden Fürstenzimmern unterhalb der über 209 Stufen erreichbaren Aussichtsplattform geheiratet werden. Die über Eck gesetzten Fensterbänder sind ein Novum in der Architektur und tragen mit den tonnengewölbten »Finger«-Zinnen zum ikonischen Aussehen des Turmes bei.

Das ebenfalls von Olbrich entworfene Ausstellungsgebäude, das der Architekt als Eisenbeton-Konstruktion auf das 1880 fertiggestellte Wasserreservoir setzte, stellt mit seinem hellen Putz und den horizontal ausgerichteten, kraftvollen Formen einen effektvollen Kontrast zur hochschießenden Eleganz des dunkelroten Klinkerturmes dar. Noch vor Ende der Ausstellung verstarb Joseph Maria Olbrich, und die vierte und letzte Ausstellung der Künstlerkolonie Mathildenhöhe fand 1914 ohne ihn statt, und auch ohne Behrens und andere, die sich inzwischen anderweitig etabliert hatten.

Im August 1914 begann der Erste Weltkrieg und damit endeten vorerst auch alle Bautätigkeiten auf der Mathildenhöhe. Nach 1945 lag die Kolonie auf der Mathildenhöhe künstlerisch quasi im Dornröschenschlaf, bis sie mit einer Retrospektive der Werke der Künstler 1976 wieder etwas wachgeküsst wurde.

Was blieb, war eine künstlerische Demonstration gestalterischer Möglichkeiten am Übergang vom floralen Jugendstil des ausgehenden 19. Jahrhunderts zur modernen, funktionalen Architektur des 20. Jahrhunderts. So direkt ist der Wandel sonst kaum irgendwo zu sehen. Das Ensemble als Gesamtes hat seinen bedeutenden Einfluss nicht nur auf die Kultur und Kunst des anbrechenden Jahrhunderts, sondern auch auf die Ausstellungskultur. Das auf der Darmstädter Mathildenhöhe entstandene Gesamtensemble kann man als Wegweiser in die beginnende Moderne betrachten.

ERB

Die gespeicherte Welt

HAMBURG: SPEICHERSTADT UND CHILEHAUS – WAHRZEICHEN DER HANSESTADT

Die politischen Entwicklungen am Ende des 19. Jahrhunderts und die Gründung des Deutschen Reiches 1871 hatten weitreichende Folgen für Wirtschaft und Handel. Ein Ergebnis davon ist die Hamburger Speicherstadt. Sie ist steingewordenes Zeugnis der Entwicklung und der Komplexität des weltweiten Handels um die Jahrhundertwende und das weltweit größte zusammenhängende Ensemble seiner Art. Passend dazu entstand mit dem Kontorhausviertel das erste reine Bürohausviertel, das Nachahmer in der ganzen Welt fand.

Ein gemeinsamer Feind bringt manche, vor allem kleinere Länder dazu, sich zu vereinen. Preußen, das sich seit den Expansionskriegen Friedrichs II. zu einer Großmacht in Europa entwickelt hatte, zog 1870 gegen Frankreich in den Krieg. Mit dabei waren viele der kleinen Staaten und Herzogtümer des Deutschen Bundes. Nach dem Sieg über die Franzosen wurde der Preuße Wilhelm I. in Versailles zum Kaiser des neu gegründeten Deutschen Reichs ausgerufen. Unter den vielen kleinen und großen Staaten, die jetzt das Deutsche Reich bildeten, war auch das weltoffene Hamburg, das mit seinem bedeutenden Hafen einen wichtigen Wirtschaftsfaktor darstellte.

Die Hansestadt genoss allerdings als eigenständiger Staat immer noch Zollfreiheit, die ihren Reichtum garantierte. Dieses Privileg schien nun gefährdet, denn Hamburg sollte dem 1833/34 gegründeten Deutschen Zollverein beitreten, der für die Schaffung eines deutschen Binnenmarktes und die Vereinheitlichung der wirtschaftlichen und steuerlichen Rahmenbedingungen zuständig war. Ein großes Problem der deutschen Kleinstaaterei waren die rund 1800 Zollgrenzen, an denen jeweils unterschiedliche Zolltarife erhoben wurden. Hamburg sollte in die Zollunion eingegliedert werden, fürchtete aber um das für die Stadt und ihre Kaufleute so wichtige Privileg. Die Lösung nach jahrelanger Verhandlung war ein eigenständiges Gebiet, ein Freihafen, in dem diese Zollfreiheit weiter Bestand haben sollte – die Speicherstadt.

Hier sollten Lagerhäuser entstehen, in denen sämtliche Waren wie Kaffee, Tee, Tabak und Gewürze gelagert, verarbeitet, veredelt und verkauft werden konnten, ohne dass Zölle anfielen. Die wurden erst fällig, wenn die Waren die Zollgrenze nach Hamburg überschritten. Ab 1883 begannen die Arbeiten auf den Elbeinseln Wandrahm und Kehrwieder. Das bedeutete jedoch zunächst die Zwangsumsiedlung von ca. 20 000 Bewohnern und Niederreißen von rund 1100 Häusern. Das führte zu dem Bonmot des damaligen Direktors der Hamburger Kunsthalle, Alfred Lichtwark, der von der »Freien und Abrissstadt Hamburg« sprach. Am 29. Oktober 1888 setzte Kaiser Wilhelm II. den letzten Stein des ersten Abschnitts der Speicherstadt. Nach seinem Großvater Wilhelm I., dem Gründer des Deutschen Reiches, wurde denn auch der Kaiserspeicher A benannt.

»ICH VERGESSE, DASS ICH MICH IN EUROPA BEFINDE.«

Das Kontorhausviertel entstand in der Folge der verheerenden Choleraepidemie des Jahres 1892, die sich in den durch Fäkalien und sonstigen Dreck verschmutzten und verseuchten Kanälen und Fleeten des ehemaligen Gängeviertels schnell ausbreitete. Eine Folge der Epidemie war die zunehmende Isolierung Hamburgs durch internationale Handelsgesellschaften, was wiederum die hanseatischen Kaufleute in Unruhe wegen der entgehenden Geschäfte versetzte. Man rief den Mikrobiologen Robert Koch (1843–1910) zu Hilfe, da-

DAS HAMBURGER CHILEHAUS mit seiner charakteristischen Spitze an der Ostseite und dem Kondor als Wappentier. **DER INNENHOF** des Chilehauses überbaut die Fischertwiete, die das Grundstück durchschneidet. ▽

CHILEHAUS A.
PORTAL A

CHILEHAUS · B ·

»Diese himmelsstrebende Senkrechte, grotesk fortgesetzt durch die vorspringende Ecke des obersten Balkons und des Dachs, wird städtebaulich ein Wahrzeichen Hamburgs werden.«

Hamburger Nachrichten, 1923

mals Direktor des Berliner Hygienischen Instituts, der entsetzt über die damaligen Wohnverhältnisse notierte: »Ich habe noch nie solche ungesunden Wohnungen, Pesthöhlen und Brutstätten für jeden Ansteckungskeim angetroffen wie in den sogenannten Gängevierteln, die man mir gezeigt hat, am Hafen, an der Steinstraße, an der Spitalerstraße oder an der Niedernstraße. [...] Ich vergesse, dass ich mich in Europa befinde.« Kein Wunder, denn hier wurde trotz der heftigen Verunreinigungen das Trinkwasser immer noch ungefiltert aus der Elbe entnommen. Diese Zustände mussten sich schleunigst ändern. Ab 1912 wurde die über die Jahrhunderte gewachsene, verwachsene, enge Bebauung abgerissen und es entstand das erste reine Bürohausviertel in Europa. Um den Burchardplatz, der das städtebauliche Zentrum bildet, gruppieren sich die riesigen Bürohäuser, die als Stahlbetonskelettbau mit Klinkerfassaden errichtet wurden. Das größte ist der Sprinkenhof. Er entstand von 1927–1943 und wurde von Hans und Oskar Gerson und Fritz Höger geplant und in mehreren Abschnitten gebaut.

Der architektonische Höhepunkt des Kontorhausviertels ist jedoch das 1922–1924 errichtete Chilehaus. Wie viele der Kontorhäuser, bekam auch dieses einen eigenen Namen. Er stammt von dem Bauherrn Henry Sloman einem hanseatischen Kaufmann, der u. a. in Chile, wo er auch 32 Jahre lebte, viel Geld mit Salpeter verdient hatte. Nachdem sein erstes Kontorhaus schon Slomanhaus hieß, wurde das neue als Reminiszenz an die Zeit in Chile entsprechend benannt. Das Haus steht auf einem 5000 Quadratmeter großen, spitz zulaufenden Areal, das der Architekt Fritz Höger ideal und geradezu symbolhaft mit dem wie ein Schiffsbug aufragenden Baukörper ausgenutzt hat. Dabei gleicht keine Seite der anderen, der Schwung der Südseite wird noch durch den Schwung der Straße betont, die sich wiederum dem Gebäude anpasste und nicht umgekehrt. Dass das riesige Gebäude nicht zu klotzig wirkt, liegt auch an den fast fünf Millionen rotbraunen Ziegelsteinen, die einen eleganten Kontrast zu den 2500 weißsprossigen Fenstern bilden. International bekannt wurde das Haus vor allem durch eine eindrückliche Fotografie, die die Gebrüder Dransfeld anfertigten. Das Bild lässt den Bau von der spitzen Ostseite mit dem vom Weitwinkelobjektiv verzerrten Blick von unten aus wie einen steil aufragenden Schiffsbug erscheinen.

STRUKTURWANDEL DER STADT

Der Bau der Speicherstadt und des Kontorhausviertels hatte aber nicht nur Auswirkungen auf die Wirtschaft und den Handel in der Stadt Hamburg, sondern auch auf den Städtebau ganz allgemein. Waren die Kaufmannshäuser früher Kontor, Lagerhaus und Wohnung zugleich, wurden die Bereiche nun getrennt. Mit der Speicherstadt entstand der weltweit größte zusammenhängende Lagerhauskomplex und mit dem Kontorhausviertel das erste reine Bürohausareal auf dem europäischen Kontinent. Die Häuser waren optimiert für die Vermietung von Büroflächen. Es begann die Umwandlung der gemischt genutzten Innenstädte zu reinen Büro- und Geschäftsvierteln mit sehr geringem Wohnanteil. Heute ändert sich das wieder und die Citys gelten als attraktive Wohnviertel. Allerdings mit dem Unterschied zu früher, dass sich die gemischt-gesellschaftliche Struktur zugunsten der Gut- und Besserverdienenden, auf die sich die Investoren konzentrieren, auflöst. Man kann also sagen, dass mit dem Bau der Speicherstadt und dem Kontorhausviertel ein nachhaltiger Strukturwandel nach den Bedürfnissen der Wirtschaft und des Handels eingeläutet wurde.

TREPPENAUFGANG im Kontorhaus Sprinkenhof **DAS WASSERSCHLOSS** am Ende des Holländischen Brooks in der Speicherstadt. Im Hintergrund ist die Elbphilharmonie zu erkennen, die sich nicht mehr auf dem Areal des Weltkulturerbes befindet. ▽

Im Reich von Stahl und Rost

VÖLKLINGER HÜTTE – EIN EINZIGARTIGES INDUSTRIEDENKMAL

Das Saarland wechselte im Laufe der Geschichte mal zum Deutschen Reich, mal zu Frankreich und wurde zum Spielball der politischen Entwicklungen im 20. Jahrhundert. In seinem wirtschaftlichen Zentrum steht in Völklingen das Stahlhüttenwerk, das Maßstäbe setzte in der Eisenverarbeitung und das diese Stadt einst zu einer der reichsten, aber auch zu einer der schmutzigsten Deutschlands machte.

In der Völklinger Hütte, die, so wie sie heute steht, das Erscheinungsbild von 1935 wiedergibt, kann man auf einzigartige Weise alle Phasen der Roheisenproduktion, der Kohle- und Erzaufbereitung genauso nachverfolgen wie die weiteren Produktionsabläufe, der Weiterverarbeitung der Abfallprodukte wie Teer, Schwefel, Ammoniak und Gas. In keiner historischen Anlage sind die Produktionsstätten so komplett erhalten wie hier.

Gegründet 1873, musste das Stahlwerk schon 1879 wegen Unrentabilität wieder geschlossen werden. 1881 kaufte Carl Röchling das marode Werk und erwarb gleich dazu Erzfelder im lothringischen Algringen (heute frz. Algrange), das damals noch zum Deutschen Reich gehörte. Röchling, dem frankophilen Industriellen, gelang es, aus der kleinen Firma eines der ertragsstärksten Industrieunternehmen in ganz Europa, die Röchling'sche Eisen- und Stahlwerke AG, zu formen. 1883 ging der erste von insgesamt sechs Hochöfen in Betrieb und schon sieben Jahre später war die Firma der größte Hersteller von Eisenträgern in Deutschland. Und die Entwicklung ging beeindruckend weiter: Über 100 Koksöfen und eine Gasgebläsemaschine zum Anheizen der Öfen waren die nächsten wegweisenden Schritte. Der Wasserturm, die erste Eisenbetonkonstruktion dieser Größe, der heute noch wie ein Zeigefinger aus der Anlage ragt, wurde 1918 fertig. Da war der Erste Weltkrieg gerade vorüber, der dem Werk zu einem immensen Aufschwung verholfen hatte. Eisen, Stahl, Kohle und Koks gehörten zu den wichtigsten Gütern der Kriegsmaschinerie. Sie brachten ein hervorragendes Geschäft, vor allem, wenn man bedenkt, dass allein während der Schlacht von Verdun 1916 auf jeden Hektar Grund 50 Tonnen Stahl in Form von Granaten einschlugen. Dazu kam eine Neuentwicklung, an der die Völklinger Hütte erfolgreich mitgearbeitet hatte, der Stahlhelm. Dafür wurde sogar die Kapazität der Öfen erhöht, sodass die Röchling'schen Werke schließlich 90 Prozent der deutschen Stahlhelme lieferten.

PROFITEUR DER AUFRÜSTUNG

Nach dem Krieg fiel das Saargebiet wieder an Deutschland und aus der erfolgreichen Zusammenarbeit mit dem Staat im Ersten Weltkrieg entwickelte sich unter Carl Röchlings Sohn Hermann eine ebenso lukrative Kooperation im Dritten Reich. Hermann Röchling, der vorbildliche Versicherungen sowie Bildungs- und andere Sozialeinrichtungen für seine Angestellten einführte, war ein Verehrer Adolf Hitlers und der nationalsozialistischen Ideen. So beteiligte sich die Völklinger Hütte ab 1936 maßgeblich an der Aufrüstung. Hilfreich dabei war bestimmt, dass Röchling im Rüstungsbeirat des Reichswehrministeriums saß und von Hermann Göring zum Wehrwirtschaftsführer ernannt wurde. 1940 wurde dann die gesamte Produktion auf kriegswichtige Erzeugnisse wie Granaten, Geschützrohre und Flugzeugteile ausgelegt. Wie schon im Ersten Weltkrieg, als Kriegsgefangene aus Russland und Frankreich in der Hütte arbeiten mussten, waren auch im Zweiten Weltkrieg insgesamt 12 000 Zwangs-

MODELL IM UNESCO-BESUCHERZENTRUM: Startet der Info-Film, werden die entsprechenden Teilaspekte der Völklinger Hütte mittels Beamer projiziert.

Als die Schlote noch rauchten, hätte niemand vermutet, dass die Völklinger Hütte einst als Welterbestätte als gleichrangig mit den ägyptischen Pyramiden oder dem Kölner Dom gelten würde.

arbeiter beschäftigt, von denen mehr als 250 ihr Leben ließen. Hermann Röchling, der nach dem Krieg untertauchte, wurde schließlich 1949 wegen Verbrechen gegen die Menschlichkeit zu zehn Jahren Haft verurteilt, von denen er nur zwei absitzen musste. Danach war es ihm allerdings verboten, je wieder das Saargebiet, das inzwischen wieder zu Frankreich gehörte, zu betreten. Erst 1959 trat das Saarland endgültig der Bundesrepublik Deutschland bei.

STAHL FÜR DEN WIEDERAUFBAU

Stahl wird nun für friedliche Zwecke benötigt, um die Schäden des Krieges zu beseitigen und das Land wieder aufzubauen. Das deutsche Wirtschaftswunder hatte einen riesigen Stahlhunger. Die Montanunion, ein Vorläufer der Europäischen Union, sicherte ab 1951 den Mitgliedsstaaten Frankreich, Italien, Luxemburg, Niederlande und Deutschland den zollfreien Zugang zu Kohle und Stahl. Die Produktion stieg weiter an; die Völklinger Hütte erreichte 1965 ihren wirtschaftlichen Höhepunkt und beschäftigte 17 000 Arbeiter – diesmal Freiwillige. Im Jahr 1974 wurden allein in Deutschland 53 Millionen Tonnen Stahl produziert. Doch mit dem Abflauen des Baubooms begann auch der Anfang vom Ende der Völklinger Hütte. Durch eine weltweite Überproduktion an Stahl fielen die Preise und immer mehr Stahlwerke mussten schließen, 1986 schließlich auch die Völklinger Hütte.

Doch nur wenige Werke stehen in vergleichbarem Maße für die Geschichte der Eisen- und Stahlindustrie, und so wurde bereits 1987 das Werk als Industriedenkmal unter Schutz gestellt und damit begonnen, Pläne für eine weitere Nutzung zu erstellen. Seit 1993 kann die Anlage besichtigt werden, und man kann sich von den enormen Ausmaßen und dem Sammelsurium an Hallen, Maschinen, Windanlagen und dem berühmten, zu seiner Erbauungszeit einzigartigen Schrägaufzug (1911) beeindrucken lassen: von den sechs Hochöfen, der 240 Meter langen Gichtbühne, von der in 30 Meter Höhe die Öfen befüllt wurden oder von den Winderhitzern in 45 Metern Höhe, von denen man einen einmaligen Panoramablick über das sechs Hektar große Areal hat. Dabei ist es mitunter erstaunlich, wie die Zeit einen Schleier über die Dinge legt und sie gleichsam romantisiert. Was früher noch ein Moloch aus Staub und Schmutz speienden Schloten war, wird mit den Jahren zu einer Kathedrale der Arbeit verklärt.

Heute finden hier Ausstellungen und zahlreiche andere kulturelle Veranstaltungen statt – in der ehemaligen Erzhalle (1901), auf deren 1500 Quadratmetern früher bis zu 12 000 Tonnen Eisenerz gelagert wurden, sowie in der mit 6000 Quadratmetern riesigen Gebläsehalle (1900). Inzwischen führen rund sieben Kilometer Besuchswege durch diese erste Industrieanlage, die 1994 als UNESCO-Weltkulturerbe ausgezeichnet wurde. Dabei sind die einzelnen Teile an sich nicht unbedingt schön zu nennen. Der Reiz resultiert aus der schieren Menge an Stahl, Eisen und Rost einerseits und andererseits aus der Faszination für die Kunst der Ingenieure, die ihrem »Arbeitsgerät« zu einer ganz eigenen Ästhetik verholfen haben.

DIE RIESIGEN TURBINEN im Maschinenraum gehörten zur modernsten Technik der Verhüttung (rechts oben). **DIE HOCHÖFEN**, in denen einst unter Extremtemperaturen aus Eisenerz Roheisen gewonnen wurde, sind seit über 20 Jahren kalt. Auf der Gichtbühne der Hochöfen kann man sich einen Überblick verschaffen (rechts unten).

Von Schuhleisten und Weltarchitektur

ALFELD: FAGUS-WERK – WEGWEISENDE INDUSTRIEKULTUR

Es ist vielleicht nur ein Zufall, aber ein durchaus bezeichnender, dass als einer der wegweisendsten Bauten der modernen Architektur des 20. Jahrhunderts keine Villa, kein Museum und keine Kirche gilt, sondern ein Fabrikgebäude. Aber es ist bestimmt kein Zufall gewesen, dass dabei die Qualität der Architektur so vorbildlich wurde, dass man sich das restliche Jahrhundert daran orientieren konnte.

Das Leine-Tal bei Alfeld war für sein üppiges Buchenvorkommen bekannt. Daher stammt der Name der Firma, die mit dem Werksgebäude von Walter Gropius (1883–1969) Architekturgeschichte geschrieben hat. Der Name Fagus-Werk leitet sich vom lateinischen Begriff für die Buche, *fagus sylvatica*, ab, aus deren Holz hier seit 1911 Schuhleisten hergestellt werden, mit denen der Betrieb groß geworden ist und die er, neben anderen Produkten, auch heute noch am selben Ort produziert.

Doch nicht die erstaunliche Kontinuität in der Herstellung dieser Güter zeichnet das Fagus-Werk aus, sondern die immer noch aktuell wirkende Architektur. Sie ist einerseits natürlich dem Architekten zu verdanken, andererseits aber auch dem Bauherrn Carl Benscheidt (1858–1947), der Mut und Weitblick bewies, als er den jungen, relativ unerfahrenen Walter Gropius trotz dessen abgebrochenen Studiums für diese Aufgabe engagierte. Wie Benscheidt müssten auch viele andere Auftraggeber in der Geschichte der Architektur lobend erwähnt werden, denn oftmals ist es gerade diesen Persönlichkeiten zu verdanken, dass unbekannte Architekten gegen viele Widerstände eine Möglichkeit erhielten, ihre Visionen umzusetzen.

Der Firmenchef, schon seit seiner Jugend mit lebensreformerischen Gedanken beschäftigt, wollte eigentlich Medizin studieren. Er arbeitete u. a. in einer Naturheilanstalt bei Triest und hat sich, bevor er groß in das Schuhleistengeschäft einstieg, in Boston bei seinen Teilhabern über die neuesten amerikanischen Produktionsanlagen informiert. Erst mit diesen Erkenntnissen ging er 1910 daran, sein eigenes Werk zusammen mit einem Architekten aus Hannover zu konzipieren. Dabei waren ihm zwei Dinge besonders wichtig: Das Gebäude sollte möglichst helle Arbeitsplätze bieten, um einerseits Strom für die Beleuchtung zu sparen und andererseits – ungewöhnlich genug in dieser Zeit – ein angenehmes Umfeld für die Angestellten zu schaffen. Von seinen eigenen Planungen war der Bauherr in dieser Hinsicht noch nicht ganz überzeugt, als er das Bewerbungsschreiben des jungen Architekten Walter Gropius, der sich kürzlich selbstständig gemacht hatte, bekam.

Vielleicht gab nicht nur Gropius' überzeugendes Konzept für Benscheidt den Ausschlag, sondern auch zwei interessante und durchaus praktische Erwägungen: Gropius machte das Angebot, nur bezahlt werden zu müssen, wenn sein Entwurf tatsächlich realisiert würde. Und, aus Unternehmersicht auch nicht uninteressant, Gropius' Schwager war Landrat von Alfeld …

MEILENSTEIN DER MODERNE

Gropius, der in München und Berlin Architektur studiert hatte, bevor er das Studium 1908 abbrach, arbeitete von 1908 bis 1910 im Architekturbüro von Peter Behrens (1868 bis 1940), dem mit der AEG-Turbinenhalle in Berlin 1909 schon ein bedeutendes Werk der Industriearchitektur gelungen war. Gropius' Kollegen waren u. a. Ludwig Mies van der Rohe und Le Corbusier, die beide selbst zu wegweisenden Architekten wurden, so wie Alfred Meyer (1881–1929),

DAS FAGUS-WERK ist ein Meilenstein der Moderne. Dabei sind Form und Schönheit nicht Selbstzweck, sondern definieren die Architektur auf der Basis von Zweck und Funktion.

Fagus
KARL

„Der Arbeit müssen Paläste errichtet werden,
die dem Fabrikarbeiter, dem Sklaven der modernen
Industriearbeit, nicht nur Licht, Luft und
Reinlichkeit geben, sondern ihn noch etwas spüren
lassen von der Würde der gemeinsamen
großen Idee, die das Ganze treibt."
Walter Gropius, 1911

»Ein Ding ist bestimmt durch sein Wesen. Um es so zu gestalten, dass es richtig funktioniert – ein Gefäß, ein Stuhl, ein Haus –, muss sein Wesen zuerst erforscht werden; denn es soll seinem Zweck vollendet dienen, d.h. seine Funktion praktisch erfüllen, haltbar, billig und ›schön‹ sein.«

Walter Gropius

der mit Gropius ein Architekturbüro gründen und das Fagus-Werk bauen sollte. Man kann fast sagen, Behrens' Büro war eine Wiege der modernen Architektur, wenn man bedenkt, welch enormen Einfluss seine ehemaligen Angestellten in der Folgezeit nahmen.

So auch Walter Gropius, der seine Ideen zur Gestaltung zunächst an der schon begonnenen und durch Fundamente festgelegten Planung von Benscheidt orientieren musste. Gropius definierte seine Architektur auf der Grundlage von Zweck und Funktion. Was dabei entstand, ist ein Urbau der Moderne, ein Meilenstein, der, auch ganz im Sinne seines Bauherrn, Form und Schönheit nicht als Selbstzweck, sondern als wichtige Funktion im Arbeitsprozess und im gesamten sozialen Bereich ansah.

SCHWEBENDE LEICHTIGKEIT

Gropius löste sich mit dem Fagus-Werk vom traditionellen Verhältnis von Mauer und Fenster. Die Außenwände sind bis auf die schmalen Ziegelpfeiler, die eine leichte Innenneigung aufweisen, zugunsten der Fenster fast verschwunden, was entfernt an die diaphane Wandstruktur der Gotik denken lässt. Es entstand ein dreistöckiger Skelettbau mit geschossübergreifender verglaster Vorhangfassade, die sogar über die Ecken reicht, die dadurch stützenlos frei schwebend wirken – ein für die damalige Zeit spektakuläres Novum. Der gemauerte Eingangsrisalit und die leicht vorkragende Kante des Flachdachs erscheinen wie Reminiszenzen an eine mit diesem Bau überwundene Tradition. Im Ganzen ist die Wirkung der Konstruktion aus Stahl und Glas vor allem auch durch die stützenlos schwebenden Ecken von einer damals ungeahnten Leichtigkeit. Interessant dabei ist auch, dass sich hinter der Glasfassade, die eher auf eine große Werkshalle schließen lässt, die unterschiedlichsten Räume wie Büros, Sanitärräume, das frei schwebende Treppenhaus und ein Arbeitssaal befinden.

Neben der äußeren Gestaltung kümmerte sich Gropius auch um die Innenarchitektur und entwarf viele Details, bis hin zu den Türklinken. Seine Lederbügeleisen haben Eingang gefunden in die berühmte Fotoserie von 1928 »Die Welt ist schön« von Albert Renger-Patzsch (1897–1966), der im selben Jahr auch das Fagus-Werk fotografierte. Die weiteren Bauten der Werksanlagen, die Gropius und Meyer in den kommenden Jahren planten und errichteten, beziehen sich durch entsprechende Sprossenverteilungen und horizontale Mauerfugen nur sehr locker auf das Hauptgebäude.

Für Carl Benscheidt spielte die äußere Erscheinung seiner Firma eine wichtige Rolle, denn für den Unternehmer war die Fassade wie eine Visitenkarte. Und dem damals erst 28-jährigem Gropius gelang mit seinem ersten Hauptwerk nicht nur ein innovativer, sondern ein revolutionärer Entwurf, der zeitlos modern ist. Wenn man sich Gebrauchsgegenstände, beispielsweise Automobile jener Zeit vor Augen führt, muss man diese Modernität noch mehr schätzen. Gropius baute hier schon im Stil des Bauhaus, bevor er dieses 1919 in Weimar gründete. Es ist also Bauhaus vor Bauhaus. Paradoxerweise wurde das Fagus-Werk im Dritten Reich zu einem Musterbetrieb erhoben, während dessen Schöpfer 1934 nach England und 1937 in die USA emigrierte und das Bauhaus von den Nationalsozialisten als »Kirche des Marxismus« geschlossen wurde.

DIE INSCHRIFT im Besucherzentrum im Fagus-Werk zeugt von der Modernität des Architekten schon zu Kaisers Zeiten.

»Dit is doch keen Weltkulturerbe!«

BERLIN: SIEDLUNG DER MODERNE – BESSER WOHNEN

Diesen Ausruf hört man häufig von Berlinern, wenn man von den sechs Siedlungen Falkenberg (Treptow), Schillerpark (Wedding), Hufeisensiedlung (Neukölln), Wohnstadt Carl Legien (Prenzlauer Berg), Weißer Stadt (Reinickendorf) und Siemensstadt (Charlottenburg) spricht, die diesen Titel zusammen tragen. Denn es scheint auf den ersten Blick nichts Besonderes an diesen Wohnhäusern und Siedlungen zu sein.

Keine besonders extravagante Architektur, keine außergewöhnliche Technik – tatsächlich liegt die Bedeutung dieser unterschiedlichen Siedlungen weniger in ihrer Architektur als in ihrem Einfluss auf den Städtebau. Und um diese Bedeutung richtig einordnen zu können, muss man sich die Verhältnisse in Berlin am Beginn des 20. Jahrhunderts vergegenwärtigen. 1871 wurde Berlin zur Hauptstadt des Deutschen Reiches und hatte zu diesem Zeitpunkt 825 000 Einwohner.

Keine 25 Jahre später hatte sich die Einwohnerzahl mit 1,7 Millionen schon mehr als verdoppelt. Als sich schließlich 1920 durch die Eingemeindungen von acht Städten, 59 Landgemeinden und 27 Gutsbezirken die Einheitsgemeinde Groß-Berlin bildete, wuchs die Zahl auf 3,9 Millionen Einwohner. Berlin wurde zur flächenmäßig zweitgrößten Stadt der Welt (nach Los Angeles) und zur bevölkerungsreichsten nach London und New York. Dass es bei solchen Steigerungsquoten Probleme mit dem Wohnraum gab, scheint nur natürlich. Es entstanden die berühmten Berliner Mietskasernen mit ihren dunklen und grauen Hinterhöfen. Bauspekulationen und entsprechende »Investorenarchitektur« schufen die dringend benötigten Unterkünfte. Allerdings herrschten unter derart beengten Verhältnissen oft ungesunde Lebensbedingungen vor, Tuberkulose und Rachitis, häufig auftretende Krankheiten bei enger Zusammenballung, breiteten sich aus.

Man suchte nach neuen Möglichkeiten der Wohnraumbeschaffung und gründete vermehrt Baugenossenschaften und sozial ausgerichtete Bauvereine für den Kampf gegen die Wohnungsnot. Zusätzlich wurde 1924 die Hauszinssteuer für bebaute Grundstücke zur Finanzierung neuer Bauvorhaben erhoben. Bis zu ihrer Abschaffung 1930 spülte diese Abgabe 750 Millionen Mark in die Stadtkasse Berlins. Möglich wurden derartige Projekte auch durch eine seltene Symbiose aus Architektur- und Kunstavantgarde mit der Politik, die es in der Weimarer Republik möglich erscheinen ließ, eine neue Sozialutopie umzusetzen.

GESUNDER WOHNRAUM

Aber nicht nur neue Rezepte der Finanzierung und Beschaffung wurden erprobt, sondern vor allem auch ein anderes Herangehen an die Architektur. Es sollten gesunde Wohnungen entstehen, in denen »Licht, Luft und Sonne« den Bewohnern bessere Wohnverhältnisse bescheren sollten. Als eine der ersten Siedlungen folgte 1913–1915 die Gartenstadt Falkenberg in Berlin-Treptow, die der Architekt Bruno Taut (1880–1938) plante, diesen Prinzipien. Zweistöckige Reihenhäuser entstanden, die mit jeweils einem Garten zur Selbstversorgung ausgestattet waren. Es ist eine erste Umsetzung der Idee der Vorstadtsiedlung. Eine schlichte, aber durchaus wegweisende Neuerung in Tauts Planung war die intensive Farbgebung der Häuser, die der Siedlung den Namen Tuschkastenkolonie einbrachte. Taut ging davon aus, dass Farben zum Wohlbefinden der Bewohner beitragen würden. Angedacht waren ursprünglich rund 1500 Wohneinheiten, wegen des Ersten Weltkriegs wurden

TYPISCHES HAUS IN DER GARTENSTADT FALKENBERG im Berliner Bezirk Treptow-Köpenick, die wegen der bunten Farben auch Tuschkastenkolonie genannt wird.

HÄUSERZEILE der Tuschkastenkolonie in Treptow-Köpenick: Zu jedem der Reihenhäuser gehört auch ein lang gestreckter Garten.

aber nur 34 und in einem zweiten Bauabschnitt 93 Häuser verwirklicht. Auch das trägt dazu bei, dass die Siedlung heute noch als ein kleines Idyll erscheint.

Nach dem Krieg wurde in der Weimarer Republik der sozialreformerische Gedanke wieder aufgenommen und sogar die Garantie, »jedem Deutschen eine gesunde Wohnung« zur Verfügung zu stellen, als Aufgabe der Öffentlichkeit in die Weimarer Verfassung geschrieben. Es entstanden weitere Siedlungen wie der Schillerpark im Wedding (1924–1930) und die berühmte Hufeisensiedlung in Berlin-Neukölln, die ihren Namen der hufeisenförmigen Gestaltung des zentralen Bauabschnitts verdankt. Auch diese beiden Quartiere wurden von Bruno Taut geplant, unter Mitwirkung des späteren Stadtbaurats Martin Wagner (1885 bis 1957).

Im Gegensatz zu Falkenberg waren es innerstädtische Projekte, die sehr viel mehr Wohnungen schufen. Anders als durch die kommunistische Revolution sollte der »Weg zum Glück« der sozialreformerischen Bewegung durch die stetige Verbesserung der Lebensumstände der Arbeiterklasse geebnet werden, die sich auch in den Wohnverhältnissen ausdrücken sollte. Im Schillerpark entstanden Stahlbetonkonstruktionen mit unverputzem Backstein, was für Berlin ein eher seltener Baustoff war. Die für Taut so wichtige Farbigkeit konzentriert sich hier in erster Linie auf die Details.

VORBILDER DES STÄDTEBAUS

Aber natürlich brauchte man schlicht Wohnraum, und so wurde der soziale Wohnungsbau beträchtlich vorangetrieben. Zwischen 1924 und 1931 entstanden in Berlin 140 000 neue Wohnungen. Mehr als 1000 davon in der schon erwähnten Hufeisensiedlung, die damit zur ersten Großsiedlung in Deutschland wurde. Die Hufeisenform der zentralen Anlage sollte die Gleichheit und die Gleichrangigkeit der Bewohner und die Abwesenheit einer sozialen Hierarchie ausdrücken. Innerhalb des Hufeisens wurde ein Park mit einem großen Pfuhl angelegt. Die Häuser selbst öffneten sich in kleine Gärten, deren Bepflanzung den Vorgaben des Gartenarchitekten Leberecht Migge (1881–1935) folgte. Die Mieter konnten unter diversen Apfel-, Birnen- und sonstigen Obstbäumen wählen. Die Vorgärten jeder Straße wur-

DIE SIEDLUNG SCHILLERPARK baute Bruno Taut im Englischen Viertel des Berliner Wedding. Die Verwendung dunkelroter Backsteine ist von dem niederländischen Architekten J. J. P. Oud inspiriert.

den mit jeweils einer eigenen Baumart bepflanzt. Die Grünanlagen wurden »Außenwohnraum« genannt und waren auch als solcher gedacht: zur Entspannung nach der Arbeit und zum allgemeinen Wohlbefinden der Bewohner. So entstand das Neue Bauen, das sich mit innovativen Ideen und moderner Technik daranmachte, neue Wohnungs- und Gebäudetypen zu gestalten und die Lebensumstände der Menschen zu verbessern.

GRÜNER WOHNEN

So sehr, wie sich die Welt veränderte zwischen dem Baubeginn der ersten Siedlung, die 1913 noch im Kaiserreich entstand, und der letzten, Siemensstadt, die ab 1929 gebaut wurde, hat sich auch die Architektur verändert. Hier sind u.a. Hans Scharoun (1893–1972), der später die Berliner Philharmonie bauen sollte und Walter Gropius (siehe S. 312 f.), der Begründer des Bauhauses, am Werk. Von Scharoun stammt die wegweisende städtebauliche Planung, die sich an die Nord-Süd-Ausrichtung der Straßen hält, um den Wohnungen mehr Licht zu geben und mit den aufgelockerten Bauteilen das Modell der »durchgrünten Stadt« weiterführt. Indem er alten Baumbestand einbezieht, gelingt es Scharoun trotz der urbanen Größe der Siedlung mit immerhin 1370 Wohnungen, den landschaftlichen Charakter des Umfelds zu bewahren. Während Scharoun versucht, jedem Gebäude möglichst einen eigenen Charakter zu verleihen und über den reinen Funktionalismus hinausgeht, herrscht bei Gropius ebendieser, die Rationalisierung und die Strenge der Form, vor. Sozusagen dazwischen stehen die Gebäude von Hugo Häring (1882–1958), die den Funktionalismus mit dem Formenreichtum der Organischen Architektur verbinden. Insofern sind die Siemensstadt und die weiteren ausgezeichneten Siedlungen in ihrer zeitlosen Modernität Wegweiser für die Nachkriegsarchitektur und den späteren Städtebau.

Die verbotene Stadt

ESSEN: ZECHE ZOLLVEREIN – SCHWARZES GOLD

Während in Amerika Mitte des 19. Jahrhunderts der Goldrausch losging und die Menschen nach kleineren und größeren Stücken des gelben Erzes suchten, begann in der ländlichen Gegend im Norden der Stadt Essen auch eine Art von Goldrausch. Nur war das Gold hier schwarz und tief in der Erde versteckt – Kohle. Mit der beginnenden Industrialisierung wurde Kohle zum Brennstoff für die neue Zeit und Stahl wurde ihr Baustoff. Die Zeit des »Energieträgers der Zukunft« begann und damit die Veränderung der Landschaft zu einem der produktivsten und wichtigsten Industriestandorte Deutschlands und Europas.

Ein Pionier auf dem Gebiet der Kohleförderung war Franz Haniel (1779–1868), der sich 1847 14 Kohlegrubenfelder im Norden Essens sicherte und zu einer Zeche zusammenfasste. Diese nannte er symbolbewusst und symbolträchtig »Zollverein« nach der 1833/34 von mehreren deutschen Kleinstaaten geschlossenen Freihandelszone Deutscher Zollverein. Dessen Ziel war die Wirtschaftsförderung des innerdeutschen Handels durch Zollabbau. Noch im gleichen Jahr begann Haniel mit den Abteufarbeiten, also dem Graben der Schächte zur Erschließung der kohleführenden Flöze. Vier Jahre später setzte die Steinkohleförderung ein: 256 Bergleute förderten 12 000 Tonnen Kohle im Jahr zutage. Ab 1857 kam noch eine Kokerei dazu, in der die Kohle zu dem begehrten und für die Stahlproduktion unentbehrlichen Koks veredelt wurde. Die Zeche expandierte rasch, 1890 waren es schon 2500 Bergleute, entsprechend wurden rund um das Zechenareal neue Siedlungen, die Zollverein-Kolonien errichtet. Inzwischen gab es vier Schachtanlagen, die von zehn Schächten bedient wurden.

Die Zeche bestimmte das Leben der Menschen und auch ihre Umwelt. Die Luft war vom Kohlestaub geschwängert, der sich überall absetzte – auch in den Lungen der Essener.

EIN FÖRDERTURM ALS SYMBOL EINER EPOCHE

In den 1920er-Jahren befand sich die Zeche nicht mehr im alleinigen Besitz der Familie Haniel, sondern war Teil der Vereinigten Stahlwerke AG. Und die sorgte sich in den Zeiten der aufziehenden Wirtschaftskrise um die Kosten der Zeche. So kam es zur Planung einer neuen, zentralen Schachtanlage, in der alle Förderleistungen zusammengefasst werden sollten. 1926 wurden damit die Architekten Fritz Schupp (1896–1974) und Martin Kremmer (1894–1945) beauftragt. Sie schufen mit dem Schacht XII eine Zentralförderanlage, die schon rein architektonisch ein Unikum war. Die Architekten verwendeten nur vier Materialien, Stahl, Beton, Ziegel und Glas, und entwarfen alles, vom kleinen Pförtnerhäuschen bis zur riesigen Kohlenwäsche, konsequent in dem vom Bauhaus geprägten Stil der Neuen Sachlichkeit.

Noch nie gab es eine solche Zeche, und Zollverein wurde zur »schönsten Zeche der Welt« erklärt. Es ist Ingenieurskunst im besten Sinne des Wortes. Zum Markenzeichen, ja, zum Symbol wurde der zentrale Doppelbock-Förderturm. 1932 lief die Kohleförderung mit der neuen Anlage an und stieg mit einem Schlag zur größten im Ruhrgebiet und zu einer der bedeutendsten in ganz Europa auf. Die 12 000 Tonnen Kohle, die man 80 Jahre zuvor jährlich gefördert hatte, wurden jetzt an einem Tag abgebaut und weiterverarbeitet. Der neue Schacht XII übernahm die gesamte Förderleistung, während die anderen Schächte nur mehr

AM 1. FEBRUAR 1932 begannen sich die Räder des wohl bekanntesten Doppelbock-Förderturms auf Schacht XII zu drehen. 1972 erreichte die Anlage mit rund 1000 Metern ihre endgültige Tiefe.

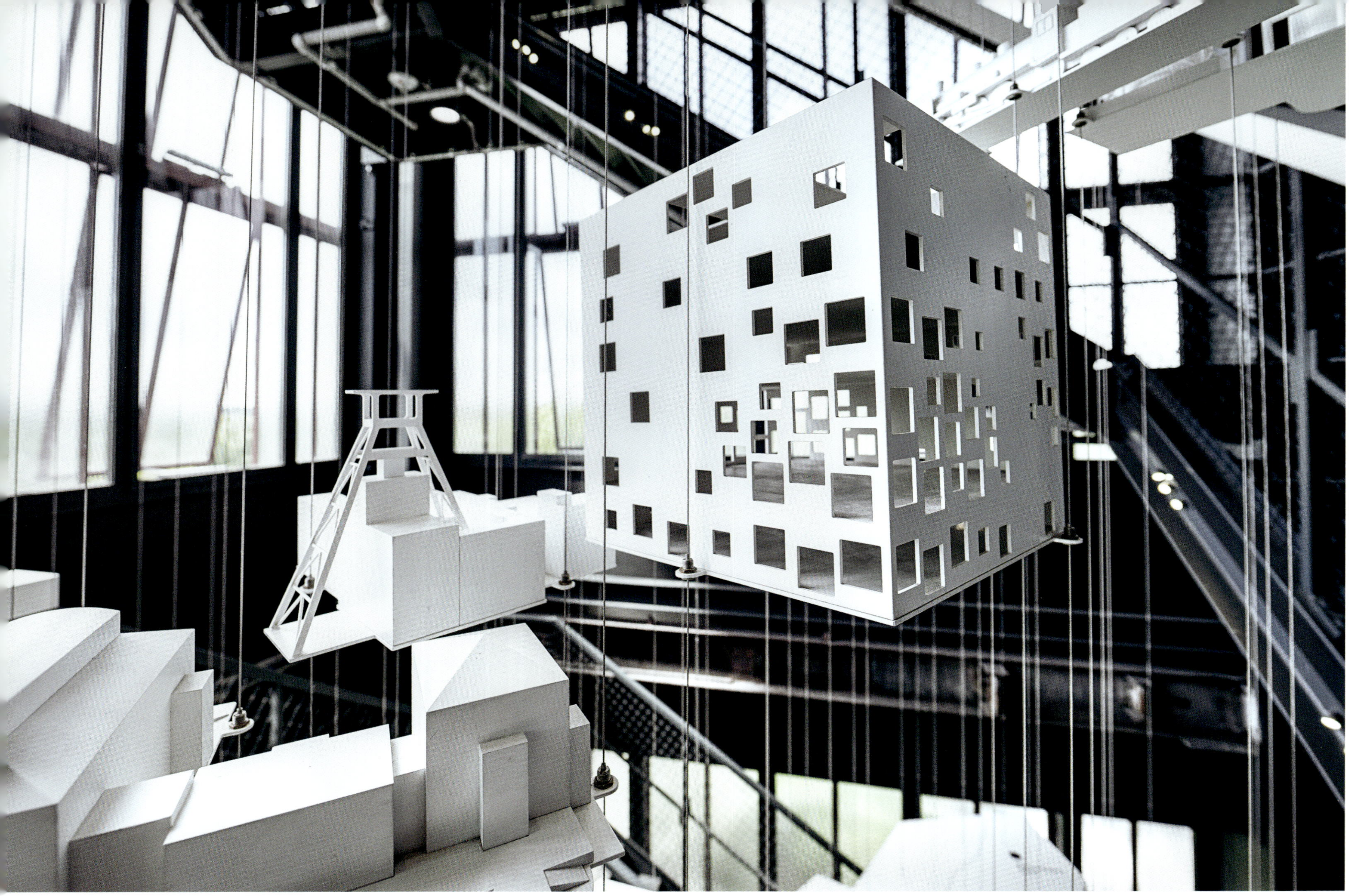

DAS SCHWEBENDE MODELL der Zeche Zollverein im Ruhr Museum; rechts im Bild das Modell des SANAA-Gebäudes (Folkwang Universität der Künste, Fachbereich Gestaltung)

zur Personenförderung, als Transport- und Wetterschächte genutzt oder ganz geschlossen wurden. Die Zeche Zollverein stellte die Krönung der Automatisierung und Rationalisierung des Kohleabbaus dar, und die Krone des 14 Quadratkilometer großen Grubengeländes war der zentrale Förderturm, den man von überall sehen konnte. Allerdings nur von außen, denn die Zeche war eine »Verbotene Stadt«. Niemand außer den Bergleuten hatte Zutritt, noch nicht einmal deren Frauen oder Kinder. So sahen auch nur wenige Menschen die Zwangsarbeiter, die während des Zweiten Weltkriegs hier geschunden wurden, um die im Krieg noch mal gesteigerte Förderleistung zu gewährleisten. Erstaunlicherweise blieb die Zeche Zollverein, obwohl sie extrem kriegswichtig war, von Bombentreffern verschont. Vielleicht war es Glück, vielleicht lag es aber auch an Beteiligungen US-amerikanischer Investoren an der Vereinigten Stahlwerke AG.

1957 wurde die Kokerei, die auf dem Gelände der ehemaligen Baracken der Zwangsarbeiter errichtet wurde, erweitert. Wieder zeichnete Fritz Schupp für die Architektur verantwortlich und schuf mit seiner fast einen Kilometer langen, mit 304 Öfen bestückten Kokerei einen neuen Rekord. Es wurde die größte Zentralkokerei Deutschlands. Auch hier stand die Rationalisierung im Vordergrund. Aus der täglich geförderten Steinkohle wurden hier 8600 Tonnen Koks generiert, das für den Wiederaufbau der neuen Bundesrepublik Deutschland und deren Wirtschaftswunder immens bedeutend war.

ENDE EINER ÄRA

Das Ende kam 1986:Die Zeche Zollverein musste schließen. Das »Auskohlen« der Schächte und der wirtschaftliche Druck der billigeren Kohleimporte wurden zu stark. Der 1974 eingeführte »Kohlepfennig« zur Subventionierung der einheimischen Kohle konnte den Niedergang nur verzögern, nicht aber aufhalten. Da fast das gesamte Ruhrgebiet mit Schächten und Stollen unterhöhlt war – man konnte von Duisburg bis Dortmund unterirdisch gelangen – wurde zunächst noch von anderen Zechen Kohle zur Förderung zu Schacht XII geschafft. Aber auch das endete am 23. Dezember 1986 – Schicht im Schacht. Warum das ausgerechnet einen Tag vor Weihnachten verkündet

DAS SANAA-GEBÄUDE, benannt nach dem Tokioter Architektenbüro SANAA, entstand 2006. Die *Frankfurter Allgemeine Zeitung* nannte es ein »schönes, aber unbrauchbares Stück Architektur«.

werden musste, bleibt wohl das Geheimnis der Anteilseigner. Sieben Jahre später erlosch schließlich auch die Kokerei und damit war das Ende des Bergbaus im Ruhrgebiet besiegelt.

In der Regel wurden geschlossene Zechen abgerissen und Bauland für Wohn- oder Industrieansiedlungen geschaffen. Nicht so bei der Zeche Zollverein. Zwar hatten die Betreiber schon den Abrissantrag gestellt, doch kurz vor der Schließung kam die Rettung: Die Zeche wurde unter Denkmalschutz gestellt und blieb erst mal sich selbst überlassen. Nun konnten auch diejenigen, die immer nur den berühmten Kran sahen, die »verbotene Stadt« mit ihren 280 Gebäuden auf einem Areal in der Größe von 200 Fußballfeldern erkunden. Vielen Besuchern öffnete das die Augen, wie und unter welchen Bedingungen die Menschen hier in den letzten Jahrzehnten malocht hatten. Gepaart war der Respekt für diejenigen, die das Rückgrat der deutschen Wirtschaft bildeten, mit der Bewunderung der technischen Meisterleistungen.

Gemäß dem Motto Willy Brandts, »Der Himmel über dem Ruhrgebiet muss wieder blau werden«, eroberte sich die Natur unter »botanischer Aufsicht« viele Flächen zurück. Schon zwei Jahre nach der Schließung begannen ehemalige Kumpel mit Führungen, in denen den Besuchern die Strukturen und die Arbeit des Kohlebergbaus erklärt wurden. Das Ziel war nun, die Zeche zu erhalten, einmal wegen der einzigartigen Architektur und zum anderen, um die Erinnerung an eine vergangene Industrieepoche zu bewahren. Das Stichwort lautete »Erhalt durch Umnutzung«. 2001 wurde die Zeche Zollverein zum UNESCO-Weltkulturerbe und ein Jahr darauf schuf der Architekt Rem Koolhaas einen Masterplan zur zukünftigen Nutzung. Was folgte, ist eine beispielslose Erfolgsgeschichte der Umwandlung einer Industrie- in eine Kunst- und Kulturlandschaft, die ihresgleichen sucht. Mit über 1,5 Millionen Besuchern ist die Zeche Zollverein einer der wichtigsten Tourismusmagneten des Ruhrgebiets.

ROT LEUCHTET die Rolltreppe zur 24-Meter-Ebene des Ruhr Museums (links oben).
INDUSTRIELLE AUSSTELLUNGSFLÄCHE im Ruhr Museum (links unten)
DAS RUHR MUSEUM wurde nach Plänen des niederländischen Architekten Rem Koolhaas in der Kohlenwäsche der ehemaligen Zeche 2008 eröffnet (oben).

WEISSENHOFMUSEUM
IM HAUS LE CORBUSIER
1

Die Avantgarde der Architektur

LE CORBUSIERS GEBÄUDE DER WEISSENHOFSIEDLUNG IN STUTTGART – MODERNES WOHNEN

Im Sommer 1927 fand in Stuttgart eine der bedeutendsten Architekturausstellungen des 20. Jahrhunderts statt, »Die Wohnung«. Unter der künstlerischen Leitung von Ludwig Mies van der Rohe (1886–1969) beteiligten sich insgesamt 17 damalige »Stararchitekten« wie Walter Gropius, Peter Behrens, Hans Scharoun, Bruno Taut und Le Corbusier. Dieser allerdings wäre, obwohl Schweizer Staatsbürger, beinahe abgelehnt worden, weil er in Paris lebte und damit so kurz nach dem Ersten Weltkrieg manchem Reaktionär noch verdächtig schien. Mies van der Rohe setzte seine Teilnahme schließlich aber doch durch.

Die Weissenhofsiedlung am Stuttgarter Killesberg sollte als begehbarer, lebendiger Teil der Ausstellung »Die Wohnung« zeigen, wie sich die Architektur-Avantgarde den modernen Wohnungsbau vorstellte – und zwar nicht nur in fantasievollen Plänen und Modellen, sondern benutz- und bewohnbar. Sie zeigte Möglichkeiten auf, wie man günstige Wohnungen mit neuen Materialien und innovativen Grundrissen schaffen konnte. Die Grundfrage dahinter war nur zum Teil eine Frage der Konstruktion von Häusern; es ging eigentlich darum, wie in der Zukunft gewohnt und gelebt werden sollte. Mies van der Rohe formulierte es folgendermaßen: »Rationalisierung und Typisierung sind nur Mittel und dürfen niemals Ziel sein. Das Problem der Neuen Wohnung ist im Grunde ein geistiges Problem und der Kampf um die Neue Wohnung ist nur ein Glied in dem großen Kampf um neue Lebensformen.«

In der extrem kurzen Zeit von 21 Wochen wurden 21 Häuser mit 63 Wohnungen gebaut, die diese Frage beantworten sollten. Mies van der Rohe machte seinen Kollegen nur wenige Vorgaben, darunter eine, die heutzutage erstaunlich wirkt, damals wohl aber nicht selbstverständlich war: Jede Wohnung sollte zentral beheizbar sein und jeweils über ein Bad und WC verfügen. Für die äußere Gestaltung war die Verwendung von Flachdächern die einzig bindende Vorgabe. Zusätzlich wurde auf die traditionellen, kompletten Zimmereinrichtungen wie Herrenzimmer oder Schlafzimmer zugunsten einzelner Möbel verzichtet, die man nach dem eigenen Geschmack zusammenstellte. Auch die Konstruktionen und Materialien waren neu: Skelettbau, Trockenbauweise, Leichtbeton.

HÄUSER ALS »MASCHINEN«

Wie bei allen fortschrittlichen Unternehmungen schieden sich auch bei der Weissenhofsiedlung die Geister. Für manche Kritiker bedeutete sie den »Niedergang der deutschen Baugesinnung« (eine absurde Befürchtung, da die meisten Architekten ohnehin Deutsche waren) und es galt, weitere derartige »weltbürgerliche Versuche« zu verhindern. Andere sahen in der Siedlung eine Art Offenbarung. Dazu gehörte auch der Journalist der Zeitung *Vorwärts*, der am 17. August 1927 begeistert schrieb: »Das Haus als Wohnmaschine, befreit vom Ballast sentimentaler Ornamente, ein lebendiges, atmendes Nutzwesen; schreckhaft noch anzuschauen für den Banausen und ewigen Spießbürger, der alles so haben will, wie es bei Großväterchen war.« Wie zeitlos modern die Häuser bis heute wirken, wird deutlich, wenn man sie mit den zeitgenössischen Autos auf Fotografien dieser Zeit vergleicht. Die Ausstellung war ein überwältigender Erfolg und zog in den drei Monaten ihrer Dauer 500 000 Besucher an den Killesberg.

Auch die Presse war begeistert: »Die neue Architektur hat hier ihre Entscheidungsschlacht geschlagen. Unendlich viel Neues ist hier gestaltet und gedacht, bis es diesen star-

DAS ZWEIGESCHOSSIGE HAUS an der Rathenaustraße war zunächst als Einfamilienhaus geplant, wurde aber schließlich mit zwei spiegelbildlich angeordneten Wohnungen mit 75 und 60 Quadratmetern ausgestattet.

FORMEN UND FARBEN lockern den strengen Charakter der Architektur auf. Funktionalität und schlichte Eleganz bilden eine Einheit.

ken und unvergesslichen Sinn, den des neuen Wohnstils, erhielt. Ein Stil, den die Industrie zuerst erprobte, das technische Bauen mit neuen künstlichen Materialien, deren Namen kein Mensch behalten kann, so phantastisch klingen sie«, schrieb der Berliner *Börsen-Courier* am 29. Juli 1927. Das Neue Bauen sollte Häuser schaffen, die nicht mehr Repräsentations-, sondern Gebrauchsobjekte waren. Ganz im Sinne Le Corbusiers: »Man muss sich nicht schämen, ein Haus zu bewohnen ohne spitzen Giebel, mit Wänden, die so glatt wie Blech, mit Fenstern, die den Fensterschlitzen einer Fabrik gleichen. Stolz hingegen kann man sein, wenn man ein Haus hat, das so praktisch ist wie eine Schreibmaschine.«

VORLÄUFER DER PLATTENARCHITEKTUR

Die Häuser Le Corbusiers in der Stuttgarter Weissenhofsiedlung sind zwei relativ frühe Beispiele aus dem vielfältigen Schaffen des Schweizer Architekten, der eigentlich Charles-Édouard Jeanneret-Gris (1887–1965) hieß. Der Titel Weltkulturerbe zeichnet allerdings nicht die ganze Siedlung aus, sondern tatsächlich nur diese beiden Häuser. Natürlich stehen sie mit der gesamten Siedlung in untrennbarem Zusammenhang und die anderen Häuser sowie die gesamte noch bestehende Anlage wäre dieser Auszeichnung durchaus würdig. Im Vordergrund stand für die UNESCO jedoch das Werk Le Corbusiers, das dieser auf der ganzen Welt hinterlassen hat. Mit den beiden Wohnhäusern in Stuttgart zählen dazu noch weitere 16 seiner Bauwerke, die alle einen nicht zu unterschätzenden Einfluss auf die Architektur hatten und haben.

Heute wirken manche Ideen Le Corbusiers wie die gut gemeinten Vorläufer einer letztlich inhumanen Plattenbauarchitektur und sind es in gewisser Weise ja auch. »Wir müssen ein Verständnis für die Serie schaffen, für den Bau von Serienhäusern, für das Wohnen in Serienhäusern, für das Konzept des Serienhauses«, so der Architekt. Den Fortschrittsglauben früherer Zeiten, der sich bei Le Corbusier in städtebaulichen Entwürfen mit riesigen Hochhausbrachen zeigte, haben längst andere Vorstellungen abgelöst. Wobei es auch Le Corbusier immer darum ging, den Menschen einen komfortablen, bezahlbaren und vor allem menschlichen Wohnraum zu schaffen. Was allerdings für

IN DEM MULTIFUNKTIONALEN Wohn- und Schlafraum lassen sich Möbel praktisch verstauen und die rote Tür kann als Raumteiler verwendet werden.

ihn abrisswürdig schien, ist heute beliebtes Kulturgut und oftmals fast unbezahlbarer Wohnraum. So sah beispielsweise der berühmte Plan Voisin, den Le Corbusier 1925 erdachte, vor, die Pariser Altstadt am rechten Seineufer abzureißen und die Bevölkerung in achtzehn 60 Stockwerke hohe, regelmäßig angeordnete Wohntürme umzusiedeln. Man kann froh sein, dass nicht alle Pläne und Utopien Le Corbusiers umgesetzt wurden, so interessant sie vielleicht auch mal gewirkt haben mögen.

Als 1933 die Nationalsozialisten an die Macht kamen, wurde die Kritik an der Weissenhofsiedlung lauter und schriller. Fünf Jahre später verkaufte die Stadt das gesamte Areal an das Deutsche Reich. Dem geplanten Abriss kam allerdings der Zweite Weltkrieg zuvor, und so wurden die Gebäude nur zweckentfremdet. Der Gebäudekomplex von Mies van der Rohe beherbergte ein Kinderkrankenhaus und andere dienten als Büros für die Wehrmacht. Unterhalb der Siedlung wurde eine Flakstellung platziert, weswegen auch die Siedlung nicht vom Bombenbeschuss verschont blieb; beide Häuser von Walter Gropius wurden zerstört. Im Krieg und in der Nachkriegszeit störte das aber wohl die wenigsten. Andere beschädigte Häuser wurden ebenso wie auch ein paar unbeschädigte abgerissen. Erst als 1956 der Abriss von Le Corbusiers Einfamilienhaus anstand, trat der Denkmalschutz auf den Plan – schon 1958 wurden alle übrigen Gebäude unter Denkmalschutz gestellt und später die beiden Le-Corbusier-Bauten von der Stadt Stuttgart wieder zurückgekauft. In dem einen befindet sich heute das Weissenhofmuseum.

»Ein Flugzeug ist
eine Maschine zum Fliegen;
ein Haus ist
eine Maschine zum Wohnen.«

Le Corbusier

»Weniger ist mehr« (Mies van der Rohe)

DIE BAUHAUSSTÄTTEN IN DESSAU, WEIMAR UND BERNAU – FORM UND FUNKTION

Bauhaus war eine Idee und ich glaube, dass die Ursache für den ungeheuren Einfluss, den das Bauhaus auf jede fortschrittliche Schule in der Welt gehabt hat, in der Tatsache zu suchen ist, dass es eine Idee war« – soweit der letzte Direktor des »originalen« Bauhauses, Ludwig Mies van der Rohe (1886–1969), der die Schule nach einem Umzug nach Berlin und der Privatisierung auf Druck der Nationalsozialisten 1933 schließen musste.

Gegründet wurde das Bauhaus 1919 in Weimar. Der Vorläufer war die Großherzogliche Sächsische Kunstgewerbeschule, die der bekannte belgische Künstler und Gestalter Henry van der Velde (1863–1957), Mitbegründer des Deutschen Werkbundes, 1908 ins Leben rief. Damit wollte man in Weimar an die Zeit des »klassischen Weimar« (siehe S. 262 f.) anknüpfen und die Stadt wieder zu einem Zentrum der Kunst machen. Van der Velde war einer der Protagonisten der Art nouveau bzw. des Jugendstils, der mit dem auf Traditionen aufbauenden Historismus brach. Die Aufwertung des Kunsthandwerks und damit die Verbindung von Kunst und Industrie zur Gestaltung der jeweiligen Produkte zählten zu van de Veldes Zielen – im Prinzip also das, was das Bauhaus später berühmt machen sollte. Aber auch dazu gab es Vorläufer, wie die Arts-and-Crafts-Bewegung in England. Während des Ersten Weltkrieges wurde der Belgier – nunmehr »feindlicher Ausländer« – als Schulleiter abgelöst und emigrierte in die Schweiz. Zuvor schlug er noch Walter Gropius als seinen Nachfolger vor. Unter Gropius wurden 1919 die Hochschule für Bildende Künste und die Kunstgewerbeschule zusammengelegt. Das neue Staatliche Bauhaus Weimar residierte in dem zwischen 1906 und 1909 von Henry van de Velde errichteten Schulbau. Doch Weimar und dessen reaktionäre Bürgerschaft standen den modernen, mitunter auch reformerischen Ideen des Bauhauses kritisch gegenüber, was 1925 schließlich zum Umzug in die sozialdemokratisch regierte Industriestadt Dessau führte. Hier entstand nun in konsequenter und umfassender Weise das, was man heute als Bauhaus kennt.

EINE »GOTISCHE BAUHÜTTE«

Symbolhaft steht dafür das neue Schul-, Atelier-, Werkstatt-, Büro- und Wohngebäude, das Walter Gropius auf der grünen Wiese 1925/26 plante und errichtete, ganz nach seinem Diktum: »Bauen heißt Ereignisse schaffen.« Und Gropius schuf ein Ereignis: In dem neuen Gebäude sind drei L-förmige Flügel miteinander verbunden, in denen sich, auch äußerlich erkennbar, die unterschiedlichen Schulbereiche befinden. Der prominenteste Trakt beherbergt die Werkstätten auf drei Ebenen hinter den eleganten, beeindruckenden Glasfassaden. Wie schon beim Fagus-Werk in Alfeld (siehe S. 312 f.) hat die Fassade keine tragende Funktion, sondern ist nur vorgehängt. Die Stützfunktion übernimmt ein Stahlgerüst im Inneren. Durch die fast komplette Verglasung fällt viel Licht an die Werkplätze. Über der Straße zieht sich der Verbindungstrakt zur angegliederten Berufsschule, deren Architektur deutlich schlichter gehalten ist. In dem Verbindungsbau befanden sich die Verwaltung und das Büro und Atelier Gropius'. Im höchsten Gebäudeteil mit fünf Stockwerken lagen die 28 Studentenunterkünfte, die an den Balkonen zu erkennen sind. Diese beförderten genauso wie das begehbare Flachdach die Kommunikation unter den Studenten. Dazu kommt noch der kollektive Trakt, der unterschiedlich nutzbar war, u. a. für Theateraufführungen. Dieses Bauhaus, in nur einem Jahr errichtet, galt als ein großer Erfolg und

DER FIGURENFRIES im Treppenhaus des Van-de-Velde-Baus der Bauhaus-Universität Weimar, den Oskar Schlemmer 1923 gestaltete.

DAS BÜRO des Bauhaus-Direktors Walter Gropius von 1924: Interessant ist der Kontrast zwischen dem zeitlosen Bauhaus-Design und dem heute altmodischen Telefon.

ging weltweit durch die Presse. Gropius ließ sogar Luftaufnahmen anfertigen, um seine grundlegenden Ideen besser zu veranschaulichen. Außerdem war er der Meinung, man müsse in Zeiten der Luftfahrt nun auch den Blick von oben im Bau berücksichtigen. Trotz allem hatte der moderne Bau auch seine Nachteile: Im Sommer wurde es hinter der Glasfassade oft zu heiß und die Fenster mussten abgehängt werden. Im Winter verhielt es sich umgekehrt, denn durch die Metallrahmen der Fenstergläser zog der kalte Wind. Dennoch avancierte der Werkstatttrakt zum Zentrum der künstlerischen Arbeit. Das Ziel war es, wie schon unter Henry van de Velde, Kunst und Handwerk miteinander zu versöhnen, indem die Studenten neben der künstlerischen auch eine handwerkliche Ausbildung genossen. Die Spannbreite reichte von Weberei, Tischlerei, Metallbearbeitung und Malerei bis zur Farbgestaltung, zu Theater und natürlich Architektur.

Gropius' Grundgedanke einer gotischen Bauhütte, in der alle Gewerke an einem gemeinsamen Ziel auf der Höhe der jeweils technischen Möglichkeiten arbeiten, fand in der Gestaltung des Alltäglichen seine praktische Anwendung. »In der Überzeugung, dass Haus und Mobiliar in einem ausgewogenen Verhältnis zueinander stehen sollten, sind wir im Bauhaus bestrebt, die Form eines jeden Gegenstandes nach seinen Funktionen und natürlichen Erfordernissen zu bestimmen. Auf der Grundlage einer systematischen, theoretischen und praktischen Forschung auf den Gebieten der Form, der Technik und der Ökonomie«, so fasste es Gropius zusammen. Ein weltbekanntes, ikonisches Beispiel dafür ist »Wassily«, der erste Stahlrohrstuhl der Welt, den Marcel Breuer 1922 schuf. Es ist im Grunde das ähnliche Prinzip, das der amerikanische Architekt Louis Sullivan schon 1896 formulierte: »form follows function.«

VERFEMT UND WELTWEIT VERBREITET

Gropius sorgte auch für die entsprechenden Lehrer, die hier »Meister« hießen, und engagierte Künstler wie Lyonel Feininger, Paul Klee, Wassily Kandinsky, László Moholy-Nagy oder Oskar Schlemmer – alle Koryphäen auf ihrem Gebiet. Für sie schuf Gropius die sogenannten Meisterhäuser, die etwas entfernt von der Schule in einem nahe gelegenen Kiefernwald lagen. Allerdings fand die strenge Architektur

OSKAR SCHLEMMER wohnte in diesem Meisterhaus mit seiner Gattin und den drei Kindern bis 1929.

Gropius' nicht bei jedem Künstler Gefallen. So mochte Kandinsky einerseits nicht, dass alle durch das große Fenster in sein Atelier schauen konnten, und ließ es weiß streichen. Andererseits war ihm das klösterliche Weiß der Architektur insgesamt zu viel, und er ließ sein Haus mit 170 verschiedenen Farben neu gestalten.

Im Jahr 1928 übernahm der Schweizer Architekt Hannes Meyer (1889–1954) die Leitung des Bauhauses, nachdem er von Walter Gropius ein Jahr zuvor als Meisterarchitekt ans Bauhaus berufen worden war. Für ihn ging die Ausrichtung der Schule in eine falsche Richtung. Meyer setzte dem Trend zur exklusiveren Architektur sein entschiedenes »Volksbedarf statt Luxusbedarf« entgegen. Entsprechend baute Meyer die Laubenganghäuser in Dessau mit günstigen »Volkswohnungen«. In Bernau bei Berlin entstand unter seiner Leitung von 1928 bis 1930 die Bundesschule des Allgemeinen Deutschen Gewerkschaftsbundes (ADGB).

Mit dem Aufkommen des Nationalsozialismus geriet das Bauhaus unter Druck, denn es wurde als »dekadent, bolschewistisch und kosmopolitisch verketzert« angesehen. Das Schulgebäude in Dessau selbst war den Nationalsozialisten ein Dorn im Auge, allein schon wegen der Flachdächer – sie galten als antideutsche Provokation und sollten tatsächlich übergiebelt werden. 1933 wurde die Bauhaus-Schule schließlich geschlossen. Die Professoren und Schüler verstreuten sich über die ganze Welt und verbreiteten damit auch die Ideen des Bauhauses, wie beispielsweise Moholy-Nagy, der 1937 in Chicago das New Bauhaus gründete, dessen Campus Mies van der Rohe entwarf.

Es ist die Idee der modernen, schnörkellosen, mitunter strengen Architektur und des Industriedesigns, die sich mit dem so einfachen wie komplexen Satz von Mies van der Rohe vom »Weniger ist mehr« zusammenfassen lassen. Die Gefahr dabei war und ist allerdings, im Formalismus stecken zu bleiben, wenn keine neuen Impulse Veränderungen bringen. Ein anderes, größeres Problem gerade der Bauhaus-Architektur liegt in ihrer scheinbaren Schlichtheit. Denn gerade die hat bei weniger begabten Epigonen oft genug zu architektonischer Banalität und Langweile geführt, die wir aus unseren heutigen Städten leider zur Genüge kennen.

UNESCO-Welterbestätten in Deutschland

1978
DOM ZU AACHEN S. 81

Als »Wunder der Baukunst« galt die Pfalzkapelle Karls des Großen den Zeitgenossen. Für spätere Generationen bildete der ab 790 errichtete Dom eines der »großen Vorbilder religiöser Architektur«.

1981
DOM ZU SPEYER S. 114

Das Hauptwerk der romanischen Architektur in Deutschland beeinflusste Nachfolgebauten durch seine harmonische Ausgewogenheit. Zudem ist der 1106 vollendete Dom ein Beispiel gelungener Denkmalpflege.

1981
WÜRZBURGER RESIDENZ UND HOFGARTEN S. 217

Architekten vieler Länder schufen unter der Federführung Balthasar Neumanns diese »Synthese des europäischen Barocks«. Der Fürstenhof und seine prachtvollen Gärten entstanden zwischen 1740 und 1780.

1983
WALLFAHRTSKIRCHE »DIE WIES« S. 232

Dominikus Zimmermann schuf mit der Wieskirche eines der »vollendetsten Kunstwerke des bayerischen Rokoko«. Die malerische Lage zu Füßen der Allgäuer Alpen trägt zum Ruhm der Wallfahrtskirche bei.

1984
SCHLÖSSER AUGUSTUSBURG UND FALKENLUST IN BRÜHL S. 222

In den Schlössern und ihren Gärten im rheinischen Brühl triumphiert das Ornament. Die »ersten bedeutenden Schöpfungen des Rokokostils in Deutschland« entstanden ab 1725.

1985
DOM UND ST. MICHAEL ZU HILDESHEIM S. 107

Als »Inbilder religiöser Kunst im Heiligen Römischen Reich« bilden St. Michael (1010 bis 1020) und der Dom St. Mariae Himmelfahrt (ab 1046) Schlüsselwerke mittelalterlicher Kunst.

1986
RÖMISCHE BAUDENKMÄLER, DOM ST. PETER UND LIEBFRAUENKIRCHE IN TRIER S. 49

Über 400 Jahre errichteten die Römer in Deutschlands ältester Stadt Thermen, Theater und Tore wie die mächtige Porta Nigra. Triers christliche Architektur fußt auf dieser antiken Tradition.

1987
HANSESTADT LÜBECK S. 144

Um 1142 gegründet, konnte Lübeck seinen historischen Kern bis heute bewahren. Kaufleute- und Handwerkerviertel, »Gangbuden« und »Gänge« geben Auskunft über die Stadt- und Lebenskultur im Mittelalter.

1990
SCHLÖSSER UND PARKS VON POTSDAM UND BERLIN S. 238

Ein preußisches Versailles schwebte Friedrich II. für das Schloss und den Park von Sanssouci vor. Mehrere Gebäude und Gärten in Berlin und über 150 Anlagen in Potsdam komplettieren das Welterbe.

1991
KLOSTER LORSCH S. 69

Noch aus der Karolingerzeit stammt die Torhalle der Abtei Lorsch. Sie war eines der größten Klöster des Frankenreichs und gehört zu den »bedeutendsten Relikten vorromanischer Baukunst in Deutschland«.

1992
BERGWERK RAMMELSBERG, ALTSTADT VON GOSLAR UND OBERHARZER WASSERWIRTSCHAFT S. 190

Das Erzbergwerk Rammelsberg dokumentiert 1000 Jahre Bergbau und hält viele historische Rekorde. Mit zum Erbe zählen die schöne Altstadt von Goslar und die Teich- und Grabensysteme der Zisterzienser.

1993
ALTSTADT VON BAMBERG S. 124

Die Architektur von acht Jahrhunderten prägt die Altstadt von Bamberg, in der über 1000 Gebäude unter Schutz stehen – darunter Dom, Regnitz-Rathaus und die Fischersiedlung »Klein Venedig«.

1993
KLOSTER MAULBRONN S. 151

Die »am vollständigsten erhaltene Klosteranlage des Mittelalters nördlich der Alpen« gibt Aufschluss über das Leben und Arbeiten der Zisterzienser vom 12. bis 16. Jahrhundert.

1994
STIFTSKIRCHE, SCHLOSS UND ALTSTADT VON QUEDLINBURG S. 98

Der kleine Ort im Harz ist eines der größten Flächendenkmäler Deutschlands mit 1300 Fachwerkhäusern aus sechs Jahrhunderten und der Stiftskirche St. Servatii, einem »Meisterwerk der Romanik«.

1994
VÖLKLINGER HÜTTE S. 309

Aufgrund der Authentizität ihrer technischen Einrichtungen gebührt der Eisenhütte im saarländischen Völklingen ein Rang als »einzigartiges Denkmal der Industriegeschichte«.

1995
GRUBE MESSEL S. 19

Ein Fenster in die Vorgeschichte menschlichen Lebens öffnet die Fossilienlagerstätte in der Nähe von Darmstadt. Mehr als 10 000 Funde erlauben Rückschlüsse auf 49 Millionen Jahre Evolution.

1996
KÖLNER DOM S. 158

Das Glanzlicht gotischer Architektur folgte in über 600 Jahren Bauzeit den originalen Plänen. Hinter der größten Doppelturmfassade der Welt wird der kostbare Schrein der Heiligen Drei Könige bewahrt.

1996
DAS BAUHAUS UND SEINE STÄTTEN IN WEIMAR, DESSAU UND BERNAU (2017) S. 330

Zwischen 1919 und 1933 setzten die Bauhaus-Architekten »revolutionäre Ideen der Baugestaltung und Stadtplanung« um. Von Weimar und Dessau aus trat die architektonische Moderne ihren Siegeszug an.

1996
LUTHERGEDENKSTÄTTEN IN EISLEBEN UND WITTENBERG S. 198

Als »authentische Schauplätze der Reformation« repräsentieren die Luther-Städte Eisleben und Wittenberg mit Lutherhalle, Stadt- und Schlosskirche einen »bedeutsamen Abschnitt« europäischer Geschichte.

1998
KLASSISCHES WEIMAR S. 262

Einerseits als Geisteszentrum des 18. und 19. Jahrhunderts, andererseits als Ort von kunsthistorischer Bedeutung übte das klassische Weimar »progressiven Einfluss auf die Weltkultur« aus.

1999
WARTBURG S. 132

Sängerkrieg, Bibelübersetzung und Burschenfest markieren historische Daten in der um 1080 erstmals erwähnten Burg, einem »hervorragenden Denkmal der feudalen Epoche in Mitteleuropa«.

1999
MUSEUMSINSEL BERLIN S. 285

Die fünf Museumsbauten stehen wegweisend für die »Entwicklung modernen Museums-Designs« und bergen in Pergamon- und Bode-Museum, Nationalgalerie sowie Altem und Neuem Museum einzigartige Schätze.

2000
GARTENREICH DESSAU-WÖRLITZ S. 256

»Philosophische Prinzipien der Aufklärung« inspirieren die Landschaftsgestaltung – auf diese Kurzformel lässt sich das Gesamtkunstwerk aus Park, Schlössern, Tempeln, Kunst und Wasserflächen bringen.

2000
KLOSTERINSEL REICHENAU S. 72

Das Benediktinerkloster im Untersee wirkte als »künstlerisches Zentrum«, dessen Produktivität die drei romanischen Kirchen, die wertvollen Handschriften und viele Ideen zum Gartenbau widerspiegeln.

2001
INDUSTRIEKOMPLEX ZECHE ZOLLVEREIN IN ESSEN S. 321

Die Architektur der ehemals größten Steinkohleförderanlage der Welt prägte den modernen Industriebau und steht als »repräsentatives Beispiel für die Entwicklung der Schwerindustrie«.

2002
ALTSTÄDTE VON STRALSUND UND WISMAR S. 176

Als steinerne Zeugen mit nahezu unverändertem mittelalterlichen Grundriss veranschaulichen beide Städte die »politische Bedeutung und den außerordentlichen Reichtum« der Hanse.

2002
OBERES MITTELRHEINTAL S. 251

Zwischen Bingen und Koblenz entfaltet sich auf 65 Kilometern eine »Kulturlandschaft von großer Vielfalt und Schönheit«, verehrt als Weinanbaugebiet, besungen von der Rhein-Romantik.

2004
RATHAUS UND ROLAND IN BREMEN S. 171

Das gotische Rathaus, restauriert im Stil der Weser-Renaissance, und die Roland-Statue von 1404 symbolisieren die hanseatische Freiheit und das Selbstbewusstsein der Bürgerschaft an der Weser.

2004
MUSKAUER PARK S. 270

Das 700 Hektar große Gartenkunstwerk, nach den Regeln der Naturmalerei von Hermann Fürst von Pückler-Muskau gestaltet, verbindet als grenzüberschreitendes Welterbe Polen und Deutschland.

2005
GRENZEN DES RÖMISCHEN REICHES: OBERGERMANISCH-RAETISCHER LIMES S. 56

Mit dem Limes schützten die Römer sich und ihre Kultur gegen die Überfälle der Germanen. Sie hinterließen das mit 550 Kilometern Länge größte Bodendenkmal Europas.

2006
ALTSTADT VON REGENSBURG MIT STADTAMHOF S. 139

Patrizierhäuser und die Steinerne Brücke, der Dom und die Geschlechtertürme zeichnen Regensburg aus, das als die am besten erhaltene mittelalterliche Großstadt Deutschlands gilt.

2008
SIEDLUNGEN DER BERLINER MODERNE S. 316

Einen »neuen Typus des sozialen Wohnungsbaus« begründeten die sechs zwischen 1913 und 1934 entstandenen Siedlungen und gaben damit eine zeitgemäße »Antwort auf die Wohnungsfrage«.

2009
WATTENMEER S. 28

Die »weltweit größte zusammenhängende Fläche aus Schlick- und Sandwatt« bietet vor und an den Küsten von Deutschland, Dänemark und Holland mehr als 15 000 Tier- und Pflanzenarten eine Heimat.

2011
BUCHENURWÄLDER DER KARPATEN, ALTE BUCHENWÄLDER DEUTSCHLANDS S. 23

Fünf deutsche Buchenurwälder, u.a. auf Rügen, ergänzen zehn Gebiete in der Slowakei und der Ukraine um die »wertvollsten verbliebenen Reste naturnaher Tiefland-Buchenwälder«.

2011
FAGUS-WERK IN ALFELD S. 312

Der junge Walter Gropius setzte mit dem Bau der Schuhleisten-Fabrik 1911 Maßstäbe für die moderne Industriearchitektur und schuf im niedersächsischen Alfeld ein »Manifest der Neuen Sachlichkeit«.

2011
PRÄHISTORISCHE PFAHLBAUTEN IM ALPENRAUM S. 40

Von insgesamt 111 anerkannten Pfahlbaufundstellen im Alpenraum liegen 18 Stätten in Baden-Württemberg und Bayern, darunter auch am Ufer des Bodensees. Die ältesten reichen bis ins Jahr 5000 v. Chr.

2012
MARKGRÄFLICHES OPERNHAUS BAYREUTH S. 229

Das »bedeutendste und besterhaltene Beispiel barocker Theaterkultur« entstand zwischen 1746 und 1750 für den Markgrafen Friedrich. Seine geschnitzte und gemalte Dekoration gilt als einzigartig.

2013
BERGPARK WILHELMSHÖHE S. 210

Im Kasseler Bergpark zeigt sich die Landschaftsarchitektur des europäischen Absolutismus auf dem Höhepunkt. Gartengestaltung, Kunst- und Technikgeschichte der Zeit sind »unverfälscht nachvollziehbar«.

2014
KAROLINGISCHES WESTWERK UND CIVITAS CORVEY S. 88

Seit 885 steht das Bruchstein-Westwerk der Basilika nahezu unverändert am ehemaligen Benediktinerkloster, das als »Civitas Corvey« ein geistiges und religiöses Zentrum des Frankenreichs bildete.

2015
HAMBURGER SPEICHERSTADT MIT KONTORHAUSVIERTEL UND CHILEHAUS S. 301

Das »rasante internationale Handelswachstum« von 1885 bis 1927 manifestiert sich in der »Stadt aus Speichern« mit Straßen, Brücken und Kanälen. Später entstand in diesem größten Hafenspeicherhauskomplex der Welt das erste Büroviertel Europas.

2016
DAS ARCHITEKTONISCHE WERK VON LE CORBUSIER EIN HERAUSRAGENDER BEITRAG ZUR MODERNE S. 327

Die beiden Häuser von Stuttgarts Weissenhofsiedlung sind Teil von 17 Ensembles in sieben Staaten, in denen sich Le Corbusiers »unermüdliche Suche« nach einer neuen Architektursprache ausdrückte.

2017
DIE EISZEITHÖHLEN AUF DER SCHWÄBISCHEN ALB S. 37

In jeweils drei Höhlen im Lone- und im Achtal haben Werke der »ältesten Eiszeitkunst« überdauert. Die dort gefundenen Skulpturen, wie die Venus oder ein Mini-Mammut, schufen Menschen vor 40 000 Jahren.

2018
ARCHÄOLOGISCHER GRENZKOMPLEX HAITHABU UND DANEWERK S. 63

Die Handelsstadt Haithabu und das Verteidigungssystem des Danewerks dokumentieren das Leben in der Wikingerzeit. Ab dem 9. Jahrhundert entwickelte sich Haithabu zum europäischen Handelszentrum zwischen dem Frankenreich und dem dänischen Königreich.

2018
NAUMBURGER DOM S. 121

Der Sakralbau markiert den Übergang von spätromanischer zur frühgotischen Baukunst. Die innovative Werkstatt des sogenannten Naumburger Meisters schuf mit dem Gebäude, den Glasmalereien und den 12 Stifterstatuen ein Meisterwerk hochmittelalterlicher Kunst.

2019
AUGSBURGER WASSERMANAGEMENT-SYSTEM S. 207

Auf das 13. Jahrhundert geht das Augsburger System aus Kanälen, Brunnen, Wasserwerken und Pumpsystemen zurück, dessen technische Innovationen bis heute nachwirken und die Wasserwirtschaft der schwäbischen Metropole prägen.

2019
MONTANREGION ERZGEBIRGE/ KRUŠNOHOŘÍ S. 187

Erste Silbererzvorkommen wurden 1168 in der Nähe von Freiberg entdeckt. Weitere Rohstoffe folgten und ab dem 15. Jahrhundert war die sächsisch-böhmische Region das Zentrum des europäischen Silbererzbergbaus. 22 Gebiete bilden die grenzüberschreitende Welterbestätte.

2021
DIE SCHUM-STÄDTE SPEYER, WORMS UND MAINZ S. 95

Im 10. und 11. Jahrhundert wurden die Rheinstädte zum kulturellen Zentrum des Judentums in der Diaspora. Bedeutende Rabbiner lehrten hier und viele ihrer Schriften sind heute noch aktuell.

2021
DIE KURSTÄDTE BADEN-BADEN, BAD EMS, BAD KISSINGEN S. 278

Als Teil der elf »Great Spas of Europe« aus sieben Ländern stehen diese Städte am Beginn des auf Gesundheit bedachten Tourismus. Neben der Gesundheit war die gesellschaftliche Komponente im 19. Jahrhundert für den Erfolg ausschlaggebend – sehen und gesehen werden.

2021
KÜNSTLERKOLONIE MATHILDENHÖHE IN DARMSTADT S. 296

Neues Wohnen, neues Bauen, neues Denken – die insgesamt 23 Künstler, die hier von 1899 bis 1914 arbeiteten, schufen die Grundlagen der modernen Architektur und des Designs.

Der Fotograf

Geboren wurde Günther Bayerl 1983 in Aalen, das 22 Jahre später ebenfalls Teil des deutschen UNESCO-Weltkulturerbes werden sollte. Als im Jahr 2006 die Altstadt von Regensburg zum Welterbe erhoben wurde, begann er in einer anderen Donaustadt (Ulm) sein Studium der »Digitalen Medien« und erweiterte dieses mit einer Spezialisierung der konzpetionellen Fotografie an der »School of Arts« in Tasmanien. Seit 2011 arbeitet er als selbstständiger Fotograf und ab 2015 reiste er kreuz und quer durch Deutschland, um die Welterbestätten gebührend ins rechte Licht zu setzen.

Der Autor

Florian Heine ist Fotograf, Kunsthistoriker, Autor und Herausgeber. Er hat mehrere Bücher über Kunst, Fotografie und Architektur für Erwachsene und Kinder geschrieben. Für die TV-Reihe »Das erste Mal – Wie Neues in die Kunst kam« (ZDF/3SAT), die auf einem seiner Bücher basiert, war er für das Drehbuch verantwortlich und stand als Kunstexperte vor der Kamera. Als Fotograf macht Florian Heine Ausstellungen und arbeitet in den Bereichen Kunst, Werbung und Industrie.

IMPRESSUM

Verantwortlich: Joachim Hellmuth, Dr. Birgit Kneip
Redaktion: Britta Mentzel, Birgit Günther, Dr. Juliane Braun
Korrektorat: Anke Höhne, Christiane Gsänger
Satz und Layout: VerlagsService Gaby Herbrecht
Umschlaggestaltung RD: Klaus Eitel
Repro: Ludwig:media
Herstellung: Bettina Schippel
Druck und Bindung: Livonia Print, Riga

Alle Angaben dieses Werkes wurden vom Autor sorgfältig recherchiert und auf den neuesten Stand gebracht sowie vom Verlag geprüft. Für die Richtigkeit der Angaben kann jedoch keine Haftung übernommen werden.
In diesem Buch wird aus Gründen der besseren Lesbarkeit das generische Maskulinum verwendet. Weibliche und anderweitige Geschlechteridentitäten werden dabei ausdrücklich mitgemeint, soweit es für die Aussage erforderlich ist.

Bildnachweis:
Umschlagvorder- und -rückseite: Bernwardstür im Dom zu Hildesheim
S. 1: Mammutfigur aus Mammutelfenbein, Kunst der Eiszeit
S. 2/3: Wattenmeer bei Wremen
S. 4/5: Buchenwälder im Hainich
S. 8: Löwenmensch, Kunst der Eiszeit
S. 10/11: Langhaus der Klosterkirche
S. 12/13: Marktplatz von Quedlinburg
S. 14/15: Neuer Garten des Marmorpalais, Potsdam
S. 16/17: im Alten Museum, Berliner Museumsinsel
S. 18/19: Völklinger Hütte
S. 24/25: Fossil eines Alligators, Grube Messel
S. 42/43: Rekonstruierter Tretkran im Limesmuseum Aalen
S. 74/75: Krypta im Dom zu Speyer
S. 172/173: Würzburger Residenz
S. 292/293: Essen, Zeche Zollverein
S. 328/329: Kursaalgebäude in Bad Ems an der Lahn

Alle Bilder stammen von Günther Bayerl bis auf
S. 165: © mauritius images/Christian Bäck

Abdruck mit freundlicher Genehmigung von:
Seite 1, 2: Kunst der Eiszeit, Ulmer Museum; 6/7: Staatliche Schlösser und Gärten Baden Württemberg; 8/9, 238-249: Stiftung Preußische Schlösser und Gärten Berlin-Brandenburg; 10/11, 284-293: Staatliche Museen zu Berlin – Preußischer Kulturbesitz; 15, 328/329: Freunde der Weissenhofsiedlung e.V., VG-Bildkunst; 16-18, 21 (unten): Senckenberg Forschungsinstitut; 34/35, 57-61: Limesmuseum Aalen; 36: Museum Blaubeuren; 41-48: Pfahlbaumuseum Unteruhldingen; 48, 50 (links): Generaldirektion Kulturelles Erbe Rheinland-Pfalz; 51: Evangelische Kirchengemeinde Trier; 52/53: Dominformation Trier; 54/55: Katholische Pfarrei Liebfrauen Trier; 66/67, 114-119: Domkapitel Speyer; 68-71: Verwaltung der Staatlichen Schlösser und Gärten Hessen; 74-79: Katholische Kirchengemeinde Reichenau; 80-87: Domkapitel Aachen, Presse- und Öffentlichkeitsarbeit; 89-93: Viktor Herzog von Ratibor, Schloss Corvey; 109, 112/113: St. Michaelisgemeinde Hildesheim; 134-137: Wartburg Stiftung; 159, 162-167: Metropolitankapitel der Hohen Domkirche Köln, Dombauarchiv; 168/169, 216, 220/221: Schloss- und Gartenverwaltung Würzburg; 174/175: Freie Hansestadt Bremen, Senatskanzlei; 180-182: Hansestadt Stralsund, Büro für Öffentlichkeitsarbeit; 183: Hansestadt Wismar, Amt für Welterbe, Tourismus und Kultur; 186: Ev.-Luth. Kirchgemeinde Annaberg-Buchholz; 194/195, 197: Weltkulturerbe Rammelsberg, Museum & Besucherbergwerk; 201/202: Stiftung Luthergedenkstätten in Sachsen-Anhalt; 211-215: Museumslandschaft Hessen Kassel, Bergpark Wilhelmshöhe; 222-227: Schlösser Augustusburg und Falkenlust; 230/231: Bayerische Verwaltung der staatlichen Schlösser, Gärten und Seen; 233-236: Staatliches Bauamt Weilheim; 257-261: Kulturstiftung Dessau Wörlitz; 263-269: Klassik Stiftung Weimar; 271-277: Stiftung Fürst-Pückler-Park Bad Muskau; 294/295, 324, 328/329: Stiftung Ruhr Museum; 305: Behörde für Kultur und Medien, Hamburg; 308-311: Weltkulturerbe Völklinger Hütte; 317-319: Fagus-GreCon Greten GmbH & Co. KG; 326: SANAA-Gebäude, Folkwang, Universität der Künste Klemensborn; 15, 330-333: Stiftung Bauhaus Dessau, VG-Bildkunst

Die Deutsche Nationalbibliothek verzeichnet diese Publikation in der Deutschen Nationalbibliografie; detaillierte bibliografische Angaben sind im Internet über http://dnb.d-nb.de abrufbar.

Dieses Buch entstand in Zusammenarbeit zwischen dem
Bruckmann Verlag GmbH, München,
und Reader's Digest Deutschland, Schweiz, Österreich

Verlag Das Beste GmbH, Stuttgart, Appenzell, Wien

ISBN 978-3-95619-530-3

Printed in Latvia

Besuchen Sie uns im Internet
www.readersdigest.de | www.readersdigest.at